西安大遗址周边空间环境保护与营建研究

Research on Conservation and Construction to the Surrounding Spatial Setting of Xi'an Great Heritage Sites

吕琳 著

本书是国家自然科学基金项目《丝路经济带「长安—天山」段历史城镇文脉演化机理与传承策略》（项目编号：51578436）资助成果

清华大学出版社
北京

图书在版编目（CIP）数据

西安大遗址周边空间环境保护与营建研究 / 吕琳著. — 北京：清华大学出版社，2020.8
ISBN 978-7-302-55346-5

Ⅰ. ①西…　Ⅱ. ①吕…　Ⅲ. ①文化遗址—文物保护—研究—西安　Ⅳ. ①K878.04

中国版本图书馆CIP数据核字（2020）第062953号

责任编辑：刘一琳　王　华
封面设计：陈国熙
责任校对：王淑云
责任印制：宋　林

出版发行：清华大学出版社
网　　址：http://www.tup.com.cn, http://www.wqbook.com
地　　址：北京清华大学学研大厦A座　　邮　　编：100084
社 总 机：010-62770175　　邮　　购：010-62786544
投稿与读者服务：010-62776969, c-service@tup.tsinghua.edu.cn
质量反馈：010-62772015, zhiliang@tup.tsinghua.edu.cn
印 装 者：小森印刷霸州有限公司
经　　销：全国新华书店
开　　本：185mm × 260mm　　印　　张：15　　彩　　插：8　　字　　数：337千字
版　　次：2020年8月第1版　　印　　次：2020年8月第1次印刷
定　　价：98.00元

产品编号：087107-01

序

西安是闻名遐迩的千年帝都，也是我国重要的遗产城市，各类重要的大型历史文化遗址遍布于秦岭脚下、八水之滨的川原丘谷间，像一颗颗璀璨的明珠，闪烁着文明的光辉。由于历史的久远和积淀的深厚，许多重要遗址区呈现出连绵成片、相互叠压、交织错落并与周边环境浑然一体的布局特色。为保护这些珍贵的历史文化遗产，在西安城市建设发展中，相关部门给予了极大的关注并取得了显著的成绩，如西安四大遗址（周丰镐遗址、秦阿房宫遗址、汉长安城遗址及唐大明宫遗址）保护区的规划与实施，以及半坡遗址、唐城墙遗址等重要古遗址的保护与利用。但是，随着城市的发展扩张和更新改造，位于城市周边的许多重要大遗址区正被迅速扩张的城市新区包围和分割，对这些遗址的保护造成了严重的威胁和影响，这些遗址的周边地区也成为保护与发展矛盾集中体现的区域。因此，在强化大遗址本体保护的同时，在周边地区重点协调好保护与发展的关系，已成为西安以及众多遗址城市（尤其是各级历史文化名城）面临的重要课题。

吕琳是一个年轻的科研工作者，具有建筑学专业（本科阶段）、风景园林专业（硕士阶段）和城市规划与设计专业（博士阶段）的学科背景。她生于西安，成长于西安，与这座古城有着深厚的感情和千丝万缕的联系，十几年来参加过许多相关科研、实践和教学活动，本书就是在其博士学位论文的基础上完成的。

作者首先对国内外有关大遗址保护与环境营造的理论与实践进行了梳理，并对西安地区大遗址保护与利用的现状及问题进行了总结和剖析，研究了“历史遗址区域”的体系构建和空间划分，并通过社会功能维度、生态维度和空间维度的研讨，对大遗址与城市发展区的功能适宜、生态过渡和空间过渡等问题进行了系统分析。依据上述多维度的综合研究和西安大遗址区的分布特点，本书提出了 4 种遗址周边空间环境的适宜性格局：对比包围模式、廊道隔离模式、咬合过渡模式和开敞过渡模式。同时，结合实例分析，阐述了不同模式的存在条件和适用策略。总览全书，作者对大遗址周边区域的保护与发展这一复杂关系的重要性和相关要素进行了深入的解析，初步提出了可以继续探讨的工作路径，是一部针对现实问题整合研究大遗址保护与利用、城市空间适宜营建、生态环境修复建设等多方面内容的学术著作。

大遗址周边环境对遗址的保护和城市的发展都十分重要，是大遗址保护和城市建设需要认真对待的关键区域。保护与发展的共存、历史与时代的融合是需要众多学者不断探索的辩证主题。希望吕琳同志能在已有研究基础上继续努力，争取更大的进步。是为序。

2020 年 4 月 1 日

前　言

西安作为世界级的历史文化名城，近些年在遗址保护与利用方面取得了显著成绩。然而，随着城市化进程的加快和建设用地的扩张，许多过去位于西安郊区的大遗址开始被一个个新区包围，相比以前，快速的社会经济发展给文化遗产保护带来了更大的冲击和挑战，保护与发展的矛盾也日渐突出。尤其是对于与历史遗址息息相关的周边空间环境，无论是规划建设实践还是学术研究，都明显缺乏足够的关注和重视。面对这样的状况，本书将侧重点放在研究西安大遗址与依托环境的关系，以及应如何科学合理地保护与营建其周边空间环境的问题上。

本书主要分为4个部分。首先，在对国内外大遗址保护与遗产环境领域相关的理论和实践进行梳理的基础上，对西安大遗址保护与利用的发展历程、模式、特点与趋势进行总结，对当前遗址周边环境问题的症结进行思考；并结合对大遗址所处的宏观地理环境特征与价值的认知，指出保护与营建大遗址外空间环境需建立在保护各自所处地景空间的基础之上。其次，从整体性保护的思路出发，提出在西安主城区外构建“历史遗址区域”体系作为城市的限建区，将有关历史文化环境作为城市用地布局的影响因子。通过对该体系层次划分方式与依据的探讨，研究对其整体保护与我国城市规划体系相结合的途径，并具体划分了西安“历史遗址区域”的空间与层次。再次，从功能、生态、空间3个维

度探索大遗址与城市发展的过渡关系，包括研究历史遗址区域内部城乡统筹和产业结构调整的原则、探讨大遗址周边适宜的用地属性与社会功能、自上而下逐层剖析大遗址对城市生态网络的影响，以及从不同类型遗址的文化特征出发，提出周边物质空间环境建设的要求与控制原则。最后，通过上述多维度的综合研究，提出了 4 种西安大遗址周边空间环境适宜性格局：对比包围模式、廊道隔离模式、咬合过渡模式与开敞过渡模式。通过案例研究，阐述不同模式的存在条件及规划设计策略，总结出各类模式下空间环境保护与营建的原则。这些相关结论为目前被新区扩张威胁的城市边缘遗址区，以及主城区内在其周边面临城市更新改造的遗址区提供了有益的规划模式，对于大遗址整体环境保护与城市建设协调发展具备切实的指导意义。

本书是在作者博士论文的基础之上整理出版的，其研究成果的创新性主要体现在：系统化揭示西安大遗址所依托环境的特征与价值，研究其与城市发展的互动影响关系；从不同维度探索大遗址和城市发展建设如何过渡的问题，为西安各类大遗址周边空间环境的保护与营建提供合理化建议；提出在西安主城区外构建“历史遗址区域”体系实施整体性保护的思路，以及西安大遗址周边所适宜的空间格局和与之相应的空间环境保护、营建策略，进一步弥补了现有遗产保护体系对历史文化环境保护的不足。

目　录

8 西安大遗址周边环境的适宜性空间模式研究

1 绪 论

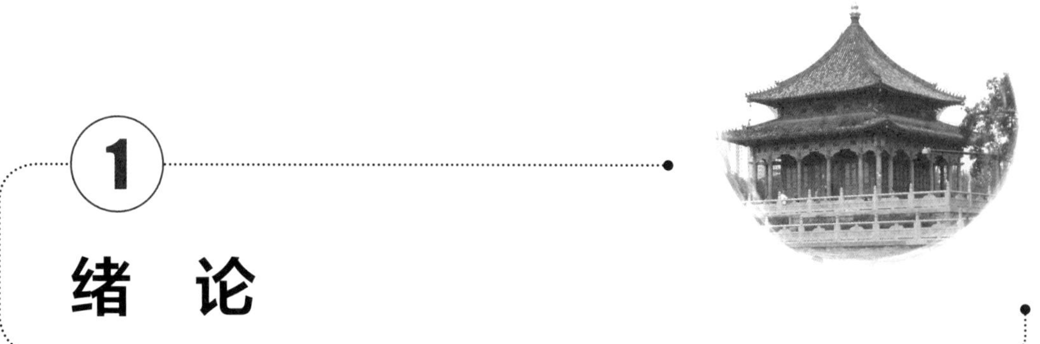

1.1 研究背景

1.1.1 城市化进程中对西安遗产环境的反思

在文化遗产保护领域的发展历程中，相比对遗产本体保护的关注和在理论与技术方面的成熟，对于与之息息相关的周边环境明显缺乏足够的重视。不过，从近些年国际遗产保护理念的发展来看，环境要素对遗产保护的意义不断得到强调与倡导，人们对“文物 + 环境”的保护原则已经逐渐达成了共识。尤其是 2005 年国际古迹遗址理事会（International Council on Monuments and Sites，ICOMOS）在中国西安通过的《关于历史建筑、古遗址和历史地区周边环境保护的西安宣言》（简称《西安宣言》）中对“环境”概念和保护视野的拓展与完善，提醒我们深刻反思以往所漠视的周边环境对于历史文化遗产价值的意义，将它与本体进行系统化认知、保护、规划应该是我们当前对待任何一处文化遗产所必须采取的态度。然而，在这一时期的我国城市化大潮中，历史遗产的周边环境虽然有相关法规、条例对其提出了保护要求，却一直没有得到应有的重视和关注，也缺乏将两者从整体上视为相互联系有机体的认识。加之对现代化建设和都市化景观面貌的追求，使忽视城市文脉的建设性破坏和千城一面的景象不断在我国许多历史古城重演。历史古城比别的地区保留着更多、更丰富的实物文化标本，它们所依托的历史环境具有鲜明、独特的地域性和传统文化烙印，是

文化遗产整体价值的重要构成。在今天我国对文化遗产的保护理念正逐步与国际接轨，相关保护理论和技术水平正日臻完善的发展格局下，面对地域特色危机给城市建设敲响的警钟，加强对文化遗产资源周边空间环境问题的研究刻不容缓。

十三朝古都西安是我国最重要的遗产城市之一，自西周建都起已有 3000 余年的发展史，文化遗产资源十分丰富，其中包括周、秦、汉、唐都城遗址；重要宫殿遗址、帝王陵寝遗址和工程遗址；同时还拥有包括古城垣、古塔、大量宗教寺院和历史文化街区在内的有形文化遗产。这些遗产代表着中华文明的历史记忆，反映着该地区的文化特色，也是该地区可持续发展的灵魂。西安的文明发展史在空间维度上呈现非常鲜明的方位区分。西部的沣河一带，是西周文化的发源地；北部临近渭河两侧是秦汉宫室的密集分布区；东部浐河、灞河一带是关中先期文明的源脉之地；而广大的中部腹地则是隋唐至明清长安的建城区；南部有秦岭这条天然的生态屏障常年守护着八百里秦川。2009 年，西安建成区面积超过 400 km²，中心地带是隋唐长安城遗址，第四轮城市总体规划明确西安土城区占地面积为 490 km²，其中，现代城区与古迹遗址区的重合度几乎为 100％，重要古迹遗址（遗址 + 墓葬集中区域）对城市发展空间的叠压度达到 37％ [1]。这就使得西安的城市建设始终是在不断协调与遗址的关系中摸索前行，也决定了西安结合绿地建设保护历史、城市公园总是与古迹遗址相互依存的必然性。

从 20 世纪 20 年代的莲湖公园和 50 年代的兴庆宫公园开始，西安便已进入保护遗址并依托历史文化资源打造城市公共空间的实践探索。进入 21 世纪，随着城市建设的发展，西安在遗址保护方面取得了长足的进步，结合不同类型的遗址资源已建成多处在国内具有影响力的遗址类公园。开始逐步打破传统“静态保护”那种既令遗址没有得到很好的保护，也没有得到应有展示，更令遗址区内居民生活和环境质量长期陷入被动的尴尬局面。西安作为我国首批历史文化名城，已经成为国内遗址公园实践的重要先行者之一。这些绿地建设在不断地面对矛盾、解决矛盾的探索中，让众多淹没在城市中的遗址遗迹重新诉说曾经辉煌的历史，积累了珍贵的经验，并形成了在全国乃至世界范围内独具特色的遗址类文化公园体系。

然而，由于现代城区与历史空间的不断叠压，“发展建设”和“遗产保护”一直是一对尖锐的矛盾体，在这些成绩的背后也伴随着对许多遗址地的干扰和破坏（如建章宫的不少遗址叠压在现代建筑下），这些地区呈现出社会环境混乱、生态环境退化、视觉环境无序的普遍现象，正等待着遗产的抢救性保护和人居整体环境的改善。随着城市化进程的加快，遗址保护与利用相比以前面临着更为复杂的局面，遗址问题已经涉及包括“经济发展”“新农村建设”“人居环境改善”“文化复兴”等一系列新的研究课题。相比以前，快速的社会经济发展给文化遗产保护带来了更大的冲击和挑战，大遗址的土地资源价值使保护与发展的矛盾日渐突出，各方利益也更难平衡。除文物保护外，营建遗址类公共空间往往还需要解决资金来源、村落拆迁安置、产业结构调整以及跨行政区协调、可持续管理等方方面面之前较少触及

的问题。同时，已经建成的项目也存在不容小视的问题，如部分遗址公园开始出现过度注重经济效益、游客量不加控制、设计不当、周边开发强度过大的现象。

在文物本体保护利用已艰难前行的过程中，遗址周边的空间环境保护长期以来并没有得到足够的重视，反倒是因为片面追求商业化的开发利益，造成了它们被高强度城市建设紧密环绕的现象。在不少遗址地附近出现了宽马路、大广场和高层建筑群，严重破坏了遗址的原真性和完整性。与此同时，在现实中往往还会察觉到，即使离开保护范围较远的一些城市建设依然会对遗产的历史景象造成冲击（图 1–1），正是由于对历史遗产周边环境的认识大都只停留在对其近距离周边范围的探讨，缺乏对其远距离扩展环境和非物质文化内涵的认知；同心圆式的保护区划也容易造成遗址区内外生态联系与社会关系的对立和割裂。目前从法律、法规到单独文物保护规划的编制，都未能对遗址外环境的全面保护给予足够的保障。

（a）2008 年实景照片

（b）2013 年实景照片

图 1-1　大雁塔周边城市建设的发展变化

近些年，随着城市建设用地的迅猛扩张，许多过去位于郊区的大遗址慢慢被一个个规划新区包围。西安主城区周边的川原地带景观风貌独特、历史内涵丰富，其间不仅大遗址数量多、规模大、保护级别高，而且存在不同时期、不同类别的遗址相互叠压、相互交错的情况。新区的发展建设既会给它们的保护利用带来新的机遇和发展条件，也会给原有环境带来威胁、制约与挑战。目前西安最为常见的遗址外围土地开发与城市经营模式对于文化内涵丰厚的该类地区而言，是明显缺乏适宜性的。但西安目前仅对明清古城范围和重要文物点进行

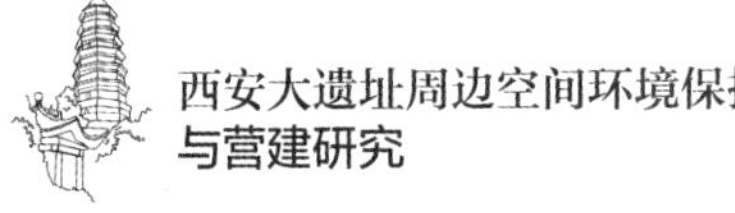

了环境控制，尚缺少针对主城区周边大遗址整体环境保护以及如何与城市发展过渡的理论研究。而这些区域正是目前面临最大威胁的地区，也是对未来西安城市的空间布局与城市发展影响最为深远的地区。在这样的时代局面下，如何看待外部环境保护与营建对遗产整体价值的意义；如何厘清错综复杂的历史文化脉络，使文物保护、历史文化环境修复、城市建设和当地社会经济发展取得互利多赢的理想结果，需要文物界、规划界、建筑界、风景园林界等多学科的长期协同努力。

作为丝绸之路经济带的起点城市，在中央提出的“让居民看得见山，看得见水，记得住乡愁”的任务指引下，如何变遗址单体保护为整体保护，变单纯本体保护为与环境共同保护，已开始引起学界越来越多的关注和重视。大遗址是不可再生的宝贵文化资源，对于那些还在等待被发掘与展示的遗址遗迹，尤其是即将或正在被城市建设包围的遗址遗迹，要在经验总结、科学研究的基础上谨慎前行，处理好保护与发展的矛盾，从而使西安在面向国际化大都市建设的时代，让文化遗产真正起到提升城市综合竞争力、彰显古都文明与地域文化的多重作用。

1.1.2 保护大遗址周边空间环境的动因

1. 国际宪章对遗产环境保护的日益重视

1964 年的《威尼斯宪章》是由 ICOMOS 认定的文化遗产保护方面重要的国际宪章，是国际上古迹保护的权威性文献，它所确定的保护文物古迹的价值观及基于这一价值观的方法论，迄今不失其先进性和成熟性。它曾强调：古迹的保护意味着对一定范围环境的保护。凡现存的传统环境必须予以保持，绝不允许任何导致群体和色彩关系改变的新建、拆除或改动行为（第六条）。虽然《威尼斯宪章》提及了保护历史城市环境的原则，但其出发点主要还是针对文物古迹、古建筑群和古遗址的[2]231-232。

1976 年联合国教科文组织（United Nations Educational,Scientific and Cultural Organization,UNESCO）大会通过的《内罗毕建议》对历史地区及其环境（setting）的保护作了全面的论述，“环境”是指对历史地区动态或静态的景观发生影响的自然的或人工的背景，或者是在空间上有直接联系或通过社会、经济和文化的纽带相联系的自然的或人工的背景[2]179。这时，环境的概念已经涉及经济、社会、文化等影响因素。

“2005 年 10 月，第 15 届 ICOMOS 大会在古都西安召开，大会通过的《关于历史建筑、古遗址和历史地区周边环境保护的西安宣言》（以下简称《西安宣言》）提出了文化遗产保护的新理念，将文化遗产的保护范围扩大到遗产周边环境以及环境所包含一切历史的、社会的、精神的、习俗的、经济的和文化的活动。也就是说，过去建筑遗产保护虽然也关心周边

环境，但多数情况下这一环境还是物质实体的，或者是基于空间或视觉上的关联性的。《西安宣言》将历史建筑、古遗址和历史地区的环境界定为直接的和扩展的环境，它是作为或构成遗产重要性和独特性的组成部分”[2]234。

在 2011 年 11 月 10 日的 UNESCO 第 36 届大会一致通过并采纳了《关于城市历史景观的建议》(*Recommendation on the Historical Urban Landscape*)，这是 35 年来 UNESCO 第一次颁布关于历史环境的文书，它是一个补充工具，目的在于帮助将建成环境的保护政策与实践整合融入更加广泛的城市发展目标，继承不同文化环境的价值与传统[3]。可见，经历了半个世纪，国际宪章对于遗产环境的价值、意义、内涵等方面经历了日趋完善的发展和改变，并呈现出日益重视的局面。

2. 周边环境保护是体现遗产“真实性”的重要方面

《威尼斯宪章》确立了遗产保护的基本原则，即真实性（authenticity）与完整性（integrity），也是验证世界文化遗产的重要原则。“对申报世界文化遗产的项目，依据文化遗产类别及其文化背景，如果遗产的文化价值（申报标准所认可的）之下列特征是真实可信的，则被认为具有真实性：形式和设计；材料和实体；用途和功能；传统技术和管理体制；位置和背景环境；语言和其他形式的无形遗产；精神和感觉以及其他内外因素。完整性在现代语言中一般将其理解为完整的性质和未受损害的状态，意即‘尚未受到人类干扰的原初状态’”[2]248。根据《会安草案——亚洲最佳保护范例 2005》，“真实性”可包含多个维度：位置与环境、形式与设计、用途与功能、本质特征。位置与环境又包含了场所、环境、场所感、生境、地形与景致、周边环境、生活要素、对场所的依赖程度多个方面[2]248。可见“周边环境”是“位置与环境”这一维度的重要构成，也是原真性保护的一项重要内容。

关于周边环境的真实性，在尤嘎·尤其莱托（Jukka Jokilehto）与赫伯·斯托韦尔（Herb Stovel）于 ICOMOS/ UNESCO 卑尔根会议上的讨论中认为：“真实性可以存在于一个基地与其环境之间有形或无形的重要关系能被界定的程度中，这些关系可以有几种形式——一个特定的基地与其紧邻的周边（或环境）的关系，基地和形成周边环境特性的使用模式之间的关系，以及基地和更大范围环境的场所精神之间的关系”[4]。因此，研究与识别大遗址与其紧邻周边和更大尺度范围环境在有形和无形方面的“关系”，保护与维系这些关系是体现环境真实性的核心内容，也是大遗址周边空间环境保护与营建的目标之一。同时，大遗址周边在不同历史时期的人工建设与生产经营改变了其所依托的历史环境，但也是环境真实性的组成部分，应该在评估它们对目前城乡发展的适应性以及是否对文物造成破坏的基础上，给予适当的尊重与合理保护。

3. 大遗址周边环境保护是维护城市风貌特色的重要内容

西安自古是一座结构清晰的城市，“九原拱卫、八水环绕”的空间意境是其地景文化的

一大特色，山原地貌间分布的大遗址既是历史文明的见证，也是城市文化多样性的表征。随着目前主城区的连片扩张这些地景空间受到威胁，倘若不加以引导和控制，则非但遗址内部的空间体验会受到影响，与山川台原的视觉联系也会与诗词歌赋中描绘的场景大相径庭，而且城市在数千年中不断叠加、累积形成的文化空间特色也会大受冲击。因此，城市化给大遗址带来的压力使研究其周边环境的保护与营建这一工作迫在眉睫，大遗址外部空间环境的品质对于历史文化名城风貌的塑造承担着无可取代的重要责任。

4. 大遗址作为“文化景观”需要从整体保护入手

“1992 年 12 月，在美国圣菲召开的第 16 届世界遗产委员会会议上，决定将具有突出的普遍价值的文化景观遗产纳入《世界遗产名录》。至此，在《世界遗产公约》公布的 20 年后，世界文化遗产的体系中增加了‘文化景观遗产’这一新的类型。……‘文化景观’是指自然与人类创造的共同结晶，反映区域独特的文化内涵，特别是出于社会、文化、宗教上的要求，并受环境影响与环境共同构成的独特景观。在《实施世界遗产公约的操作指南》的附录中，把文化景观分为‘由人类有意设计和建筑的景观’‘有机进化的景观’‘关联性文化景观’3 种类型”[5]29。

“文化景观作为一个完整的系统，体现一种整体性，它超越于‘各组成部分之和’，这就意味着文化景观中的每一要素，由于它的场所位置，以及与其他要素的相互关系，而被整体有意义地接受。……因此，对于文化景观的考察和评价，不能就某一地点论某一地点，就具体景观论具体景观，只有从系统的、整体的角度来看待和认识文化景观，才能使其经典的地位和突出的价值彰显出来”[5]46。

单霁翔提出了 8 种文化景观遗产建设的论点，分别是城市类文化景观、乡村类文化景观、山水类文化景观、遗址类文化景观、宗教类文化景观、民俗类文化景观、产业类文化景观和军事类文化景观。其中遗址类文化景观较其他类型具有更为丰富和复杂的内涵[5]64–196。

西安的各大遗址作为国内典型的遗址类文化景观，应跳出文物保护单位保护理念的局限，将视野放至大遗址所在的区域范畴，从文化景观的核心价值观念出发，将其与周边环境视为一个整体，从宏观角度审视，其中的每一个物质要素（包含文物、遗址、村落、农田、树林、道路、构筑物等）和非物质要素都是大遗址文化景观的构成。从系统和整体的视角来看待大遗址问题，更有助于打破传统静态保护的限制，或过于强调开发利用的误区，协调大遗址内部与周边地区的可持续发展，引导和管理大遗址区域的动态演变过程，促进其价值与特色的彰显。因此，周边的空间环境作为历史遗址区域的系统组成，其保护与营建方式对于系统的整体价值有着至关重要的意义。

1.2 研究目的与意义

1.2.1 研究目的

本研究的总体目的是，立足于可持续发展，站在历史文化名城保护与振兴的高度，在城市“保护与发展”矛盾日渐突出的当下，打破以往“重本体、轻环境”的现状，以西安的历史环境为标本，对大遗址与外围城市发展空间如何过渡这一问题做深入研究，以期能够对不同类型大遗址周边空间环境的保护与营建在理论及方法上做出一定的探索。具体可概括为以下 3 点。

1）揭示大遗址周边环境的价值与特征

深层次揭示西安大遗址与依托环境的关系，跳出现在固有的对遗址外环境范围的界定，扩大对西安大遗址外部空间环境价值与特征的认知。

2）探究大遗址与城市发展的互动关系

分析目前遗产环境保护存在问题的症结，从理论层面提出新的思维框架，研究大遗址与其周边城市发展在多层级（宏观、中观、微观）、多维度（生态、社会与空间）上的互动关系，力求实现对其外围环境的整体性保护。

3）提出适宜性空间模式

探究各类大遗址与城市建设在空间衔接方式上应有的差异性，提出几种适宜西安不同大遗址外围的空间格局及其规划模式与适宜条件，以促进改变目前遗址被高强度城市建设层层包围的窘境。

1.2.2 研究意义

1. 学术意义

1）促进遗产环境研究领域的拓展

大遗址问题的研究成果在近些年可谓硕果累累，但纵观总体，研究内容与角度虽然颇为丰富，却鲜有对其周边环境问题的研究，本书以西安大遗址为对象提出其周边空间辐射影响范围的界定方式，以及环境保护与营建的指导性结论在一定程度上可促进遗产环境研究领域

的拓展。

2）弥补法律法规对遗产周边环境保护的不足

从地景空间保护的视角看待大遗址外部环境问题，提出多层次、多维度探究遗址与城市建设关系的研究框架，为全面保护大遗址周边环境构建理论基础，弥补了西安现行的遗产保护体系中法律法规等对大遗址外环境全面保护的不足。

3）完善历史文化名城保护现有的理论和方法

西安的各类历史文化遗址在各种有形、无形的历史文化因素的综合作用下，已形成一个有机的系统。这个系统与城市的空间布局、绿地系统、基础设施分布、旅游网络等息息相关。本书将西安的大遗址作为一个体系，研究其与城市发展在多方面的互动关系，有利于协调遗址保护与居民生活、周边建设开发、环境营造、经济发展、文化特色塑造等的关系，从崭新的视角完善历史文化名城保护的现有理论和方法，这无疑是对文化遗产保护相关理论的充实，具有一定的学术价值。

2. 实践意义

1）有益于大遗址周边环境的真实性保护

本研究对西安大遗址保护与利用的经验与不足进行客观评析，剖析目前遗址外围环境保护的现实困境和问题的症结，有益于总结反思，探求保护与发展的合理途径。通过揭示西安历史遗址与环境关系的特殊性，为正确认知西安历史遗址环境的价值和城市风貌特色提供有意义的科学依据，促进了大遗址周边环境的真实性保护。

2）有益于历史保护与城市发展共赢

本研究结合对各类遗址条件的比较分析，提出了几种适宜西安的、具有较强可操作性的大遗址周边空间发展类型，为目前被新区扩张威胁的城市边缘大遗址区提供了有益的规划建设模式，有利于引导这些区域未来的规划建设，同时对于推进古城的历史文化风貌保护和城市发展实践具备切实的指导意义，并可为我国其他历史文化名城提供启发和借鉴意义。期待通过对西安大遗址周边空间环境的相关研究，使遗址的保护利用能够与古城风貌保护、城市开发建设协调发展，互利多赢，促进提高我国文化遗产保护的整体水平。

1.3 研究范围与相关概念

1.3.1 研究范围的界定

2009 年 6 月，国务院批准了由国家发展和改革委员会制定的《关中—天水经济区发展规划》，随后为落实该规划编制的《西安国际化大都市城市发展战略规划》中确定了大西安主城区规划范围：北至泾阳、高陵北交界，南至潏河，西至涝河入渭口及秦都、兴平交界，东至灞桥区东界，涉及用地 1280 km^2。至规划期末 2020 年规划总人口 850 万人，建设用地共 850 km^2。这个主城区规划范围涉及了西安及咸阳两个城市的行政管辖领域，涵盖了许多重要的文物遗址区（如五陵原汉陵遗址群、汉长安城、杜陵等）。

在历史上，自魏晋时期的雍州，经历唐、宋的京兆府，元朝的奉元路及明清时期的西安府，在长达1500多年的历史阶段，西安的西界基本均在杨陵、武功一带，东界多在渭南以西，而南北界限则为“南山北原”。从这种历史变迁情况可以看出，西安和咸阳实际上是在同一个历史文化环境中诞生出来的两个国家级历史文化名城。本书将所研究的区域定位为这个历史文化环境的核心地带，也与此次大西安主城区规划范围基本吻合。鉴于此，本书的研究范围界定在总面积超过 1200 km^2 的上述规划范围之内（图 1–2）。

1.3.2 相关概念

1. 大遗址

1997 年国务院在发布的《关于加强和改善文物工作的通知》中第一次明确使用了“大遗址”这一概念。关于这一概念的产生，学术界普遍认为“大遗址”是近十几年我国文物事业向文化遗产事业转型过程中，从我国遗产保护和管理工作角度提出的一个特有的概念，反映了我国文化遗产事业的特色。大多学者认为：大遗址是专指我国文化遗产中规模大、文物价值高、分布集中的文化遗址。综合学者的阐述，大遗址的概念主要体现在“大”字上，集中表现在两个方面：一是规模大；二是文物价值高[6]。国家文物局编制的《“十一五”期间大遗址保护总体规划》从实际工作的需要出发对大遗址做了外延性的范围界定，指出“大遗址”主要包括反映中国古代历史各个发展阶段涉及政治、宗教、军事、科技、工业、农业、建筑、交通、水利等方面历史文化信息，具有规模宏大、价值重大、影响深远的大型聚落、城址、

宫室、陵寝、墓葬等遗址、遗址群[6]。另外，有学者指出：大遗址的概念，包括了 3 个层面的理解：一是大尺度建筑、构筑物的具体遗迹及其群体和包含物，往往与具体的考古调查发掘和保护修复技术相关；二是大型古遗址、古墓葬区等文物保护单位，包含上述遗迹并将其称为本体、实体，受到法律保护和约束；三是以古遗址、古墓葬区为主的不同时代和类型的文物保护单位组合、片区、历史地区与城市，可称为大遗址地区，是区域概念。提出大遗址的概念，基于前两层理解，主要指第三层理解[7]。

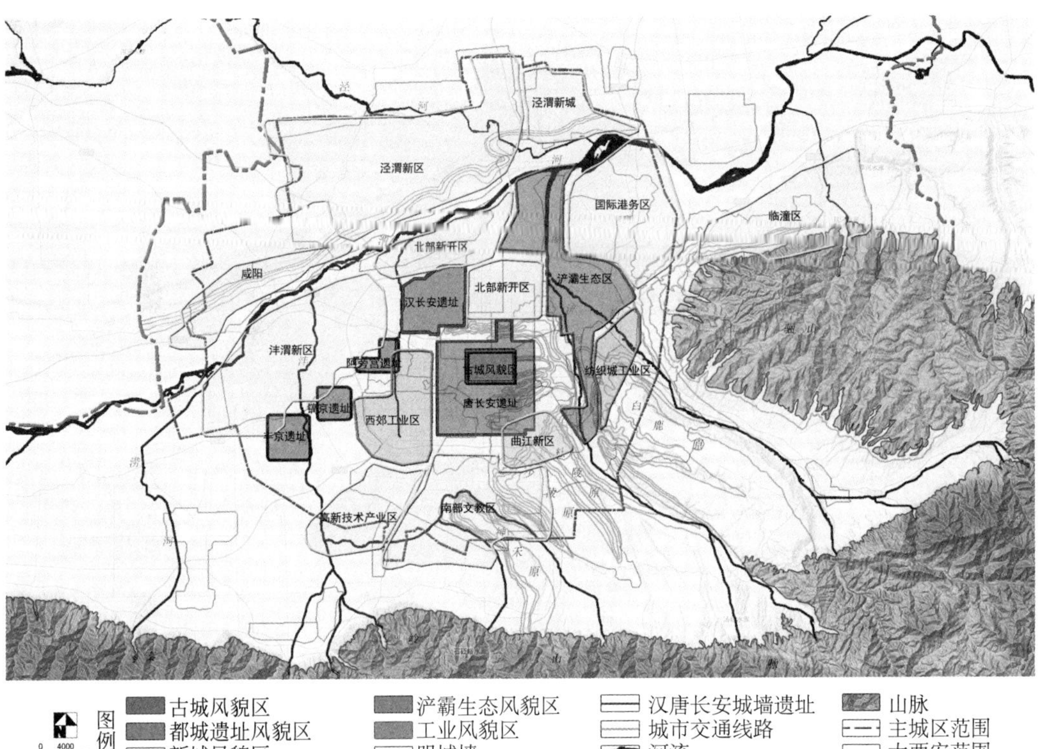

图 1-2　大西安主城区人文景观风貌区划（彩图附后）

（资料来源：西安建筑科技大学——西安市轨道交通线网规划修编基础研究项目组）

大遗址是我国文化遗产领域较新的一个“应用概念”，其定义发展的过程从最初对其范围与外延的明确，到逐渐揭示它的本质属性与内涵。笔者认为，大遗址与遗址概念最大的区别不仅在于更“大”的规模与价值，而更多地反映在遗址本体保护过程中与可持续管理、城乡统筹、人居环境改善、经济与产业发展、生态环境保护等问题相协调时所体现出来的复杂性，即需要从区域和管理的层面出发来理解。大遗址周边空间环境的保护与营建也应该以大遗址地区整体保护与发展的方向作为立足点。

2. 空间环境

“环境”一词在《辞海》中的定义为周围的境况，如自然环境、社会环境。还有一种解释为环绕所辖的区域、周匝。“外部空间”作为满足人们基本户外生活的功能容器，是城乡规划、建筑学及风景园林领域长期聚焦的研究对象之一。“空间环境”一词可以涉及建筑物内部空间环境和外部空间环境。本书以大遗址为命题的研究目标所关注的仅为外部空间环境，它不仅仅指建筑物、道路、绿化、设施等地表以上的物质空间要素和对其布局产生影响的生态因子，还包括空间的构成与限定方式、尺度、结构、格局等有关实体空间营建层面的专业内容；同时，从广义上讲还应涉及功能、生态、文化与视觉美学等物质与非物质方面的多重内涵。首先，功能内涵是指在空间环境营建中，应本着以人为本的思想满足大众生活及游憩等行为需求，并为此保护与提供相应的场地、建构筑物和配套设施。由于功能的差异、其中活动内容及使用方式的不同，使空间环境具备了一定的场所特征属性和文脉意义。其次，生态内涵是指空间环境在大尺度层面应以步入具备自我更新能力的良性循环为目标，除预防与消除生态安全隐患，确保舒适健康的人居环境外，还应在中小尺度层面提供多样化的、适宜于不同群落自然演替的生境条件。再次，文化与视觉美学内涵有着密切的关联性，空间环境中景观要素的组织方式、景象画面的构成、空间的艺术构架等均受到不同地域文化的强烈影响。合理有效的场地评估、规划设计及传统文化元素的提取，能够在建筑物、植物配置、水体、铺地、小品等细节所构成的整体场景氛围中体现空间环境的地域文化特征，并通过人在其中的体验和理解获得相应的美学感知，完成环境对人的精神教化作用。

3. 遗址周边空间环境

本书关注的焦点非大遗址保护范围以内，而是受其本体辐射影响，在外围与城市建设之间的过渡性空间环境。《西安宣言》中指出：除实体和视觉方面的含义外，环境还包括与自然环境之间的相互作用；过去的或现在的社会和精神活动、习俗、传统认知和创造并形成了环境空间中的其他形式的无形文化遗产，它们创造并形成了环境空间以及当前动态的文化、社会、经济背景。该宣言还指出：不同规模的历史建筑、古遗址和历史地区，包括历史城市和城市景观、地景、海洋景观、文化线路和考古遗址，其重要性和独特性来自人们所理解的社会、精神、历史、艺术、审美、自然、科学或其他文化价值，也来自它们与物质的、视觉的、精神的以及其他文化背景和环境之间的重要联系。《西安宣言》中对环境这一概念的发展与界定是本书研究的基点。

周边空间环境与大遗址内部环境密切相关，彼此相互影响、相互制约、相互依存。内部作为外部烘托的本源，外部作为内部特点的延伸，而非两层皮的截然对立。凡是大遗址内部对周边环境产生作用的各种物质与非物质因素（如文化属性、历史轴线、风貌要求、与毗邻遗址间的关联性等）；基于这种辐射作用并结合当地无形文化遗产的特征在其周边适宜发展

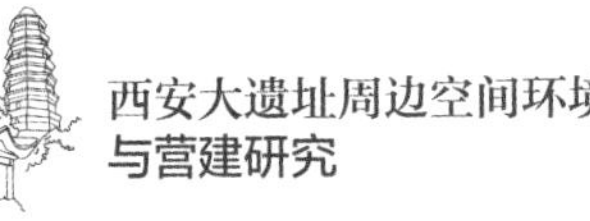

的城市职能、产业与设施；以及大遗址周边的自然环境在城市生态网络中的定位，生态保护与修复的途径；加上其周边可以通过物质空间规划设计来表达的内容（如空间格局与尺度、天际线、视线通廊、空间肌理、建筑物高度与体量、绿化、地形等），相关范围界定、保护与营建方式等均属于本书的研究内容。因此，将这一在大遗址外围受其辐射性影响的空间环境称为“大遗址周边空间环境”，并将上述内容概括整合为社会功能、自然生态和物质空间3个维度。

1.4 国内外研究现状

1.4.1 国内外关于大遗址问题的研究现状

1. 国外遗址保护研究与发展现状

国外关于遗址类公园建设的研究与实践早于我国，考古遗址公园在国外也早有先例。“在美国，1916年由国会立法成立了国家公园管理局，美国最大的史前建筑遗址卡萨格兰德遗址，于1918年成为第一个被纳入美国国家公园管理体系中的考古遗址。迄今为止，该体系已管辖7万多处古迹遗址。其中，包含了3800处建于6世纪至12世纪的印第安人遗址的梅萨沃德国家公园，以及包括大量1020年至1110年印第安人查科文化达到鼎盛时期的遗址所组成的查科文化国家历史公园。上述两处考古遗址群，分别于1978年和1987年被列入《世界遗产名录》。此外，列入世界文化遗产的考古遗址公园还包括哥伦比亚的圣奥古斯汀考古公园、印度的尚庞巴瓦加德考古公园、危地马拉的蒂卡尔国家公园、土耳其的戈雷梅国家公园等诸多文化遗产地”[8]。

亚洲许多国家的遗址保护也积累了丰富的经验，例如巴基斯坦的摩亨朱－达罗市，曾针对日照强光对遗址的威胁影响采取过帷幕状的保护结构措施，“这一帷幕结构可覆盖2000 m^2的面积，主要结构由镀锌钢管和杆件组成，次要结构为两侧刷有保护涂层的由合成纤维织物做成的预应力半透明薄膜”[9]，有效地保护了遗址。“在日本，直到1965年以前，考古遗址保护方针还是以‘现状保存’为主。之后，随着经济的高速发展，土地开发热潮席卷全国，考古遗址保护受到极大冲击，在这种形势下，人们开始重视遗址的展示与利用，先后实施了大室公园、吉野里历史公园、飞鸟公园等大型考古遗址公园。一方面通过多种展示手段的综

合运用，将考古遗址以更加通俗易懂的形式介绍给普通参观者；另一方面通过对考古类文化景观的精心塑造，使考古遗址成为令人流连忘返的游览胜地”[8]。

除对遗产本身的保护利用外，将遗产作为区域发展的动力，将单纯本体保护上升到与周边整体保护及区域性保护的层面也受到很多学者的关注。例如 P. M. Bray 面对美国区域性的遗产资源保护问题，对“遗产区域”这一针对大尺度文化景观保护的新方法的定义、特征及发展历程进行了总结与讨论[10]。J. G. Eugster 认为“遗产区域”的保护方法重视人与土地之间的互动关系，鼓励通过对地方历史文化、自然和游憩资源的综合保护与利用，是实现遗产保护、经济发展、重建区域身份、提供游憩机会等多重目标的有效措施[11]。

欧洲国家关于城市历史景观保护的实践较早，探索出了一系列有效的保护管理制度和方法，其中有代表性的包括英国对城市内历史性眺望景观的保护、法国巴黎眺望景观的纺锤形控制，以及奥地利维也纳保护历史城市景观的地区详细规划等[12]。在古城的保护方面，英国对历史老城的保护从 20 世纪 90 年代中后期开始已非单纯意义上的保护了，“复兴”这个元素被首次引入历史老城的保护之中[13]。英国对于由不断增长的游客对文物遗产的冲击也改善过管理方式。“如作为英国象征的史前时代文化遗址巨石阵（Stonehenge）周边，曾采取过迁移现代建设如机场建筑、村舍与售票办公处，将游客设施部分安置于地下，西迁停车场等有力措施，使游客以步行的方式接近该文化遗址”[14]。

2. 我国大遗址问题研究现状

大遗址问题在我国文化遗产保护领域尚属比较新的研究方向，笔者以“大遗址”为关键词在对近 10 年发表的学术论文统计、梳理的基础上，进行以下简要评析：①从学科类别看，在 20 世纪末，研究大遗址问题的主要领域集中在考古、旅游、建筑科学与工程，虽然目前以上学科依然是从事该研究的核心力量，但文化、地理、环境科学、经济等领域在研究梯队中所占的比例已有所提升，这表明城市化进程中大遗址问题的复杂性与综合性，必须借助更多的视角、方法来找到可持续保护与发展的途径。②从研究成果看，不论硕博学位论文，还是重要期刊及会议论文的载文总量，都呈现出逐年增长的趋势（图 1–3），这为完整地认知大遗址提供了广阔的空间。③从研究主体看，以陕西和北京的高校和科研单位最多，其次是江苏、上海、福建、湖北、山东、河南、甘肃、辽宁等地（图 1–4），这与我国大遗址的地理位置及科研院所的分布状况有着密切关系。④从研究视角看，以规划和文物角度的研究为最多，其次从技术、经济、管理、建筑等视角都有不同程度的介入（图 1–5）。⑤从研究对象看，十余年前，大部分研究还没有摆脱对遗址个案的保护与利用问题，视野较为局限，缺乏从更高层面的宏观审视。而近些年，随着遗产保护与建设矛盾的日益突出，针对市域、省域以及跨行政区域的大遗址进行综合研究，并从地理、规模、特点等角度进行分类研究的成果明显增多。⑥从研究内容看，由以文物角度展开的遗址保护研究，到探索大遗址规划、

利用、评价、展示设计、环境建设、城乡统筹、管理制度、法规建设等多方面的研究结构正在日臻完善。总体而言，我国大遗址问题研究的广度和深度正在不断拓展。

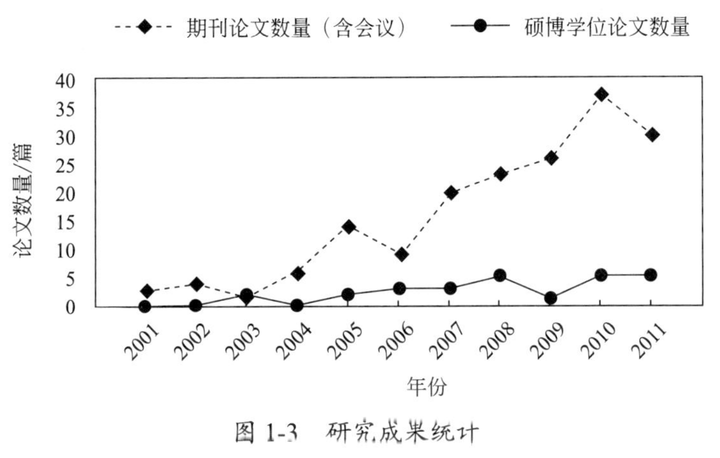

图 1-3　研究成果统计

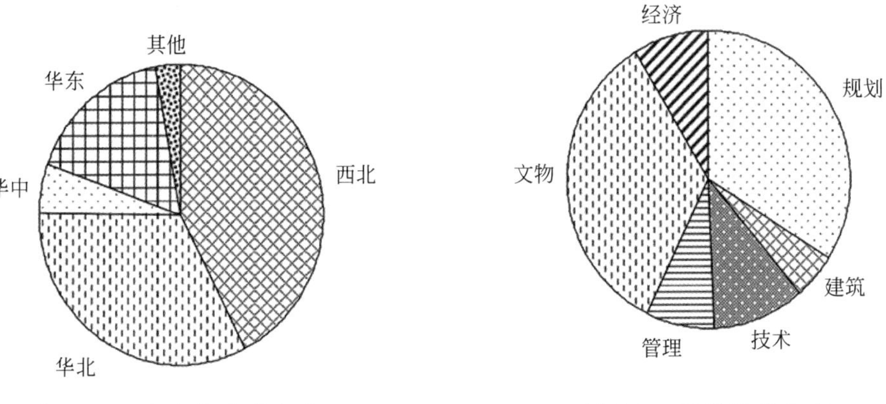

图 1-4　研究主体地域分布　　　　图 1-5　研究视角分布

近年来，国内在遗址保护与利用领域的研究主要集中在以下几个方面。

1）遗址价值认知与评价

从国际公约和我国文物保护法规对遗址的界定看，遗址具有 3 种基本的价值，即历史价值、科学价值和艺术价值。这 3 种基本价值为国际普遍认可，并成为学者研究的基础 [6]。随着大遗址多角度、多层次探究的深入，不少学者对它的综合价值给予了评价和总结。喻学才认为遗址同时具有历史文化价值、美学价值、旅游观赏价值、经济开发价值、科学认知价值、教育熏陶价值和情感影响价值 [15]。郑育林认为大遗址具有文化遗产资源价值与土地资源价值并存的二重性，并认为大遗址价值的二重性也正是大遗址保护与城市发展之间矛盾与冲突的根源 [6]。同时，部分学者还尝试构建大遗址综合价值评价体系，包括定性评价体系与量化评价模型 [16-17]，对遗址展开了层层剥离的分析，使其价值内涵逐渐清晰。

价值认知与评价是为了把握遗址地未来的发展方向，在科学保护的同时给予合理的利用。但是，从目前的成果看，该方面的研究还存在着对于遗址本体的主观定性评价较多、定量评价不足，将评价结果与利用途径相联系的深入探索不够，以及对大遗址保护规划编制指导性有限等问题。在现实中，即使价值评估等级一致的两处遗址，由于其所处的城市区位不同，在城市经济网络、旅游网络、生态网络中所承担的角色不同，其最终的利用方式也可能大相径庭。因此，笔者认为，在构建指标体系和对遗址进行评价时，指标当中的哪些因子影响保护强度，哪些因子影响遗址利用方式，以及如何将评价结果更科学有效地指导规划编制是未来大遗址价值评价研究仍需解决的关键问题。

2）大遗址展示技术与手段

对文化遗产的保护性展示主要包括加固、修复与直接性展示；厅棚、地罩保护与展示；回填保护与复原性展示（在回填层以上可以对台基、建筑以及环境景观等进行有选择的复原）[18]。以上几种展示方法在我国已探明的遗址中均有局部应用，并取得了较好的效果，如澳门著名的大三巴牌坊（Ruins of St.Paul）采用了游客可登临的轻钢构架及局部玻璃地罩展示[19]（图 1–6 和图 1–7）。由于东方土遗址具有观赏性有限的特点，并且许多大遗址占据了相当规模的地理空间，近年一些遗址园区通过多媒体、激光技术、实体模型、虚拟复原展示等视听技术手段使观众获得了对遗址全局的感性体验。西安大明宫国家遗址公园便是采用了其中多种展示手段的较为成功的案例之一。

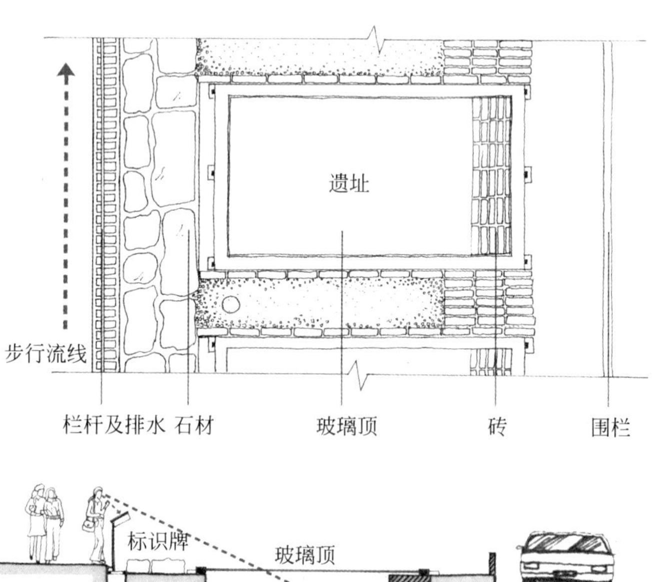

图 1-6　大三巴牌坊玻璃地罩保护平面及剖面示意

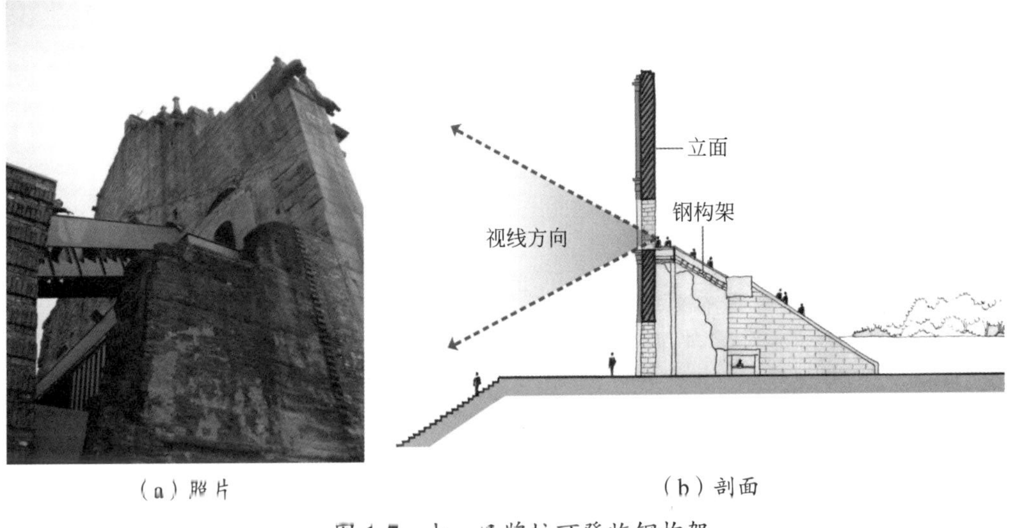

（a）照片　　（b）剖面

图 1-7　大二巴牌坊可登临钢构架

我国在有关文物本体（包括可移动与不可移动文物）保护与展示方面已经积累了宝贵的经验，但是在有关大遗址整体风貌展示、非物质要素展示和考古过程展示等方面还存在明显不足。目前我国有不少遗址内充斥着“过度设计”的媚俗人工景物和被扭曲了的文化展现。在未来研究中，如何通过绿化、标识等方式展示大遗址的空间格局，打造好遗址的环境风貌，并再现诗词中描绘的历史意境，依然是有关精神层面展示的难题，这其中的价值取向、景观规划设计手法，还需长期实践、总结与完善。另外，应积极推广现代科学技术，提高考古工作的水平，尽早获得文物保护单位内还未探明的更多信息，通过科技手段向公众揭示，并适度开放考古现场。同时，应加强文献记载的研究，正确判定遗址的美学价值和应向公众传递的文化信息，对于与遗址所关联的非物质要素（民风民俗、社会制度、传说、文学艺术等）应去伪存真，积极探索以不影响遗址风貌为前提的多样化、艺术化展示手段。

3）大遗址保护与利用模式

这方面的研究主要包括两大部分。第一，目前我国大遗址保护与利用的各种模式还处于探索阶段，学者们对于模式类型的划分存在着不同观点。李海燕总结出我国大遗址保护利用的 4 种整体模式（遗址公园、旅游景区、森林公园和遗址历史文化农业园区）与 4 种局部方式（露天保护展示、覆盖保护、场馆保护和砌护保护）[17]。蔡晴认为在我国当前大遗址保护的实践中逐渐形成了两种模式，一是遗址公园模式，二是遗址保护区模式[20]。樊海强等提出了以“遗址保护区 + 建设控制区 + 文化产业园区”为特征的新模式[21]。第二，在上述模式中，“遗址公园模式”被大部分学者认为是目前最为普遍采用的一种。21 世纪陆续建成的考古遗址公园将我国的大遗址保护带入了崭新的阶段，如殷墟遗址公园、金沙遗址公园、

良渚遗址公园和大明宫国家遗址公园等，均取得了很好的综合效益，不仅保全了遗址，还改善了周边环境和居民生活。根据国家文物局的有关通知，陕西与河南很快将建成全国数量最多的考古遗址公园（表 1–1）。伴随实践的摸索，许多学者展开了对遗址公园在功能、规划、建设等多方面的研究，包括提出建设考古遗址公园应当遵循的方针与原则[22]，以及重大意义、思路、支撑条件和具体要求等内容[23]。

表 1–1　各省、自治区、直辖市第一批国家考古遗址公园数量和立项数量

	北京	吉林	江苏	浙江	河南	四川	陕西	山西	辽宁	江西	山东	湖北	湖南	广西	贵州	甘肃	新疆	重庆
立项数量	2	1	1	1	2	2	3	—	—	—	—	—	—	—	—	—	—	—
	—	1	1	—	3	—	2	1	1	1	3	1	3	2	1	1	1	1

以上研究具有较高的学术与实践参考价值，但还存在以下问题。首先，任何模式都不可能成为通用的法宝，不能刻意套用，需根据遗址自身的价值、规模、区位等因素，因地制宜地分析其保护与利用的最佳途径。纵观学者们的研究，虽然对各种模式的功能、特点作了阐述，但对于它们所适宜的设立条件仍较少深入涉及。我国的大遗址保护还需不断探索遗址自身条件差异对于模式选择的影响、各种模式的优点和不足，以及在新的时代背景下更新的方法。其次，并非所有建成的遗址公园都是真正意义上的“考古遗址公园”，目前学术界对于遗址公园大概念上的分类还存在不同的见解，对其他模式（如旅游景区、森林公园、历史文化农业园等）具体类型的细分和内涵的总结也是未来需要不断探讨的内容。再次，近两三年，除对“遗址公园”个案在保护、立意、规划布局、要素设计等方面的实证研究与评析外，已开始将它作为一个子系统，研究其与城市建设在多方面的互动关系，包括对西安和北京城市遗址公园的整体深入研究[24–25]，这标志着遗址公园模式从实证走向理论、从单一走向整体、从片面走向综合的研究转变。未来还需继续拓展视角、革新方法，将大遗址融入区域与城市总体的发展中，实现“多赢”局面。

4）大遗址保护规划编制

大遗址保护规划编制涉及许多复杂问题，目前相关理论的发展还不完善。科研工作者在不断总结现有规划编制体系存在问题的基础上，对于编制的程序与方法、保护区划的划定等方面开展的理论探索也正呈逐步增长的趋势。如陈稳亮基于《汉长安城遗址保护总体规划》的工作实践对如何通过编制大遗址保护规划来实现大遗址保护与区域发展的协同进行了探索[26]。田林对大遗址保护范围划定方法做了理论性探讨，创造性地提出了一套解决遗址保护范围划定的方法，并将动态规划的思想引入大遗址遗迹保护领域[27]。所萌对城市边缘区大遗址保护规划编制中的相关技术问题进行了具体的探讨[28]。

上述成果对我国大遗址保护规划发展做出了重要贡献，但科学的规划编制还有待在方法

和理论层面上进一步革新。首先，应注重借鉴城乡规划学科的相关理论，从区域、城市整体出发，获得对研究对象完整认知和审视，在深化研究理论的同时增加规划的深度。其次，对于遗址地居民是走还是留的问题，不同学者持不同态度，有的学者建议应搬迁全部居民以求得整体保护，而有的学者则建议适当保留一部分未压占遗址本体的村落以延续文化生态。有效的公众参与能够为居民提供在是否搬迁、安置措施、保护责任、产业调整、利益分配等方面充分表达自身意愿的机会。该部分研究不应仅停留在对居民生活水平、搬迁意愿的调查与访谈方面，而应将重心放在对公众参与内容、方式、阶段和途径的深入探讨上，以实现居民与遗址的和谐共生为最终目标。再次，近些年，越来越多的现代技术被规划编制人员采用，如地理信息系统（geographic information system，GIS）技术的应用和基于 ArcSDE① 的地理空间数据库（Geodatabase）地理数据模型的开发与应用等[29-30]。先进的科技可以把保护对象的各种情况揭示得更为清晰，为规划的合理制定提供技术资料与支撑条件，增强规划编制工作的科学性。各类新技术方法在我国大遗址保护规划领域有着十分广阔的研究与应用前景，有待进一步挖掘。

除此以外，对大遗址周边环境问题的研究在近些年随着保护与发展矛盾的激化也引起了学者们的关注，其研究成果包括相关论文，如《大遗址周边区域开发强度控制研究》（张平，2014）、《城市大遗址周边环境保护规划策略研究》（孙伊辰，2013）、《与大遗址相协调的西安铁路客运综合体及其周边环境研究》（王琼，2013）、《基于遗址保护的大明宫周边地区土地开发策略研究》（涂冬梅，2012）、《关于大明宫遗址公园周边环境保护的探究》（陈琳，2012）、《大遗址周边区域空间形态的表征分析与研究》（高微微，2013）、《大遗址周边地区城市开发建设思考——以西安曲江新区为例》（张晓明，刘雷，林楚燕，2012）等[31-37]。

但和以上 4 个方面相比，对遗址外部空间环境的研究，无论从成果数量到深度、广度都比对遗址本身薄弱，还有大量有待提升的研究空间。一是研究视野相对狭小，主要是针对大遗址近距离的周边范围，缺乏对其宏观环境的研究，而与自然山川环境的共生关系正是西安遗址的一大特色。二是研究的视角相对单一，主要针对的是大遗址周边土地开发的问题，缺乏对其外部空间环境多维度的综合性研究。因现有常见的环绕遗址连片开发的模式不适宜套用到西安主城区周边各类复杂的大遗址及遗址区上，只有进行多层级、多维度的环境研究，才是探索其他模式的基础。三是对象多以个案为主，缺乏将历史遗址作为城市的子系统研究其与城市发展的互动关系。而点状个案的研究难以在理论上指导城市层面的大遗址环境保护与城市建设的协调问题。

① ArcSDE：数据通路，是 ArcGIS 的空间数据引擎，它是在关系数据库管理系统中存储和管理多用户空间数据库的通路。

1.4.2 国内外对遗产环境保护的经验教训、法规与实践

1. 国内外城市建设对遗产环境的破坏

“近年来，一些历史性城市忽视传统城市格局和历史风貌特色，在文化遗产的保护区、缓冲区以及不恰当的地段，建造大体量建筑物、高层建筑群或大型市政交通设施，导致文化景观遗产遭到严重破坏的实例发人深省”[5]212–221。

德国德累斯顿的易北河谷文化景观沿着河谷纵深 18 km，由古老的牧场、宫殿、纪念碑、公园以及具有自然风光的别墅和花园组成，同时还拥有重要的工业遗产。该市基于城市发展需要，拟在河谷风景优美的河湾处修建全长 635 m 的四车道铁桥，该计划虽然被认为将严重破坏遗产的完整性及其突出的普遍价值，并被多次劝阻，但遗产地所在市政府在建桥和保留世界遗产称号面前，还是选择了前者。2009 年 6 月第 33 届世界遗产委员会会议决定将易北河谷文化景观从《世界遗产名录》中除名。另一起因城市建设导致文化景观遗产受到威胁的事件也发生在德国，科隆大教堂在过去的几十年间，规划缓冲区的高度控制历经几次改变，新建筑允许的高度越来越高。2005 年世界文化遗产委员会将其列入《濒危世界遗产名录》，并要求其所在地市政府重新考虑当前的建筑设计对世界文化遗产的视觉影响，任何新的建设均应尊重文化遗产的“视觉完整性”。目前，在当地政府的努力下，保护状况已得到逐步改善，2006 年 7 月，科隆大教堂终于脱离了《濒危世界遗产名录》。类似的争论也发生在英国的伦敦，2006 年世界文化遗产委员会对伦敦世界遗产保护状况提出警告，如果伦敦的城市规划再不充分考虑到对伦敦塔的保护，那么这处文物古迹很可能被列为《濒危世界遗产名录》中的一员。可喜的是，国际社会的关注获得了积极的回应[5]212–221。

在我国南京，据不完全统计，历史城区内建成的 8 层以上的高层建筑共有 956 幢，其中 30 层以上的超高层建筑 41 幢。对原有城市布局有着深远影响的诸多自然山体，都无法与不断涌现的高层建筑的体量所抗衡，山川形胜和河湖水系逐渐隐藏在高层建筑群中，原有优美的城市轮廓线遭到破坏。在杭州，西湖一侧的高层建筑破坏了“三面云山一面城”的城市格局和西湖文化景观，对此人们一直予以关注。近年杭州城市总体规划确定了从“西湖时代迈向钱塘时代”的发展目标，使西湖文化景观遗产保护出现转机。2007 年 1 月，有“西湖第一高楼”之称的原浙江大学高 72 m 的教学主楼被成功爆破。当时很多人认为，炸掉高楼的目的是促进西湖景观的恢复。但是，针对这一紧靠西湖，有着“地王”之称的地块，同年 10 月出台的概念性规划提出，将在此地建设总规模约为 276 000 m^2 的建筑群，包括综合性商场、酒店、写字楼等，其中酒店建筑最高处达 85 m，一时间舆论哗然。在过去的几十年中，杭州西湖周边建筑的“限高”始终是一个“重大话题”[5]212–221。

2. 国内外关于遗产环境保护的法律法规与实践

1）国外的法律法规与实践

“长期以来，一些发达国家将文化景观控制规划的最终成果，以法规、条例、规章等制度文本加以公布施行，对规划原则、权利责任、景观主体、公众参与、实施过程等做出详细的规定”[5]282–283。

“在法国，文化遗产保护法规体系不断完善。1943 年 2 月通过的《纪念物周边环境法》规定，在‘历史建筑’周围 500 m 半径的范围内采取保护措施，建筑与环境方面的变化都必须得到国家权威部门的批准。1962 年颁布的《保护地区法》与《马尔罗法》明确指出：文物建筑与周边环境一起加以保护。建筑外观的变化要自觉接受国家建筑师的干预，建筑的广告和招牌也要接受国家建筑师的监督。1983 年和 1993 年法国又分别颁布《建筑和城市遗产保护法》与《风景法》，突破了文物建筑周围 500 m 的保护半径，进入了对成片建筑群、自然风景、田园风光等广义的文化遗产实行区域性保护的阶段”[5]282–283。

“在法国巴黎也有很多建筑高度控制的法规，比如‘纺锤体’详细规划，这是一个眺望控制的规划，针对历史纪念物和风景名胜地的背景，阻止影响景观的建筑物的修建。具体是把眺望对象建筑的两端与眺望者连接成两条直线，而这两条直线形成的一个平面与投影到地面的平面形成一个立体范围，称为纺锤体。巴黎的 48 个历史纪念物和风景名胜地被列为‘纺锤体’详细规划控制对象”[38]。

在法国的世界遗产城市波尔多，曾采取了一系列环境规划措施以更好地保护历史古城优雅的传统氛围。进入 21 世纪，政府决定改建加龙河的左岸，将一直作为停车场使用的滨水空间变成充满亲和力的花园。证券交易所广场（建于 1730—1755 年）是其中一个重要的节点，在它的正对面精心设计了一个 105 m × 25 m 的长方形浅水池。从视觉上，水面好像一面镜子将广场建筑群那古典庄重的立面恰如其分地倒影在其中，宁静而平和，清澈而典雅。手法简洁现代，没有浓妆艳抹的粉饰，没有张扬的人工构筑，却从景观设计的角度给予历史以充分的尊重和衬托（图 1–8）。同时，为了减少古城内拥挤的车辆，使街道、广场逐渐恢复步行，波尔多轻轨系统于 2003 年 12 月开始服务公众，并特别在古城区域装备了地下电缆为轻轨提供能源。而且，轨道设计也十分精致隐蔽，金属的轨道线或是与古城质朴的石材铺装巧妙相接，或是嵌入平整的草坪中，尽量减少人工的痕迹（图 1–9）。

在英国，“始于 1991 年的圣保罗大教堂战略性眺望景观，眺望点采用经纬度准确定位，除威斯敏斯特宫一处标高相对较高，其余均为公众可达性好的公园等场所。具体来说，将景观划分为 3 个分区，即景观视廊、广角眺望周边景观协议区和背景协议区，在各分区中实行不同的高度控制管理，以确保市民在城市内远距离欣赏美景的眺望权”[39]。

至建筑
视线直达建筑
至河岸
交通空间
浅水池

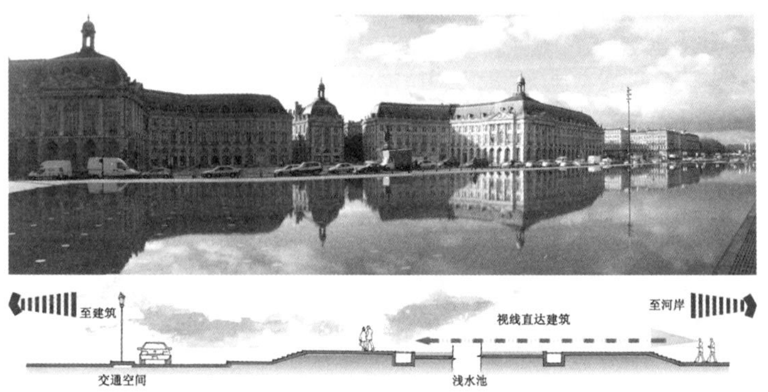

图 1-8　法国证券交易所广场

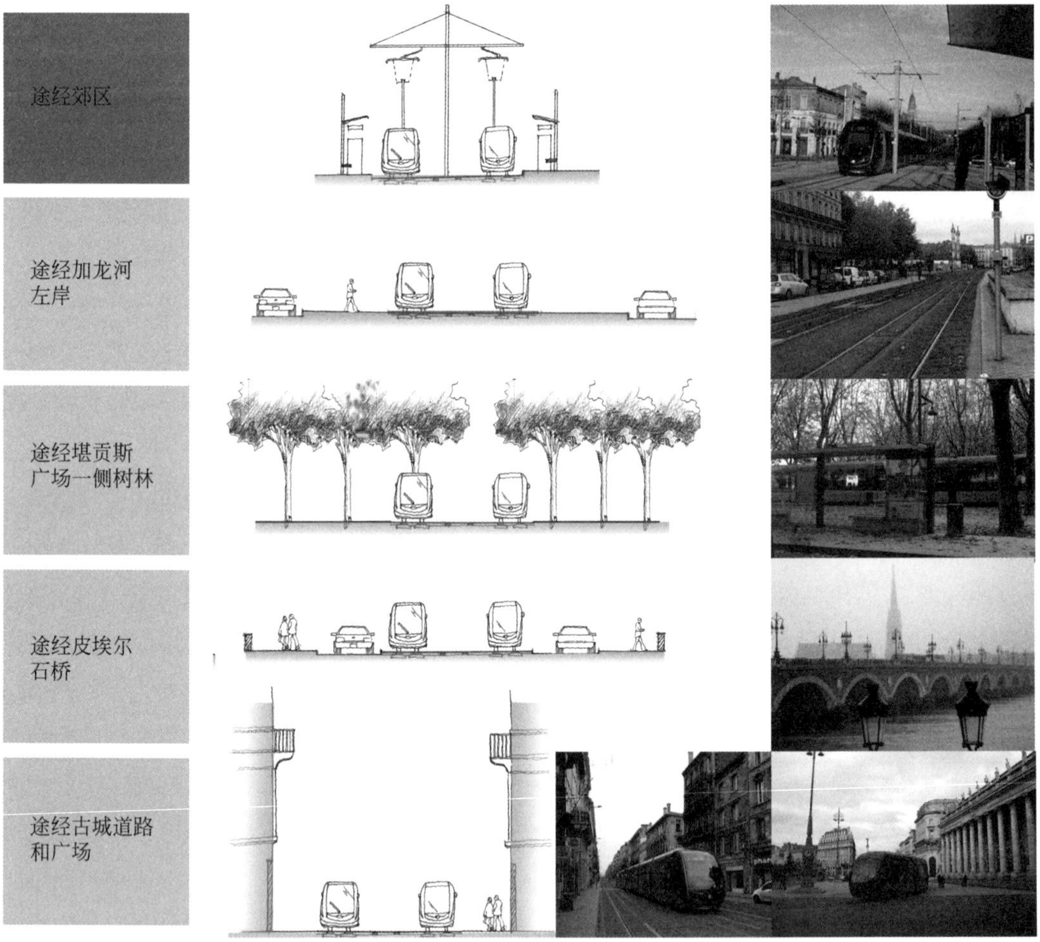
途经郊区
途经加龙河左岸
途经堪贡斯广场一侧树林
途经皮埃尔石桥
途经古城道路和广场

图 1-9　波尔多轻轨途经的景观断面

“根据英国 2007 年 3 月公布的《文化遗产白皮书》，开发商不准在伦敦塔等文化遗产附近建造摩天大楼。其他文化遗产如坎特伯雷大教堂和威斯敏斯特宫附近则设立‘缓冲区’。根据新的规定，在文化遗产附近的任何开发计划都必须征求公众意见”[5]212-221。

“日本1996年颁布了《关于在古都保存历史风貌特别措施法》（简称《古都保护法》）。该法明确了实施保护的方法，即在古都的行政区域范围内划定若干‘历史风貌保存区域’。其标准，一是重要文物古迹及其与之成为一体的环境；二是文物古迹的背景区，所谓‘背景’不仅指景观通视的视觉背景，而且广义地包括了自然环境‘背景’和历史‘背景’；三是各处文物古迹之间的连接地带，确定相应的保护区域，划出明确的保护界限”[5]282-283。

2）我国的法律法规与实践

我国对于文物保护层级划定有明确的规定。《中华人民共和国文物保护法》（简称《文物保护法》）第十五条规定：各级文物保护单位，分别由省、自治区、直辖市人民政府和市、县级人民政府划定必要的保护范围，做出标志说明，建立记录档案，并区别情况分别设置专门机构或者专人负责管理。全国重点文物保护单位的保护范围和记录档案，由省、自治区、直辖市人民政府文物行政部门报国务院文物行政部门备案。第十八条规定：根据保护文物的实际需要，经省、自治区、直辖市人民政府批准，可以在文物保护单位的周围划出一定的建设控制地带，并予以公布。在文物保护单位的建设控制地带内进行建设工程，不得破坏文物保护单位的历史风貌；工程设计方案应当根据文物保护单位的级别，经相应的文物行政部门同意后，报城乡建设规划部门批准。

根据《全国重点文物保护单位保护规划编制要求》的规定，保护范围可进一步划分为重点保护区和一般保护区，建设控制地带也可根据控制力度和内容分类。在《全国重点文物保护单位保护规划编制要求》中，划定或调整保护范围是应根据确保文物保护单位安全性、完整性作为要求；划定或调整建设控制地带是根据保证相关环境的完整性、和谐性作为要求。

在北京，“北京城的高度历来强调以故宫、皇城为中心，分层次控制，1999年北京市区控制性详细规划提出的具体办法为‘站在故宫太和殿前的平台向东西方向观测，有一条视点向外呈1.03° 仰角斜线，建设控制在此仰角线以下’”[5]217。

“2002年10月，北京市政府颁布实施《北京市历史文化名城保护规划》，将世界文化遗产颐和园及其周边背景环境列为清代‘三山五园’保护区域的重要组成部分，不但严格控制颐和园保护区域内建筑物的高度、体量、形式，并承诺将逐步拆除对文化景观构成影响的不和谐构筑物。根据相关法律，颐和园自2003年以来，依法制止了多起影响文化景观遗产保护的建设工程，并于2004年拆除了园外影响文化景观遗产环境的高压线塔，输电设施改为利用地下空间”[5]300。

“杭州率先开发和应用了‘空间视觉信息系统’，将新建建筑对西湖的视觉景观的影响进行分析，避免城市建筑物对自然风景构成直接‘冲撞’。对于整个西湖各个视点来说，首先进行了景观界面的界定，通过以湖心亭、压堤桥视点向保俶塔、城隍阁眺望的外切线形成的扇形区域作为景观控制范围，然后根据杭州气候能见度条件确定控制范围的最远距离”[38]。

香港的环境保护法规可以分为两个主要的分支，第一是关于保护自然环境，第二是关于

保护建造类遗产。涉及保护的主要部门包括：渔农自然护理署、古物古迹办事处、环境保护署和规划署[40]。

“香港 2002 年通过法律，开始对城市景观进行严格控制和引导。香港将城市区域分为香港岛、九龙、新市镇、乡郊地区、摩天大楼、海旁用地（维多利亚港）等 7 个区域，提出保持在远眺下维多利亚港两岸的山脊线景观的重要性，并对 8 个策略性观景点来眺望山脊线的现状分析。根据每个策略性观景点的视线分析，确立了这些观景点的观景廊覆盖区，以保护这些山脊线景观资源”[38]。

综上，东西方虽然在遗产保护的立法、实践领域走过了不同的道路，但从国内外遗产环境保护的历程来看，外部环境对于遗产价值的重要意义不仅越来越受到国际遗产保护机构、各国政府和学术界的重视，也逐渐得到了公众的广泛共识与支持。遗址资源保护与利用不再单纯围绕遗产本身，而是将其与环境改善、城市更新、城乡统筹等区域环境行动密切联系在一起，成为遗址地保护与发展的趋势。虽然保护与发展的天平上很难找到平衡点，经济利益追逐和历史环境保护的博弈也会一直持续，但是针对不同类型与特点的大遗址，我们的研究应区别情况，在借鉴他国与本国经验的基础上分别判定对策，将协调好遗产与城市发展的关系作为长期为之努力的目标。

1.4.3 理论基础

1. 国际宪章中的基本原则与立场

1）真实性与完整性原则

1964 年《威尼斯宪章》确立的遗产保护基本原则即真实性（authenticity）与完整性（integrity），对国际遗产保护运动的发展产生了巨大而深远的影响。真实性主要有原始的、原创的、一手的、非复制、非仿造等意思。对于一件艺术品、文物建筑或历史遗址，真实性可以被理解为那些用来判定文化遗产意义的信息是真实的[2]247。1994 年形成的《关于真实性的奈良文件》① 中肯定并强调了世界文化与文化遗产的多样性，指出不应将真实性的评价基础置于固定的评价标准之中，促进了这一概念的发展。完整性有两层意思，其一为安全的，其二为完整的、完全的。

2）“阐释与展示”原则

“阐释与展示”是文化遗产保护和管理过程的重要组成部分。2008 年通过的《阐释与展

① 1994 年在日本奈良召开国际性的“关于原真性的奈良会议”中形成的《关于真实性的奈良文件》（*The Nara Document on Authenticity*），http://www.international.icomos.org/。

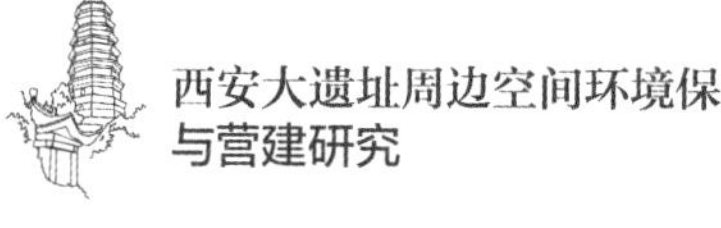

示宪章》① 中明确了阐释的定义是：指一切可能的、旨在提高公众意识、增进公众对文化遗产地理解的活动。这些可包含印刷品和电子出版物、公众讲座、现场及场外设施、教育项目、社区活动，以及对阐释过程本身的持续研究、培训和评估。展示的定义是：尤其指在文化遗产地通过对阐释信息的安排、直接的接触，以及展示设施等有计划地传播阐释内容。可通过各种技术手段传达信息，包括（不仅限于）信息板、博物馆展览、精心设计的游览路线、讲座和参观讲解、多媒体应用和网站等。阐释设施：指专门用于阐释与展示，包括通过创新技术和现有技术进行的支持阐释的、在文化遗产地或与之相连的区域内的实物装置、设施和空间。可见，阐释是对文化遗产中的历史信息通过人为的手段，以形式多样方式实实在在地接近公众，促进公众对其本体和相关知识的理解，增强个人体验，提高他们对文化遗产的尊重和认知的有效途径。

3）《西安宣言》中环境的含义

2005 年的《西安宣言》代表了国际文化遗产环境保护的最新理念，具有非常重要的理论价值和指导意义。该宣言研讨对象的英文单词是 setting，对宣言内容的正确理解首先应该建立在弄清楚这个英文单词准确含义的基础上，但是要找到一个合适的中文词汇与之对应是十分困难的。在宣言的中文正式版中 setting 被翻译为“环境”，这个翻译的缺点在于“环境”所指的对象不明确，而且容易与生态环境概念混淆。然而从宣言对它的定义可以分析出，setting 从空间地理位置上讲，既包括与之紧邻的周边环境，也包括与之相联系的更广阔的环境；从概念范畴上看，既指实物环境，也指非物质的文化环境 [41]。因此，遗产环境的内涵早已超越了早期物质层面的内容而包含了无形的抽象背景信息，环境的位置和地域范围因包含了扩展的部分，也很难用统一的量化指标来确定，而应该以灵活的方式，视不同情况具体个案具体分析。

2. 整体性保护方法

1975 年，欧洲建筑遗产年通过了《阿姆斯特丹宣言》和《建筑遗产欧洲宪章》，在全球率先确立了“整体性保护”的原则和方法。整体性保护方法综合考虑了社会、经济等各方面的要求，通过城市发展计划和各个层面的规划，协调法律、行政、经济、技术等各方面的问题，并由地方管理机构和社会公众共同参与，以实现保护文化遗产和生活在其中的人的目的 [42]。西安的大遗址数量与类型繁多，存在彼此距离毗邻或相互叠压与交错的情况，在地景文化的长期积淀下形成了与周边环境相互依存的共生关系，借鉴整体性保护方法有助于跳出单一遗址环境的辐射范围，从宏观的视角系统地看待大遗址地区和遗址群的整体保护问题。

---

① 国际古迹遗址理事会阐释与展示科学委员会协助编撰，于 2008 年 10 月 4 日国际古迹遗址理事会第 16 届大会（加拿大魁北克）通过。

3. 生态规划理论与思想

1）麦克哈格的“千层饼”模式

从 20 世纪 70 年代开始，生态环境保护问题受到了更广泛的关注，宾夕法尼亚大学景观学教授麦克哈格提出了将景观作为一个由各种要素相互联系的整体来看待的观点，包括地质、地形、土地利用、植物、水文、野生动物和气候等。他强调了景观规划应遵从自然固有的价值和过程，完善了以因子分层分析和地图叠加技术为核心的生态主义规划方法，被称之为“千层饼模式”[43]。麦克哈格笃信每一块土地的价值是由其内在的自然属性所决定的，人的活动只能是认识这些价值并适应它，只有适应了才有健康和舒适，才会有生物和人的进化和创造力，才有最大的效益。麦克哈格的最大贡献在于将多个环境学科的科学家召集到一起，再加上社会科学家和经济学家，让他们为解决一个共同的问题进行研究，而在方法上用“千层饼”模式将这些知识和成果进行综合及筛选来实现问题的解决，而这一个过程的全部正是麦氏生态规划的核心。这一模式的两个弱点，成为后来的景观规划理论和方法需要克服的重点：其一是“千层饼”模式主要基于垂直生态因子和垂直过程的分析；其二是它的自然决定论和唯技术论[44]29。

2）景观生态学

景观生态学的奠基者可以追溯到 20 世纪 50 年代的一些学者。这个概念关注景观中一部分的特定的空间格局，在景观中生物群落与自然环境相互作用。在今天运用最为广泛的概念是：生态学通常被定义为研究生物与环境相互关系的学科；同时景观是指一个数千米宽的土地镶嵌体，其中当地特有的生态系统和土地利用类型重复出现。这个概念已被认为是简单而且在实践中是十分有效的。因此，景观生态学简单地说就是关于景观的生态学；区域生态学就是关于区域的生态学[45]12–13。

3）“反规划”思想

反规划概念是在中国快速的城市化进程和城市无序扩张背景下提出的。它是一种景观规划途径，本质上讲是一种强调通过优先进行不建设区域的控制，来进行城市空间规划的方法论。主要传达 4 个方面的含义：第一，反思城市状态；第二，反思传统规划方法论；第三，逆向的规划程序；第四，负的规划成果，规划成果上体现的是一个强制性的不发展区域及其类型和控制的强度，构成城市的“底”和限制性格局，而把发展区域作为可变化的“图”[44]11。对于大遗址外部宏观生态环境的保护及协调其与城市发展用地的关系等方面，生态规划的理论与思想提供了可被借鉴及直接应用的理论和方法。

4. 场效应理论

原北京建筑设计院院长熊明先生在《建筑场与城市广场尺度》一文中指出建筑对环境的

影响（物理影响、心理影响等）就是建筑场效应，影响所及的范围就是该建筑（或建筑群）的建筑场。在设计中期望达到良好的效果，应该选择的就是能产生正效应的建筑场而避免产生负效应的建筑场，还要防止场干扰。并且针对建筑场的强弱及范围进行了深入的分析研究[46]。山东工艺美术学院丁宁教授在其著作《论建筑场》中对建筑场理论构成体系（包括心理学相关理论、建筑场所体验理论、城市设计理论、建筑美学理论等）进行了研究[47]。这些研究对于大遗址周边空间环境保护与营建时的范围界定和内涵定位具有积极的指导意义。

5. 博弈论

博弈即一些个人、队组或其他组织，面对一定的环境条件，在一定的规则下，同时或先后，一次或多次，从各自允许选择的行为或策略中进行选择并加以实施，各自取得相应结果的过程。博弈论就是系统研究各种博弈问题，寻求各博弈方具有充分或者有限性、能力的条件下，合理的策略选择和合理选择策略时博弈的结果，并分析这些结果的经济意义、效率意义的理论和方法[48]。城市化进程中历史遗产保护与区域发展之间产生了明显博弈。博弈论这一工具不仅有助于分析两者之间的矛盾，同样有助于认识遗址外围空间环境与城市发展之间的互动关系。

6. 外部空间设计理论

著名日本建筑师芦原义信早在20世纪60年代起即开始研究外部空间问题。在其名著《外部空间设计》中指出，外部空间是由人创造的有目的的外部环境，是比自然更有意义的空间，外部空间设计也就是创造这种有意义的空间的技术。外部空间建立起从框框向内的向心秩序，在该框框中创造出满足人的意图和功能的积极空间。相对地，自然是无限延伸的空间，可以把它认为是消极空间。在该著作中对于外部空间的要素（包括尺度、质感），以及外部空间的设计手法与空间秩序的建立进行了透彻的研究[49]。《街道的美学》是芦原义信的另一部名著，书中对于建筑的空间领域、街道的构成、住宅与城市环境等内容做了深入的分析研究[50]。在探索大遗址周边空间环境保护与营建的问题时，如何界定空间尺度，控制周边建筑环境的高度、体量等方面，外部空间设计的相关理论可以提供系统的分析研究方法和坚实的理论参考依据。

1.5 研究思路与方法

1.5.1 研究思路与内容

1. 国内外相关的理论与实践成果研究

对当前国内外各种大遗址保护与利用，以及遗产环境方面的理论、方法、实践进行梳理和总结。

2. 西安遗址保护与利用现状，以及遗址环境的价值与特征

首先分析西安历史文化遗址的资源特征、空间布局与功能定位，回顾西安遗址保护历程，对目前所采用的大遗址保护与利用模式进行归纳，并通过典型案例的剖析探索西安遗址类公共空间的演进特点与发展趋势。其次剖析西安各类大遗址分布与地景空间的关联性，厘清大遗址所处宏观环境的文化价值与独特性，分析目前遗址周边环境存在的问题及症结所在。

3. 西安“历史遗址区域”体系构建

从遗址群整体价值保护与地景空间整体价值保护的角度出发，将遗址本体及其所依存的大尺度地理环境与文化内涵视为一个整体，构建“历史遗址区域”体系作为城市的限建区，研究它自身保护、发展，以及和城市空间布局的关系。阐述该体系各个层次的特点、范围划分的依据；提出将该体系与环境保护相关的规划内容纳入现行城市规划体系的建议；并对西安的历史遗址区域进行空间划分，以期研究其作为城市的子系统与城市发展的协调关系，寻求大遗址外围空间环境保护与营建的适宜途径。

4. 西安大遗址与城市发展的互动关系

首先，从功能维度研究大遗址周边城市功能的适宜性：从历史遗址区域外部的规划新区扩张、基础设施建设，以及内部城乡统筹、产业调整等方面探究大遗址周边适宜的用地性质和职能安排，并探讨如何通过规划编制和管理机制来保障该体系与外围地区整体发展的协同。其次，从生态维度研究大遗址与城市发展的生态过渡，尺度自上而下逐层剖析大遗址对城市生态网络的影响，提出其外围空间生态保护与安全治理的思路和手段。最后，从空间维度研究大遗址与周边城市建设的空间过渡：分别从“水文化”“陵寝文化”“都城与宫殿文化”等角度探索不同遗址类型对周边人工建设的物质空间要求，并提出相关建设控制原则。

5. 西安大遗址周边空间环境的适宜性格局研究

通过上述多视角探讨对大遗址与城市发展的互动影响关系，提出大遗址周边空间环境适宜的格局类型，包括对比包围模式、廊道隔离模式、咬合过渡模式与开敞过渡模式。通过案例研究，分别阐述不同模式的存在条件，以及空间格局规划、生态保护与风貌控制的方法和手段，并对各类模式的应用原则进行总结。

1.5.2 本书研究框架

本书的研究框架如图 1–10 所示。

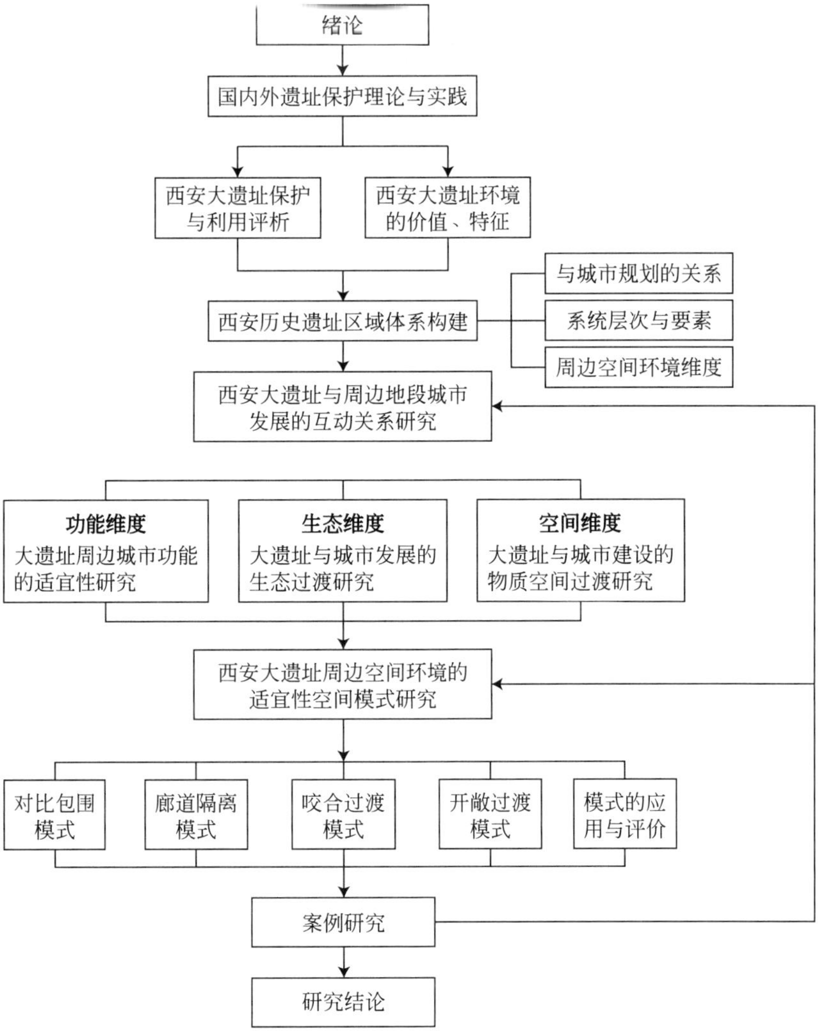

图 1-10　本书研究框架

1.5.3 研究方法

1. 文献研究

从大量收集、阅读与本研究相关的文献和资料开始，包括重要的考古、史学资料、地方年鉴、专著、学位论文、期刊论文、法律法规、国际宪章、规划资料、报纸等文字资料，以及相关的历史地图、资料照片等各类图片资料。一方面，相关专业理论、研究成果与国际宪章为本书提供了较高的研究起点和理论依据；同时，相关规划案例（包括遗产环境保护、城市景观规划、古城保护等）中的理念方法与经验数值对本书探究大遗址周边环境问题具备可供借鉴的参考价值。另一方面，通过对历史文献与现状资料的研读和考证，为做出系统的评述与描述奠定了基础；此外，对大量规划资料（包括各文物保护规划、新区发展规划、城市总体规划、绿地系统规划等专项规划）的研究，为客观分析、反思现实问题，以及提出解决思路提供支撑。

2. 田野调查

研究需建立在真实体验的基础上，通过多次对曲江地区、大明宫、兴庆宫公园、汉城湖、阿房宫、白鹿原、少陵原、樊川等地的实地调查或现场研究，让笔者对西安大遗址外围的环境现状有了感性的体验与认知；并对其中的典型代表以拍照、记录、测绘、绘制剖面图等方式获取一手资料，以补充文献资料的不足。同时，笔者在研究前期，对我国澳门、成都、北京、洛阳等地，以及法国波尔多、柬埔寨暹粒、日本京都等国际著名的遗产城市进行的实地参观考察，有利于对比反思、客观认识西安当前遗产环境保护的现状。

3. 归纳分析

研究结合对典型建成环境的实地调查及文献汇总，对目前西安大遗址保护与利用的模式、发展趋势、周边环境存在的问题与原因进行归纳总结；并通过对既有资料抽丝剥茧的分析，在西安遗址环境的价值特征、遗址区产业结构、村落分布规律、人居环境现状等方面，得出较为概括性的结论，为研究的进一步展开并获得普适性的研究结论奠定基础。

4. 学科交叉

完整的大遗址保护需要从“文物保护”“政策法规制定”“遗址区管理”“规划建设”4 个方面协同努力。城市化进程中的大遗址周边环境问题的复杂性与综合性，必须借助更多的视角，完善对其保护与规划建设的理论方法。因此，本研究有意建立以城乡规划学科为本体，同时注重风景园林学、建筑学、环境行为学、社会学、历史地理学等学科理论应用与融会贯通的、多学科交叉的研究框架体系。

5. 案例研究与实践总结

本研究的目标之一是探究各类大遗址与城市建设在空间衔接方式上应有的差异性，提出几种适宜于西安不同大遗址外围的空间格局。本书通过对几个典型代表案例的分析与对比，并结合笔者经验，阐释每一种空间格局在各自特征、适宜条件与规划方法等方面的差异。

2 西安大遗址保护与利用现状评析

2.1 西安历史文化遗址的资源特征与功能定位

2.1.1 西安历史文化遗址的资源特征

1. 数量大、级别高，类型齐全

作为千年帝都和世界四大文明古都之一的西安，拥有极其丰厚的历史文化积淀，其各类遗址、遗存的数量居全国城市之首，是典型的遗产城市，被称为“天然历史博物馆”。据前些年文物普查统计，“西安地区登记在册的文物点有 2944 处，各个级别的文物保护单位 290 处。其中全国重点文物保护单位 41 处，陕西省文物保护单位 65 处，西安市（县）文物保护单位 184 处”[51]。西安地区的历史文化遗址不仅保护级别高、价值大，影响深远，而且许多古遗址具有国际性和全人类性，例如丝绸之路的相关遗址和宗教文化的相关遗址等。另外，本地区的大遗址几乎涵盖了国家文物局定义的所有类型，除了广泛分布的聚落遗址、宫殿遗址、都城遗址、陵寝遗址和建筑遗址外，还包括道路（如子午道、傥骆道等）、桥梁（如隋灞桥、东渭桥）、水利工程（如郑国渠、成国渠、沣惠渠、漕渠、黄渠、泾惠渠）等。

2. 时代延续性强、分布范围广且有一定的聚集分布特点

从时间上来讲，从 110 万年前的公王岭蓝田猿人遗址、6000 年前的半坡遗址和姜寨遗址、3000 年前的老牛坡的商周遗址、1000 年前的隋唐遗址，直至明清西安城、明秦王十三陵及近现代革命遗址等，时间跨度之大、连续性之强充分反映了西安作为历史文化名城其历史的完整性和延续性。西安位于关中中部，八水环绕，川原相接，地理位置及自然条件非常优越，使得遗址分布遍及西安都市区的各个部分，且在分布上呈现以下分区聚集的特点：①各都城遗址（包括周丰镐[①]、秦咸阳、汉长安、隋大兴及唐长安）逐步由河流（沣河、渭河）一级阶地向二、三级阶地迁徙，并长时间稳定在龙首原南北两侧；②帝陵区则选择在山前（北山山系）及原面上布局，即位于低山、原面高爽之地，如梁山、九嵕山、仲山、嵯峨山前的唐十八陵及汉代陵寝（分布在五陵原、少陵原、白鹿原等地），秦始皇陵及秦东陵也分别坐落在骊山之前及铜人原等；③宗教文化遗址（以祖庭为代表）则主要分布在唐长安城以南的樊川、御宿川及秦岭浅山地带。其他重要历史文化遗址则呈现出沿河（主要是渭河、灞河、沣河、浐河、潏河）分布的特点，并大体呈现出这样的特征：西安东部的浐河、灞河流城主要分布早期文明的文化遗址，如公王岭、华胥陵、半坡、米家崖及老牛坡商代遗址等；西部的沣河、皂河流域则主要散布着周、秦、汉代文明的遗址，如丰京、镐京、灵台、灵沼、阿房宫、建章宫及汉长安城遗址等，中部则集中分布着隋唐文化遗址（含宗教文化遗址等），而唐以后重要遗址则主要叠压在中部和南部。

3. 面积大、占地广、内容丰富、情况复杂

西安地区的重要遗址多为都城遗址、宫殿建筑群遗址（如阿房宫、兰池宫、大明宫等）及帝王陵寝遗址等，这样的遗址面积少者数平方千米（如秦栎阳、周丰镐、霸陵等），多者数十甚至上百平方千米（遗址群地区），其中汉长安城遗址占地即达 36 km^2。由于西安地区历史文化遗址大多规模宏伟，占地广阔，一方面遗址的内涵丰富、价值极高，同时遗址内也散布着大量的村庄（其中汉长安城遗址就分布有 54 个行政村，居住着 5 万人口），农田及城市建设用地，如五陵原地区的单晶硅厂、渭河电厂等，这使得遗址地区的保护和管理非常复杂。

4. 可视性较差，极易受到自然和人为破坏

西安地处黄土高原，其历史文化遗址除保存有重要的历史传承信息、城市发展密码和丰富的文化内涵外，有些重要文物深埋于地下，而有些重要文物由于埋深较浅，可视性较差，极易受到自然和人为的破坏，这也为遗址的保护和利用带来新的课题。由于西安地区是华夏

---

① 丰镐：丰京和镐京一起并称为“丰镐”。

文明的重要源脉之地，又积淀着汉唐盛世的千年精华，其大遗址除表现出以上的资源特征外，还包括一批文物和历史实物遗存不太明显的重要文化遗迹区，如上林苑、昆明池、唐禁苑、曲江、辋川等苑囿遗址区及鸿门坂、樊川、华胥陵、荆原、寒窑等文化遗址区，其中苑囿遗址区主要分布在河湖水系两岸及港汊、低洼之地。这些文化遗迹区也将对西安市的文化提升和建设发展产生重大的影响。

2.1.2 西安历史文化遗址的功能定位

1. 文化功能

不同时期的历史文化遗址代表着所在地区的发展脉络，表现出该地区历史发展的连续性；不同类型的遗址（如聚落遗址、城垣遗址、宫殿及建筑遗址、陵墓遗址、宗教文化及苑囿遗址等），既是城市及地区历史与文化的记忆，也是影响城市及地区发展的重要基因；城市历史文化遗址是提升城市品质、彰显城市文明的依托，也是发展城市文化产业的源泉。总之，历史遗址是城市文化的重要组成部分，从一定意义上讲，是城市的文化名片、历史记忆与精神象征，也是城市文化之魂与中华文明的精神园地。

2. 教育与研究功能

每一个遗址都是城市社会发展和历史进程的一个断面，是所在地区文化积淀的组成部分。它代表了遗址当年人们的认知、价值取向和社会发展水平，储存着非常丰富的历史、文化、社会、经济、科学、技术知识信息，是一部生动的社会发展、传统文化、历史知识和科学技术教育的活教材。例如：古代都城及陵寝遗址反映了当时人们对选址、布局、礼法的传统思维和哲学理念；古建筑遗址除表现了古人对宗法、礼制的遵循外，还涵盖了有关建筑美学、建筑工艺、建筑材料的大量信息；古工程遗址（如水利工程、桥梁、栈道及驰道、仓储等）则包括了古人对自然地理环境的认知及大量工程技术方面的信息等。这对我们进行爱国主义和传统文化的教育以及科学研究都是非常难得的素材。

3. 旅游功能

西安以历史文化灿烂著称于世，现已成为我国重要的旅游目的地城市。秦兵马俑、秦始皇陵、华清池、西安古城墙、汉阳陵、汉茂陵、大雁塔、大明宫遗址公园、半坡博物馆、曲江、大唐西市及秦岭沿山宗教寺院等重要遗址也已成为西安旅游产品谱系中的重要组成部分。今后随着社会经济及旅游事业的发展，将会有更多的历史文化遗址（尤其是五陵原、昆明池、少陵原、汉长安城等遗址区）以考古遗址公园、博物馆、文化主题公园、遗址森林公园等

品牌进入古城观光、历史文化游学及休闲度假的旅游市场。因此，旅游功能也是历史文化遗址在保护与利用中必须认真关注的问题之一。

4. 生态功能

西安地区大遗址的规模小者数平方千米，大者数十甚至上百平方千米。在这些遗址区，严禁大规模的城市开发建设活动，使它们成为城市发展的天然隔离带。遗址区内（尤其是陵寝、苑囿、文化遗址）除文物勘察及保护工作外，主要的建设活动应是在不影响文物遗址安全的前提下的生态修复和绿化建设活动。近年来，在西安一些重要遗址进行的生态和绿地建设已经取得了显著的成效，如围绕西安古城墙进行的护城河治理及环城林带建设、杜陵万亩生态林地建设、唐城墙遗址公园林带建设及秦始皇陵林地建设等。另外，西安地区还存在不少苑囿及古水利工程遗址，如上林苑—昆明池遗址，郑国渠、成国渠、汴惠渠、黄渠、漕渠、泾惠渠等，这些遗址的恢复和利用也将对西安地区河湖水系的调整和湿地系统建设产生巨大的影响。因此，历史文化遗址对城市的生态系统及绿地网络将起着重要的功能性作用。

5. 城乡社会调控功能

西安大遗址地区分布有大量的村落、乡镇和田地。不少村落、乡镇具有深厚的文化积淀，如：被称为“山河三辅壮，烟树五陵深”的五陵邑；拥有“三班（班超、班固、班昭）故里”的安陵邑；发生过“人面桃花”故事的桃汐堡；被咏为“少陵原上花含日，皇子陂前鸟弄春”的皇子陂及“高秋最爱樊川景，稻穗初黄柿叶红”的樊川，等等。因此，在历史文化遗址的保护和利用工作中，应结合遗址区的地理和文化特点，从规划层面，进行科学的土地功能、产业结构、村庄布局、特色定位、人口规模的研究与调整工作。此外，为了达到环境整体保护的目标，还须保护和发掘隐性文化资源，保护文化生态，保护遗址地有历史文化价值的名村古镇。

6. 形象功能

西安的遗产文化和遗址景观必将是城市形象的重要组成部分，也是城市环境构成和城市设计的主要基因之一。秦始皇兵马俑、华清池、西安城墙、大雁塔、大唐芙蓉园等遗址已成为西安地区的会客厅和城市名片；昆明池、五陵原、少陵原、樊川及终南山等遗址区也将成为西安国际化大都市新的形象亮点，它们将共同构成古都长安的历史画卷，也展示出西安国际化大都市的时代形象。

2.2 西安大遗址保护与利用的发展和现状

2.2.1 西安大遗址保护与利用历程及现状模式

1. 西安大遗址保护与利用历程

西安是我国一个重要的遗址城市，历来受到政府、学术界和广大群众的关注和重视，在文物遗址保护方面曾取得过重要成绩，也做出过重大贡献。在规划方面，早在 20 世纪 30 年代“西京筹备委员会”在对西安城市规划探讨中所提出的几套方案，都主张城市建设新旧分治，且将西安汉唐主要遗址的保护放在总体规划的首位。但可惜该计划未付诸实施，此后也未引起重视。在西安市自 1953 年开始实施的共四轮总体规划中，四大遗址（唐大明宫、汉长安城、周丰镐及秦阿房宫遗址）及其他重要遗址均作为保护对象纳入城市总体规划中，使得这些遗址得以保护至今。在管理和研究方面，西安地区不仅逐步建立、健全文物遗址保护机构和相关法规，而且对重要的遗址进行了大规模的勘察和有计划的考古发掘工作，这些都为文物遗址保护规划的编制及城市的发展建设提供了有力支持和科学依据。

在城市建设方面，文物部门面对地方经济迅速发展和遗址保护的尖锐矛盾，为保护文化遗产也做出了巨大的努力并取得了明显的成绩。如原计划东西横穿汉长安遗址的西安绕城高速公路北段（即 310 国道过境段）及穿越大明宫遗址的西安北二环路，在文物部门及各界人士的共同努力下，经过多年争论，终于修改原设计方案，完整地保护了汉长安城和大明宫遗址的核心区。在西安地铁线网的规划与建设中，文物遗址的保护一直是重点关注的问题之一。经过文物部门、规划设计部门、地铁建设部门的共同努力及科学论证，采取了一系列措施来最大程度地保护各类古文化遗址和文化遗址，如为保护西安地区的历史文化环境，保护古城遗址（含明城墙、唐城墙遗址区），地铁 2 号线、1 号线等均采取避开文化层，在地下 17~18 m 的位置布线；为保护大雁塔，地铁 4 号线调整原设计方案，由雁塔路、西影路口向东南方向展线，主动避开大雁塔遗址区；为保护钟楼及南、北城门，不仅强化了轨道减震措施，并在钟楼周围建立了环护桩墙，同时改变线位绕行通过，最大程度地保护城墙及古建基址，等等。另外，在城市建设过程中，坚持先进行文物勘探，并对文物遗址制定保护措施后方可进行开发建设的方针，仅在最近几年就先后发掘保护了曾出土彩陶仪仗的南北朝十六国时期的墓葬遗址（位于西安东郊洪庆地区）、位于长安凤栖原地区的西汉张安世家族墓遗址，以及位于泾河工业园中的明代院落式家族墓园等重要文物遗址。总之，由于各方面的共同努力，西安地区文物遗址的保护和利用已进入良性循环的发展之中，各类文物遗址（尤其是国

宝级的大遗址）基本得到了完整的保护，同时也丰富了保护和利用的方式及内容。

西安依托历史遗迹打造城市绿色空间的历史可以追溯到 20 世纪 20 年代的“莲湖公园”。它位于明城墙内，建在唐代长安城的“承天门”遗址上。明代朱元璋次子朱樉依这里低洼地势引水成池，广种莲花，故名“莲花池”。1922 年辟为公园，称“莲湖公园”，是西安历史最悠久的公园。1927 年 3 月，为纪念在北伐战争前夕坚守西安死难的军民而建设了革命公园。当时在革命公园内负土筑冢，建有烈士祠和革命亭，供市民凭吊纪念。1957 年，西安市政府决定在唐兴庆宫遗址修建兴庆宫公园。

近一个世纪过去了，西安在发展中持续探索着结合不同类型遗址及文化资源营建绿地的方式，于近 10 年间达到了建设的高峰期，至今已建成在国内有影响力的公园十余处，规模从数平方千米到数十平方千米。它们可以分为以古建筑遗址为依托、以古城市（城垣）遗址为依托、以宫殿苑囿遗址为依托、以帝王陵寝为依托以及以非物质文化（含民间传说、历史事件等）为依托五大类型（图 2–1）。尤其是近几年大尺度考古遗址公园的建设，将西安的文化遗产保护水平推向了新的高度。在国家第一批 12 个国家考古遗址公园中，西安就占有 3 席，分别是阳陵国家考古遗址公园、秦始皇陵国家考古遗址公园和大明宫国家考古遗址公园。它们与其他的公园一起构成了大西安地区独具特色的遗址类文化公园体系。这是在文物遗址的科学保护与合理利用的基础上催生出来的独特现象，也是城市在绿地系统、旅游空间、城市风貌等方面的鲜明特色。

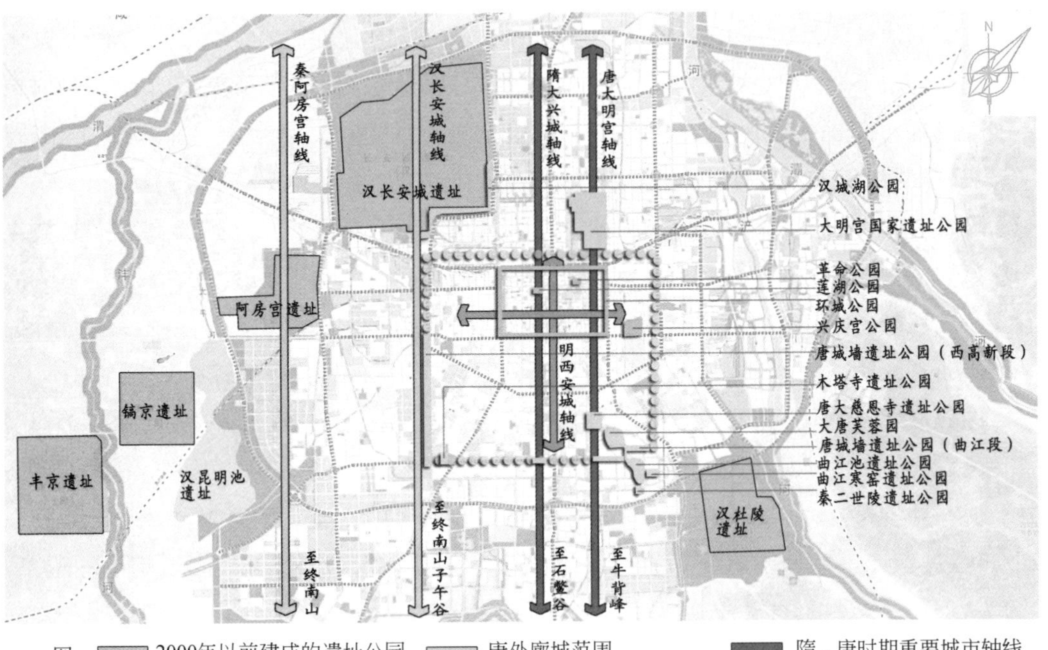

图 2-1　西安主城区重要遗址公园分布（彩图附后）

2. 大遗址保护与利用现状模式

遗址保护之于城市发展，这是让无数专家学者费尽笔墨却依然棘手的议题。在遗址保护、利用与城市发展存在尖锐矛盾的情况下，为了能在全面保证遗址安全的前提下，做到城市科学、有序的发展，一直是规划界、文物界共同关注并持之以恒不懈追求的目标。西安作为我国首批历史文化名城，已经成为国内遗址公园实践的重要先行者之一。西安的绿地建设，是在不断面对矛盾、解决矛盾的探索中，让众多淹没在城市中的遗址遗迹重新诉说曾经辉煌的历史，积累了珍贵的经验，并形成了在全国乃至世界范围内独具特色的遗址类文化公园体系，并为此也创建了一个又一个的保护和开发利用模式。为了更好地解决遗址保护与城市和谐发展的问题，有必要对这些模式进行总结：目前的保护与利用模式可被归纳为考古遗址公园（类型 A）、遗址性质的城市公园（类型 B）、遗址性质的景区（类型 C）、遗址博物馆（含周边绿地）（类型 D）4 种类型（表 2–1）。根据 2009 年国家文物局制定的《国家考古遗址公园管理办法（试行）》，"考古遗址公园"是指以重要考古遗址及其背景环境为主体，具有科研、教育、游憩等功能，在考古遗址保护和展示方面具有全国性示范意义的特定公共空间。而遗址性质的城市公园包括综合公园、主题公园、带状公园等子类。

表 2–1　大西安地区重要遗址公园建设历程

名称（类型）	建成时间	规模（约）/hm^2	依托遗址资源	主要保护内容	面向人群	区位条件
莲湖公园（B）	20 世纪 20 年代	6	以明秦王府花园及唐太极宫承天门遗址为依托	唐承天门遗址	附近居民与本地游客	明清西安城内
革命公园（B）	20 世纪 20 年代	10	以 20 世纪 20 年代西安围城事件及纪念建筑为依托	万人冢、革命亭	附近居民与本地游客	明清西安城内
华清宫景区（C）	20 世纪 50 年代	393（现规划范围）	以唐华清宫遗址及骊山温泉资源为依托	唐梨园、莲花汤等遗址及风景资源	中外游客	西安市城东 35 km
兴庆宫公园（B）	20 世纪 50 年代	52	以唐兴庆宫遗址为依托	勤政务本楼等遗址	附近居民与国内游客	临咸宁路
半坡博物馆（D）	20 世纪 50 年代	0.45	6000 多年前母系氏族公社村落遗址	半坡遗址及出土文物	附近居民与国内游客	东郊浐河东岸
环城公园（B）	20 世纪 80 年代	60	以明西安城墙为依托	古城垣及城、林、河一体空间格局	附近居民与本地游客	临环城路（一环）

续表

名称（类型）	建成时间	规模（约）/hm^2	依托遗址资源	主要保护内容	面向人群	区位条件
杜陵万亩都市森林（C）	2001 年	730	汉宣帝杜陵陵园	陵寝遗址及陵园整体环境	附近居民与本地游客	少陵原
大唐芙蓉园（B）	2005 年	67	以唐曲江文化遗址资源为依托	曲江文化遗迹及唐风主题文化	中外游客	曲江新区，临干道
汉阳陵地下博物馆（D）	2006 年	0.78	以西汉景帝与王皇后合葬的阳陵陵园为依托	考古出土文物及陵园整体环境	中外游客	渭河北，临机场高速
唐城墙遗址公园（B）	2008 年	36	以唐长安外廓城遗址（西段与南段局部）为依托	延平门及唐城墙遗址	附近居民与本地游客	两条城市干道之间
大慈恩寺遗址公园（B）	2008 年	5	以唐大雁塔及大慈恩寺为依托	大雁塔及周边整体环境	中外游客	临雁塔路
曲江池遗址公园（B）	2008 年	100	以秦、汉宜春苑与唐曲江文化遗址资源为依托	恺洲、黄渠等文化遗迹及唐风文化	附近居民与国内游客	曲江新区，临干道
木塔寺遗址公园（B）	2009 年	6.8	以唐大总持寺和大庄严寺之木塔遗址为依托	大殿基址、山门遗址与木塔遗址	附近居民与本地游客	高新区，临干道
秦二世陵遗址公园（D）	2010 年	5	以秦二世皇帝胡亥墓为依托	山门、大殿、秦二世陵墓等遗址	附近居民与国内游客	曲江新区，临干道
曲江寒窑遗址公园（B）	2010 年	12.6	以民间传说（王宝钏与薛平贵的爱情故事）为依托	王宝钏窑及民俗文化	附近居民与国内游客	曲江新区，临干道
大明宫国家遗址公园（A）	2010 年	320	以唐大明宫遗址为依托	大明宫内各殿、台、楼、亭等遗址	中外游客	原道北区，临干道
秦始皇陵遗址公园（A）	2010 年	213	以秦始皇陵为依托	秦始皇帝陵封土及陪葬坑等遗址	中外游客	西安市城东 37 km
汉城湖公园（B）	2011 年	125	以汉长安城城垣为依托	汉长安城垣及汉漕渠遗址	附近居民与本地游客	原团结水库，临干道

2.2.2 典型案例

1. 兴庆宫公园

唐兴庆宫始建于玄宗开元二年，即 714 年。1957 年西安市政府决定在其遗址上建设兴庆宫公园，总面积 52 hm^2，约为唐代兴庆宫面积的 1/3（图 2–2）。公园采用自然山水式布局，形成湖面约 10 hm^2，动静结合、旷奥有别。园内碧波荡漾，树木葱郁，草坪如茵，繁花似锦。沉香亭、花萼相辉楼、南薰殿、缚龙堂和长庆轩等，均为仿古建筑，仍沿用兴庆宫原建筑名称，造型古朴秀丽。公园作为面向市民和国内游客的城市综合公园，成为当时西安市区最美丽的风景。

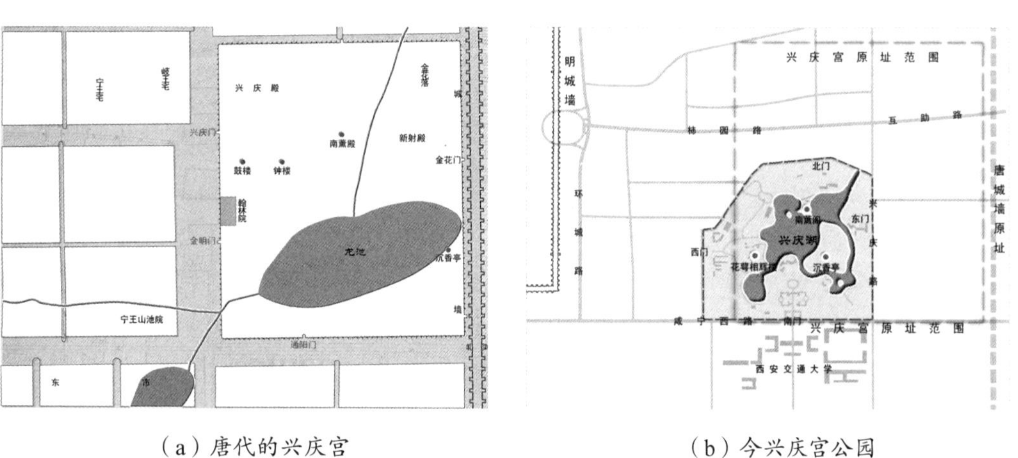

（a）唐代的兴庆宫　　（b）今兴庆宫公园

图 2-2　兴庆宫的古今对比

（资料来源：作者结合以下资料绘制，史念海 . 西安历史地图集 [M]. 西安：西安地图出版社，1996.）

2. 大明宫国家遗址公园

大明宫是唐代三大内之一，被称为“东内”或“北内”，它位于长安城北的龙首原上，面积超过了 3.2 km^2，是我国古代规模最为宏伟的宫殿区之一。也是西安地区四大文物遗址（周丰镐、秦阿房宫、汉长安城、唐大明宫）之一。

大明宫遗址的保护在资金不足、困难重重的条件下经过了漫长的历程。1957 年中国科学院考古所开始对大明宫遗址进行文物考古发掘；1961 年被国务院公布为第一批全国重点文物保护单位；1981 年成立了大明宫遗址保管所；1985 年国家出资将含元殿遗址内外土地约 65 亩（约 4.34 hm^2）收归国有用于保护；1993 年，联合国教科文组织会同中、日政府，利用保护世界文化遗产日本信托基金，采用工程技术方法立项实施大明宫含元殿遗址保护修复工程，经过 10 年努力才顺利完工 [52]；2000 年西安市政府启动了丹凤门至含元殿遗址宽

400 m 的拆迁保护工程，涉及人口 11 000 余人；2007 年启动了大明宫遗址保护及周边城市改造项目，该项目于同年被列入丝绸之路申遗预备名单。

依据规划，整个遗址区规划面积为 19.16 km^2，其中遗址公园（即大明宫核心区）占地为 3.2 km^2。经过多方面的努力，2010 年 10 月大明宫国家遗址公园终于初步建设完成并对外开放。在遗址公园的建设中，坚持了原真性保护的理念，除了对整体格局的充分重视、保护与展示外，同时采取了多项先进的“土遗址”保护与展示方法。无论是当年含元殿夯土和砖迹遗迹表面覆盖 0.5 m 厚的保护土后实施对台基的展示，还是后来太液池水岸遗址以覆土形式保存及对注水区的零渗漏防水保护，以及宫墙遗址的现代结构性保护展示工程等，都为我国古文化遗址的保存积累了宝贵的经验，也创造了一个样板（图 2–3）。总体而言，“唐大明宫国家大遗址保护展示示范园区暨遗址公园建设是 21 世纪中国文物保护和利用的一次综合性探索，其价值之高、规模之大、投资之巨均前所未见。项目本身对于中国文物考古及保护工作者既是一次机遇，也是一次挑战”[53]。

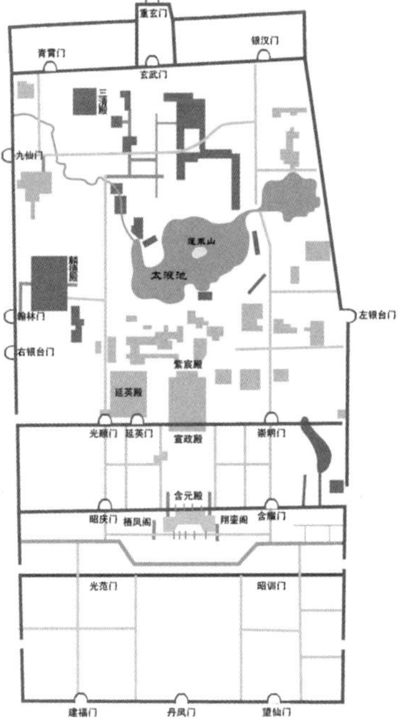

（a）唐代

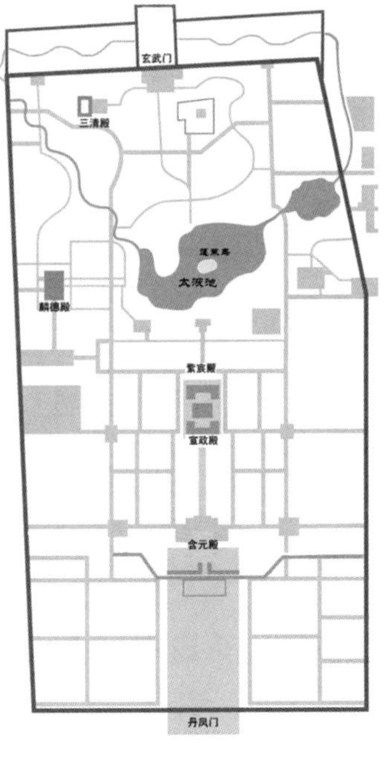

（b）现状

图 2-3　大明宫的古今对比

[资料来源：作者结合以下资料绘制，朱小地，等．大明宫国家遗址公园：总体景观实施方案设计[J]. 建筑创作，2012（1）：82-99.]

3. 曲江池遗址公园与大唐芙蓉园

曲江风景区是我国历史上著名的风景园林胜地，也是西安南郊重要的历史文化遗址。唐

文宗李昂曾说：“都城贵胜之地，唯有曲江”。因此，在西安历次城市总体规划中其均作为风景游览用地保留下来（图 2–4，表 2–2）。近年来，随着曲江地区的整体开发，曲江池和芙蓉园两处著名的历史景观相继被打造为城市公园。其中大唐芙蓉园于 2005 年开园，作为国家 5A 级景区是首个全方位展示盛唐风貌的大型皇家园林式主题公园；曲江池遗址公园是集历史保护、生态园林、山水景观、休闲旅游为一体的开放式文化公园，于 2008 年建成并对外开放，项目在文物保护的前提下，尊重并依附这里回岗旁转的地形原貌。它们的落成完善了西安市的公共文化设施体系，提升了城市品位与人文魅力。

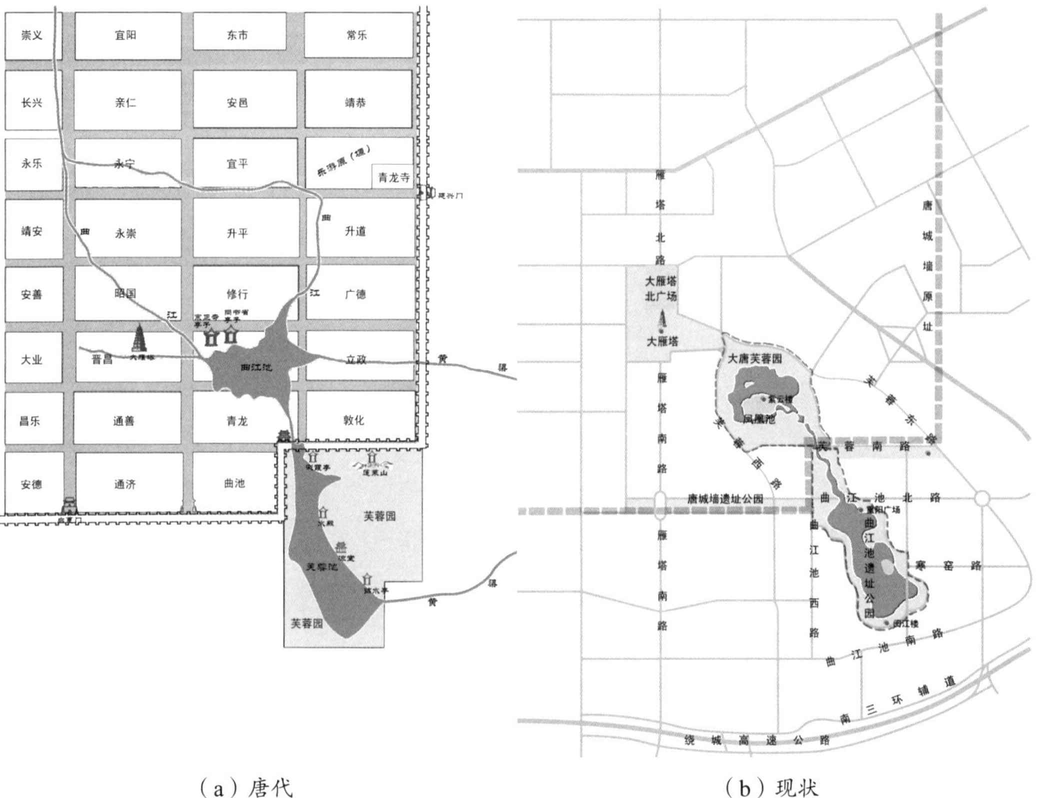

（a）唐代　　（b）现状

图 2-4　曲江地区的古今对比

（资料来源：作者结合以下资料绘制，李令福．古都西安城市布局及其地理基础[M]. 北京：人民出版社，2009.）

表 2–2　曲江水体古今概况

水体名称	区位	水源	规模与形态	功能定位
曲江北池（也称曲江池，玄宗时期曲江下游扩建而成）	唐长安城内东南隅，慈恩寺东	部分来自黄渠的分支，部分来自海拔略高的芙蓉池（唐）	地形自然天成，湖面“东西三里而遥，南北三里而近”	唐代著名的公共游赏之地，位于城垣之内，可官民同游

续表

水体名称	区位	水源	规模与形态	功能定位
曲江南池（也称芙蓉池，是秦汉隋时期曲江池主体）	唐长安城东南城外	黄渠，引自终南山大峪（唐）	唐玄宗时期扩建后形成芙蓉池占芙蓉园面积1/3，约700 000 m²	秦时宜春苑，水体名隑洲；汉时水面扩大，名之曲江；隋初又经修复改造，隔于城外并圈成皇家禁苑；唐代的芙蓉园为皇家御园
大唐芙蓉园水景（2005年建成）	西安曲江新区，依稀可见池体低洼之地貌	西安南郊曲江水厂弃水	形成约20 hm²集中式水面	展示盛唐文化的大型主题公园
曲江池遗址公园水景（2008年建成）			水体南北纵长约1000 m，东西最宽约500 m	开放型城市公园，形成“湖心仙岛”“江滩跌水”等以水为主题的景区

4. 杜陵万亩都市森林

杜陵是汉宣帝刘询的陵寝，第三批全国重点文物保护单位，是西汉十一陵中规模最大的两个陵寝（另一个是茂陵）之一。它位于西安市东南方浐河西岸的少陵原上，在杜陵园12 km²的文物保护范围内，分布有100多座大小不一的古代墓冢。1982年至1985年，中国社会科学院考古研究所对汉宣帝陵和孝宣王皇后陵的陵墓、陵园、寝园及杜陵的陵庙、陵邑、陪葬墓等进行了系统的考古勘察。2001年起，雁塔区政府加强了杜陵原水土流失治理和生态环境改善的力度，实施了植树造林、完善交通等一系列先期项目。至2003年年底，总投资4000余万元，栽植各类林木11 000亩①（其中生态林5600亩、果林5200亩），新增节水灌溉面积10 000亩，新修林区道路12 km，实现了市区与林区道路的通达。杜陵原上满目葱茏，各类苗木种植达160多个品种，540多万株，形成千亩示范生态园、千亩银杏林、千亩柿子林等，现在成为西安市重要的绿肺之一[54]。2007年，西北大学编制完成了《杜陵文物保护规划》，杜陵遗址的保护与利用步入了良性发展的轨道。

2.2.3 遗址类公共空间的演进特点与发展趋势

1. 文物保护意识与技术水平逐渐增强

20世纪上半叶，由于经济条件相对困难，文物的保护意识相对薄弱，同时受考古技术所限，以莲湖公园和兴庆宫公园为代表的公园建设大多只强调了对遗址文化内涵的利

---

① 1亩≈0.0667 hm²。

用。虽然设计风格大都沿袭了中国传统造园手法，但对文物本体的深入勘察、保护及展示方面与公园设计融合较少。随着我国文物保护事业的发展，西安在结合遗址营建公园的过程中，逐步将“保护”工作列为头号目标，一切的规划设计均以科学考古及历史研究为基础。相比起“沉香亭”等建筑在大体原址的仿古复建，同样作为唐代皇家“三大内”之一的大明宫在50年后建设公园时，更加强调对遗址的原真性和完整性保护。在原址复建的“丹凤门”采用了钢结构和可逆的建筑形式，将夯土遗迹完好地保护在内部形成了现代博物馆（图2–5和图2–6）。而且在没有进行完考古的区域，公园会在遗址上铺木栈道作为路径，将各种管线、水管、安防系统置于木栈道下[55]，以不对文物和未来考古产生任何影响为前提。

图2-5　复建后的沉香亭

图2-6　丹凤门遗址博物馆

与此同时，科学技术的革新也为更好的文物保护创造了条件。例如“汉阳陵外藏坑保护展示厅采用了多项国内外先进技术。文物环境采用了斯洛文尼亚自适应文物保护技术，并在使用方式上有所创新；参观环境利用地热资源，采用水源热泵空调通风系统，达到绿色环保和节能双重功效；遗址保护大厅采用全地下大跨度预应力钢筋混凝土结构，上部覆土植草，60 m长参观通廊悬挂在屋顶，建筑在结构设计、结构施工等方面进行了一系列创新；在建筑材料方面，遗址大厅采用复合中空玻璃，具有强度大、耐高温、透明度好、通电加热防止结露和调节环境温度的多种功能；实体墙面采用粗陶粒蓄水砖，自动吸收土壤中散发的多余水分，调节和稳定室内湿度；文物遗址照明采用光纤和LED①等先进光源，消除可能破坏文物的紫外线辐射，保护文物”[56]。从以前的重场地利用，到全面考古为先、科学保护为主、合理展示的综合利用方式，体现了我国文化遗产保护水平的重大进步。

2. 遗址利用模式与展示手段趋于多元

进入21世纪后，西安在遗址利用模式上呈现出多元化发展的趋势。有的遗址被建设成

① LED：light emitting diode，发光二极管。

为大型文化类主题公园，如大唐芙蓉园，是目前全方位展示盛唐风貌的皇家园林式公园；有的被建设成为以博物馆为主的游览景点，如汉阳陵地下博物馆与秦二世陵遗址公园；还有的被建设成供市民健身游憩的休闲林带，如唐城墙遗址公园，是在城市道路之间形成的以林木种植展示唐外廓城范围的带状绿地。虽然都名曰“遗址公园”，但显而易见并非每一处都是以强调遗址本体保护与展示为核心的“考古遗址公园”，而是因地制宜，有其各自的发展目标、功能定位和风格特色。利用模式上的灵活性与遗址在等级、规模、特点、区位、保存程度与保护需求等方面的差异性密切相关。

受科技发展推动和国际先进文化遗产保护理念的影响，西安所采用的遗址展示手段也更为丰富。再将前述的两个唐代宫苑类比，相较几十年前兴庆宫公园建设时的“勤政务本楼”遗址仅用围栏圈出范围，暴露在外的简单形式（图 2–7），今天大明宫中的“宣政殿”“紫宸殿”等重点建筑均采用了突出空间感知的艺术化展示手段。尤其是“紫宸殿”，通过钢构架、木构架和乔木种植的途径如剪影般勾勒出宫殿的建筑形象，更能引发游人的追忆和思考（图 2–8）。公园中还采用了等比例模型复原、图片陈列、数字放映、讲解等多种手段为游客呈现历史、弘扬文化。同时，“唐长安城外郭城延平门遗址保护展示工程突破了传统的土遗址保护与展示方式，对遗存的延平门遗址采用地下遗址地面模型显现的方式。选用土色陶砖平面斜 45° 立砌，层层叠叠，形似夯土，对遗址原有材质、工艺进行模拟显现。为了使分离的遗址标识之间信息连续，采用条石、绿化等标出城墙遗址、壕沟遗址、顺城巷遗迹等城墙的组成部分[57]”。

图 2-7　勤政务本楼遗址

图 2-8　紫宸殿遗址

3. 涉及城市问题越发复杂

每一个城市的公园建设都与它的整体发展战略同步，随着城市化进程和西安建设用地的扩张，许多过去位于郊区的遗址慢慢被一个个城市新区包围。为了更好地保护和合理地利用，最有效的方式就是借它们的文化价值打造绿地。由于遗址的规模、存留状况和周边社会经济

条件的差异性，公园建设相比以前面临着更为复杂的局面：一些遗址区内还有大量的村落和企业，受长期静态保护的影响，区内居民的生活质量一直未得到改善。遗址问题已经涉及包括“经济发展”“新农村建设”“人居环境改善”“文化复兴”等一系列新的研究课题。相比以前，快速的经济增长给文化遗产保护带来了更大的冲击和挑战，大遗址的土地资源价值使保护与发展的矛盾日渐突出，各方利益也更难平衡。除文物保护外，营建遗址类公园往往还需要解决资金来源、村落拆迁安置、产业结构调整以及跨行政区协调、可持续管理等方方面面之前未曾或较少触及的问题。

4. 内涵与功能更为丰富

中华人民共和国成立之初，各地城市公园建设还处在缓慢发展的阶段，直至 20 世纪 80 年代，西安的公园数量屈指可数，那时公园的出现主要是为了实现社会文化功能，满足大众游憩的简单需求，生态、经济等方面未显得十分重要。然而，随着时代发展，绿地与城市各方面的结合更为紧密，也融合了更多新的功能。目前，一些著名的遗址类公园已成为西安面向国际市场的旅游景点，被纳入城市的旅游网络中，促进了片区的文化振兴和全市旅游发展空间结构的优化。同时，考古的过程也被建议向公众开放，以增强科研、教育的功能。另外，曲江池遗址公园等项目还积极与城市改造相结合，通过绿地的营建，带动了遗址地周边社会经济环境与生态环境的整体改善。随着生态建设意识的加强，越来越多的相关学科（如景观生态学）融入公园的设计领域中，遗址公园不再是关联度不大的点状绿地，而是被纳入城市整体景观规划和生态网络构建中，呈现出体系化的特点，投入力度也逐年加大。

2.3 西安大遗址与城市建设用地的关系

随着城市化进程的发展，大遗址与城市之间的相对位置关系也在快速发生着改变（图 2–9）。从城市建设和遗址保护与利用的角度，根据遗址区所处的城市区位和西安地区已编制完成（包括正在修编）的各项规划，可将西安目前的大遗址类型分为已被城乡建设所覆压和破坏、已被城市建成区所包围、被城市发展区（规划建设区）所包围和位于城市外围地带 4 种。

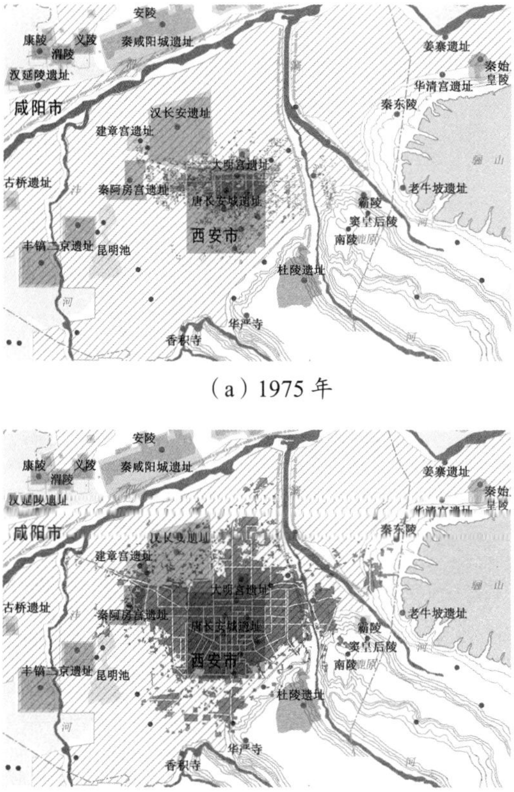

（a）1975 年　（b）1996 年

（c）2003 年　（d）2013 年

图 2-9　西安大遗址与城区发展关系变迁（彩图附后）

（资料来源：作者结合以下资料绘制，西安城区变迁地图集编撰委员会．西安城区变迁地图集 [M]. 西安：西安地图出版社，2014.）

2.3.1　已被城乡建设所覆压和破坏

城市始终处在连续发展的过程之中，受客观条件的限制及历史原因，西安的不少重要遗址受到城市建设的大范围或完全叠压，包括汉建章宫遗址（约一半被企事业单位和住房叠压）及礼制建筑区（被工业企业叠压）、大明宫东西内苑、唐长安城（除西侧与南侧的外廓城墙），等等。同时，由于社会经济的快速发展，城市人口与建设用地急剧扩张，加之一些单位和部门早前保护意识淡漠，片面追求经济效益，文化遗产的保护和破坏（包括建设性破坏）一直在进行着激烈的博弈，不少应该得到更好保护的遗址也受到了不同程度的破坏。

2.3.2 已被城市建成区所包围

这些遗址大都位于主城区内部，其保护和利用是在不同历史阶段进行的，反映了当时人们对文化、遗址、休憩空间的认知和理解，包括半坡、明秦王府花园遗址、慈恩寺、秦庄襄王陵、兴庆宫、大明宫、曲江等。虽然保护和利用的方式和途径有所不同，却可为我们提供丰富的经验、教训及开发思路。

2.3.3 被城市发展区（规划建设区）所包围

随着西安市第四轮城市总体规划及关—天经济区发展规划的实施，西安国际化大都市的建设步伐日益加快，城市规模迅速扩张。一个又一个新城、新区的出现，使得某些遗址和城市发展建设区的相对关系和布局发生了显著的变化，一些原本远离市区的重要遗址区，突然间面临被新规划的城市建设区所包围、分割或覆盖。这一方面对文物遗址、历史文化环境的保护形成了威胁和挑战，对相邻接的城市发展建设区增加了新的制约因素，但同时也为遗址区的保护和利用，为与城市的发展建设互动提供了新的机遇和条件。例如：五陵原地区（含 9 个汉代帝陵及大量陪葬墓、5 个陵邑、秦咸阳宫、兰池宫等遗址），现正面临空港新城、秦汉新城及相关的组团所包围和分割；少陵原地区（含杜陵、少陵、明秦王十三陵及名人墓葬等），目前正面临曲江二期（跨绕城高速公路向南扩展推进）、航天基地、常宁组团（沿神禾原及樊川川道发展）发展建设所造成的威胁和影响；沣河下游地区（含丰京遗址、镐京遗址、昆明池、阿房宫、汉长安城遗址等）周边正面临西咸新区沣东新城（东部及南部）、沣西新城（南部）及高新区三期用地外扩所带来的影响和挑战；秦东陵遗址（国家级文物保护单位，位于铜人原东南部，毗邻骊山）也面临着临潼旅游度假区开发建设的影响。这些新区的发展规划中不少都将大遗址周边的空间等同于一般的城市用地看待，在功能及环境等方面缺乏与遗址关系的协调，不过目前还未全部付诸实施，历史环境的保护还有抢救的可能性。

2.3.4 位于城市外围地带

此类遗址位于主城区的外围地带，远离城市中心区，虽然也受到旅游开发及当地建设的影响与威胁，但暂时并不严重，如秦始皇陵；姜寨新石器时代遗址区；北山山系的唐贞陵（仲山）、崇陵（嵯峨山）、献陵、庄陵、端陵，以及郑国渠首等遗址区；白鹿原的汉霸陵、南陵、窦皇后陵、怀珍坊遗址；秦岭北麓沿山地带的遗址，包括翠微宫、蜀道及终南山浅山地区的各种古寺庙、古道等。

2.4 西安大遗址保护与利用存在的问题

2.4.1 完整性不足

由于早期相对滞后的保护观念与管理，在遗址及周边的无序建设致使一些大遗址在编制保护规划时期已经受到了不同程度现代建设的叠压，短时间内难以完成整体性的保护。例如：大明宫不是一组孤立的宫殿建筑群，其东、西、北三面分别被东内苑、西内苑及禁苑所包围。大明宫前后经历过 3 次保护规划，分别是 1957 年、1992 年和 2004 年，其中较大的变化在于将作为重要组成部分的东内苑划出了保护范围，并且在大明宫含元殿以南的区域形成了 4 块非遗址保护的建设控制用地。原因是这些地区已形成了现代建筑甚至是高层建筑对于遗址的叠压，考古与拆迁都存在较大难度。今天的遗址公园并未将东内苑纳入，从而影响了大明宫的整体格局与完整性[58]。此外，杜陵陵区北部被西安绕城高速公路南段及南三环路穿过，杜陵邑遗址及北部陪葬墓群已被分割，给杜陵的完整保护造成了很大的环境影响。

2.4.2 对历史信息真实性的漠视

在遗址地进行环境规划设计应尽量反映与挖掘其真实的历史信息，而西安的部分大遗址保护项目在这一点上完成得并非十分理想。例如：唐城墙遗址公园曲江段相比起高新区段而言人工设施（含雕塑、装饰等）过多，缺乏对遗址格局的研究、展示和历史信息的传达，与一般的城市公园在职能和形态方面无异，甚至出现了与考古信息及历史信息相悖的设计。“如位于雁塔南路与唐城绿带交界处的开元盛世广场两侧修有仿唐代城楼的建筑群，有城墙、城楼、壕沟、城门等形象，让很多市民误以为这里是隋唐长安城外郭城的某个城门，实际上隋唐长安城在此无门，仅有一段普通的城墙而已”[59]。另外，杜陵的万亩林地建设虽然取得了良好的生态效益，对治理水土流失、改善生态环境和促进当地农林生态产业发展起到了积极作用，但植树造林并未与陵园的整体格局和历史文化环境相协调，并未将植被规划很好地与陵区格局的标示性展示相结合。而且有些种植已经侵入陪葬墓的封土堆旁，苗圃生产也已经延伸到陵园城垣遗址以内，这既加大了遗址保护的难度，也对汉代墓葬空间秩序的展示不利。

2.4.3 外围环境的无序建设

1. 遗址外围的高强度开发

大遗址区周边的发展不断改变着外围的空间环境，如今不少大遗址周边重要的背景环境甚至部分遗址本体已经被城市发展空间叠压，变成了广场、道路、街区。其规划大都按照一般的现代街区来布局，高强度的开发并未考虑对遗址内涵的烘托及与相关环境的协调。例如：大慈恩寺周边虽然结合 20 世纪打造的绿地建设了大范围的遗址公园，但大雁塔周边迅速发展的高层建筑令这座曾经作为唐长安制高点的千年古塔缩小了尺度感；在白鹿原上，大学城发展区与薄姬（汉文帝母亲）陵（南陵）封土的缓冲空间不足，也未采取绿化遮挡，影响了陵寝空间的神秘与沧桑（图 2–10）。此外，“新中国成立以来，由于历史的原因，大明宫遗址的保护一直没有受到应有的保护，遗址周边的市政建设一直处于无序之中。紧邻大明宫遗址，除南边的自强路外，东、北、西三面的太华路、玄武路和未央路皆早已有数幢现代化大楼高高耸立。其中玄武路北侧某花园小区的住宅楼，对含元殿遗址的天际线的破坏就是明显一例。从丹凤门到含元殿，徒步而行的游人都可以遥遥看到该住宅顶部几层，赫然影叠于含元殿顶层台基之上，而两者外观颜色又接近，所以视觉中仿佛给含元殿殿基扣了顶不伦不类的小帽子，严重破坏了遗址的真实感和外围轮廓，大煞风景”[52]。同时，太液池周边的密集住宅区对历史景象的展示带来了冲击（图 2–11）。

图 2-10　白鹿原南陵外大学城建设

图 2-11　大明宫太液池周边城市建设

2. 缺乏对遗产周边历史信息的阐释

在遗产保护与城市发展的博弈中，城市建设如果在满足功能与使用需求的前提下，对遗址地的相关历史文化信息做充分的研究、解读与挖掘，并在周边环境营建中有所呼应和体现（如尺度、布局、要素、非物质文化等内容），一方面可缓解城市空间的特色危机，另一方面也可以增进公众对文化遗产的了解与全面认知，促进现代化城市建设与遗产环境保护之间的协调。然而，西安大遗址周边的城市开发或更新改造往往缺乏对原有历史环境的呼应，不同

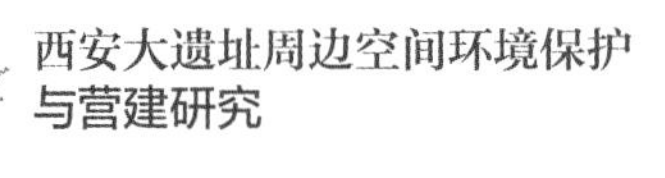

类型、大小的遗址几乎都被高楼大厦环绕成为孤岛。除汉城湖公园对汉长安城外历史水系的再现外，鲜有外围规划建设中对原有历史环境相关信息的提示。

3. 对重要历史文化环境的割裂

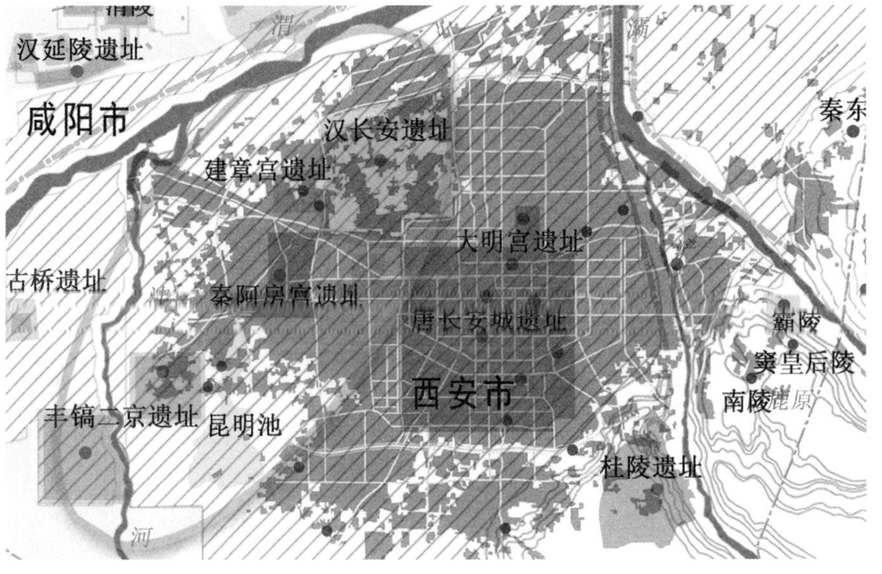

图 2-12　沣渭冲积平原重要都城、宫殿遗址分布

公元前 11 世纪，周人由周原地区（今陕西岐山、扶风地区）东迁，即选择在这里营建丰镐二京，这里是我国历史上有记载的最早也是最完整的都城建设活动。战国时期，秦人由雍城（今陕西凤翔一带）逐渐东移，并于公元前 349 年将政治中心选择在跨渭河的冲积平原地区，在渭河南岸先后兴建了兴乐宫（西汉时期改为长乐宫）、章台宫（西汉时期改为建章宫）、甘泉宫、信宫及阿房宫，使这里成为秦都咸阳重要的组成部分；公元前 202 年，西汉决定在渭河以南滈、潏沿岸秦代宫室的基础上营建都城长安，从而开启了长安作为千年帝都的历史。可见，在沣渭冲积平原一带集中了中国周、秦、汉的都城遗址和宫殿遗址，地形上、文化上、环境上、历史景观上一脉相承。因此，若将该地区从整体上作为一个突出的历史文化区进行整体保护与规划，不仅是对中华民族近一千年连续都城文明的集中展示，也有助于形成大的生态廊道促进城市生态网络的构建，是具有历史意义和时代意义的。然而，除了大量遗址本体已被压占与破坏之外，在这几大遗址之间见缝插针式的城乡建设（尤其是丰镐以北的阿房宫与汉长安城之间）令这在东方文明发展史中具有“唯一性”的历史环境的保护岌岌可危（图 2–12）。这警醒我们必须正视这一问题的严峻性与紧迫性，深入剖析当前遗产周边环境保护与营建中存在问题的症结；并在法律法规的基础上提出新的理论框架，采取适当的规划与管理措施挽救与改善，促进该地区整体环境的保护与可持续发展。

2.5 本章小结

西安拥有极其丰厚的历史文化积淀，是典型的遗产城市，被称为“天然历史博物馆”，其历史文化遗址资源具备数量大、级别高、时代延续性强、面积大、占地广、内容丰富、可视性差等特点。西安市自 1953 年开始实施的四轮总体规划中，四大遗址（唐大明宫、汉长安城、周丰镐及秦阿房宫遗址）及其他重要遗址均作为保护对象纳入城市总体规划中，使得这些遗址得以保护至今。近一个世纪过去，西安在发展中持续探索结合不同类型遗址及文化资源营建绿地的方式，于近 10 年间达到了建设的高峰期，目前的保护与利用模式可被归纳为考古遗址公园、遗址性质的城市公园、遗址性质的景区、遗址博物馆（含周边绿地）4 种类型。然而，随着城市化进程的发展，大遗址与城市之间的相对位置关系也在快速发生着改变，大部分遗址已被城市建成区密集包围，还有不少已被城乡建设覆压和破坏。总体而言，随着文物保护取得的成绩，目前的西安遗址保护与利用存在着完整性不足、对历史信息真实性的漠视和外围环境的无序建设等几方面不足。今后如何协调遗址保护与现代化城市发展须在厘清当前存在问题的基础之上谨慎前行。

3 西安大遗址周边空间环境的价值与保护困境解析

大遗址周边环境无序的城市建设已经成为西安当下遗址保护与利用中非常突出的问题之一。这种无序体现在：高密度、高容积率的开发；压占部分大遗址的重要组成部分（有的因已被现代化建设长期叠压被划出保护范围）；外围建筑、景观的功能、风貌与遗址本体不相呼应；未能较好地阐释遗址的历史信息；对大尺度历史文化环境的割裂等方面。这既涉及近距离的城市开发，也与城市整体历史文化风貌规划和城市设计的导向相关。面对主城区以外台原川道间的诸多大遗址及一个个围绕它们的规划新区，如何在新一轮的城市发展中在一定程度上改进以上问题，使周边环境对历史遗产的真实性与完整性保护发挥作用，必须对大遗址所依托的不同尺度环境，包含它的特征与价值，并对形成这些问题的原因与症结做深入了解与客观剖析。

3.1 西安大遗址周边空间环境的历史文化价值

西安作为我国最典型的遗产城市之一，华夏源脉和千年帝都在这里积淀了深厚的文化内涵，留下了丰富的历史文化遗存和考古文物遗址，在分布广泛、数量众多的重要遗址中，

既包括周、秦、汉、唐等多个王朝的都城遗址，许多重要的宫殿遗址，70 多个历代帝王陵，大量工程、苑囿和宗教文化遗址，也包括不少具有重要科学和文化价值的史前人类文化遗址。这些遗址多数规模巨大，而且遗址与遗址之间往往连接成片，遍布在关中平原内原隰相间、特色鲜明的地理空间格局中。西安大遗址周边空间环境的认知首先要从它们所依托的大尺度地景空间的自然属性与历史文化价值开始。

3.1.1　西安地景空间的自然属性与遗址分布

西安地区地景资源丰富，类型多样，这里有以秦岭、骊山、北山山系（嵯峨山、仲山等）为代表的山地景观空间；有以渭河、泾河、灞河等为代表的冲积平原、洪积平原地景空间；有以五陵原、少陵原、白鹿原、神禾原等为代表的黄土台原地景空间；也有以樊川、辋川、御宿川、浐河川为代表的河谷川道地景空间等（图 3–1）。与历史文化遗址有重要的密切依存关系和相互影响的地景空间主要包括以下几种地貌类型。

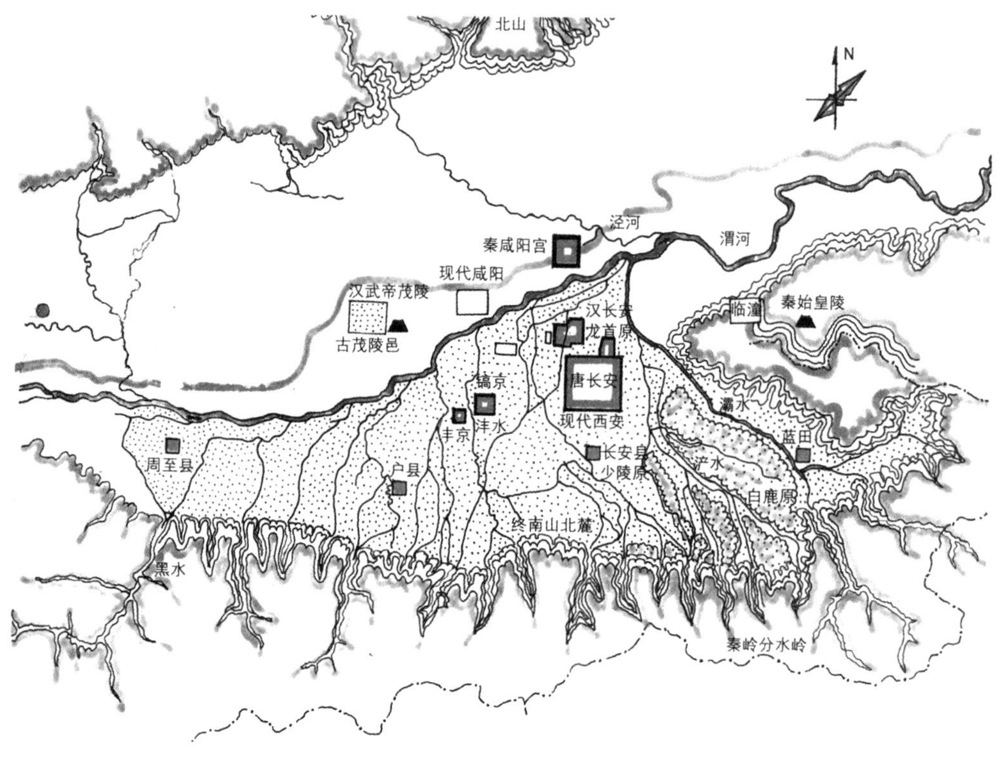

图 3-1　西安周边自然山川环境

（资料来源：佟裕哲，刘晖．中国地景文化史纲图说 [M]. 北京：中国建筑工业出版社，2013.）

1. 河谷川道

对西安历史文化有重要影响的川道主要有：

（1）樊川：位于少陵原和神禾原之间，由潏河长期冲刷、下切、淤积而成的川道。南北长度超过 15 km，宽度多在 2 km 以上，川道与两侧原面的高差在 150~200 m 之间。樊川地区分布有大量佛教文化遗址、遗存（如樊川八大寺）、古代庄园旧址及名村（如桃溪堡、瓜洲村等）古刹（图 3–2）。

（2）辋川：位于蓝田东南 13 km 的飞云山麓，是辋峪河冲刷、淤积而成的川道。该川道因唐代大诗人王维的“辋川别业”而知名，有别业遗址、钓鱼台遗址、鹿苑寺、王维及其母墓址、锡水洞、竹篑寺（含塔）等。

（3）御宿川：位于神禾原西侧，是滈河（主流石砭峪河）、天子峪、子午峪诸水冲刷、汇流而形成的川道平原，又称御宿苑。香积寺、百塔寺、温国寺及占地约 5 km^2 的“王曲遗址”（南堡寨一带）就分布于该地区。

（4）浐河川道：位于少陵原与白鹿原（含炮里原）之间，是由浐河长期冲刷淤积而成，宽度约 2 km，与原面最大高差约 200 m。沿该川道分布有唐广运潭及大量新石器时代遗址，如米家崖、嘴头、沈家村、杨湾等遗址。

其他河流沿线（如渭河、泾河、灞河、沣河、涝河等）多属于河流阶地及冲积平原，并不是典型的川道。

图 3-2 樊川（少陵原望神禾原与秦岭）

2. 黄土台原

西安地处秦巴山地与黄土高原（鄂尔多斯台地）的交汇过渡区，黄土台原地貌特征非常明显。这里川原相间，沟壑纵横，地景空间变化十分丰富。其中对西安地区遗址分布和历史文化环境有重大影响的黄土台原主要包括：

（1）少陵原（古称鸿固原）（含凤栖原）：该原南连秦岭山地，北接“长安六岗”，位于浐河川道和潏河川道（樊川）之间。该原南北长约 15 km，东西宽达 6~10 km，原面宽阔，多洼地，有一定的起伏。由于区位、地形及历史的原因，少陵原历史遗址及文化遗址非常丰富，其中重要的有：汉宣帝杜陵及“环拱森列”的上百座陪葬墓；汉许皇后少陵；明秦王十三陵墓群；杜氏家族墓群（杜如晦、杜佑、杜牧等）；颜氏家族墓群（颜真卿等）；韦氏家族墓群（韦庄、韦安石等）；唐敬陵（武惠妃墓）及牛僧孺、李抱玉等名人墓；另外，还有杜公祠、清凉寺及近代历史名人（如杨虎城、井勿幕、朱子桥、张季鸾等）的墓葬。

（2）白鹿原（古称灞上）：该原南接终南山北麓之荆山，北近浐河川道，横亘于浐灞二河之间，海拔约 600 m，与两侧川道的高差在 200~300 m 之间。由于河流切割、雨水冲刷，原上多断崖深谷，山水形胜冠于他原（图 3–3）。该原是古商於道（蓝关古道）的起始部分，其重要的历史文化遗址包括怀珍坊商代遗址（孟村）、老牛坡商代遗址（原下灞河岸边）、郗家河商代遗址（孟村）、汉文帝霸陵、南陵、窦皇后陵（狄寨附近）、唐云经寺（玄奘最早葬骨处）遗址等。该原东西宽近 10 km，南北长逾 20 km。

图 3-3　白鹿原

（3）五陵原（咸阳北原）：该原地处渭河川道与泾河川道之间，南北宽 5~10 km，东西绵延达 50 km。五陵原原面西高东低，与河床高差达到上百米。该原是古代传统的墓葬区，原上冢墓累累，历史文物遗址、遗迹非常丰富。这里有汉代 9 个帝王的陵寝，即高祖长陵、惠帝安陵、景帝阳陵、武帝茂陵、昭帝平陵、元帝渭陵、成帝延陵、哀帝义陵、平帝康陵等；还有唐代两个贵戚陵（李昞的兴宁陵及武则天母杨氏之顺陵）、两个北周帝王陵寝（宣帝的孝陵、静帝的敬陵）及大量的名人墓葬（如萧何、曹参、周勃、周亚夫、霍光、霍去病、姜

子牙、卫青、董仲舒墓）等。除陵寝及墓葬外，还分布有秦咸阳宫、兰池宫、望夷宫、汉五陵邑、汉成国渠及横桥等遗址。

（4）铜人原：该原位于灞河东北方向，因唐李贺《金铜仙人辞汉歌》而著名。该原向东南方向渐次抬升并与洪庆原主脉、骊山支脉相毗连，原上沟壑纵横，多为山洪冲刷的峡谷。重要遗址包括秦东陵遗址等。除了女娲文化、龙山文化外，这里又是离宫文化、温泉文化、陵寝文化及名山文化（骊山）的荟萃之地。

（5）神禾原：西临滈河，接渭河冲积平原，东临樊川，南部覆山前洪积扇，南北长约 13 km，东西宽 1.5~3 km，最高海拔约 600 m，该原东西两侧形成较多的悬沟、切沟和冲沟。该原周边分布有大量的佛教寺院（含南部的南五台）。遗址方面，除面积较大的王曲遗址外，尚有唐常宁宫遗址及近代名人墓葬等。

3. 平原

平原主要包括以下两种类型。

（1）洪积平原：由秦岭北麓山前洪积扇群组成，主要分布于山前断裂带以南地区，海拔在 410~700 m 之间，如长安区灞河以南、户县①秦渡和渼陂一线以南、蓝田县南沿山地带及临潼区新丰周边地区等。该类型各峪口前洪积扇长短不等，且东西向呈波状起伏，高差在数米至数十米间，掩覆于渭河三级阶地之上。在西安市的洪积平原中，除少量新石器时代的遗址（如王曲遗址、五楼乡遗址）外，主要是宗教文化及寺庙遗址，如草堂寺、楼观台、百塔寺、弥陀寺等。

（2）冲积平原：主要是指渭河（含泾河、沣河、涝河、灞河、浐河、石川河下游河道两侧）冲积平原，它由古河道、河漫滩以及一、二、三级阶地组成，地势平坦，海拔在 380~500 m 之间，地下水埋藏深度在数米至十几米间，灌溉排涝条件好。渭河各级阶地彼此呈内叠嵌入式接触，下部冲积，湖积层为灰褐色亚黏土层，二、三级阶地为黄土幔覆的埋藏式阶地，并与黄土台原呈相切关系，与山前洪积扇，有的呈过渡交错关系，有的后缘则被洪积扇所覆盖。

冲积平原是西安地区古城垣、古苑囿、重要宫殿及大型工程设施遗址的集中分布区。如周代的丰京（沣河西岸）、镐京（宗周）（沣河东岸）、灵台及仓颉造字台遗址等；秦代的都城栎阳（古沮水，今石川河西岸）、秦咸阳宫、兰池宫（均在渭河北岸一级阶地）、望夷宫（泾河南岸）、阿房宫遗址等；汉代的长安城、建章宫（秦章台宫）、九庙遗址等；唐代的长安城（隋大兴城）、大明宫遗址等；秦代的郑国渠，汉代的白渠、成国渠、漕渠、昆明渠，唐代的永安渠、清明渠、黄渠，清代的通济渠，近代的沣惠渠、泾惠渠等水利工程遗址；秦汉横桥、

① 2016 年户县撤县设区，更名为鄠邑区。

隋唐灞桥等桥梁遗址；周灵沼、汉上林苑、昆明池与太液池、唐曲江池等苑囿历史水景遗址。冲积平原地段虽然遗址类型多，分布密度大，规模大，档次高，但也是遭受人为破坏与城市发展威胁和影响最严重的地区，不少文物遗址和历史遗迹（如汉建章宫及九庙遗址等）已经或正在面临被毁坏和泯灭的命运。

4. 浅山地区

考虑到与城市历史文化渊源及与城市发展建设的关系，本书将浅山地区作为地景空间的一种类型。所谓“浅山地区”是指断块山（如骊山）及秦岭北麓靠近峪口的中山、低山地带，海拔一般在 500~1600 m。由于流水的长期作用，该地区形成众多切割较深的峡谷，其中著名者有沣峪、子午峪、石砭峪、高冠峪、大峪、太平峪、库峪、涝峪、田峪、黑水峪、骆峪、辋峪、悟真峪、蓝水峪等。这些峪道河谷宽度差异较大，宽浅处达 100~300 m，俗称坝子或坪。山区降水较多，植被以自然次生林为主，村落周边多人工林，植被覆盖度较大。相邻峪道间是雄伟起伏的山梁和挺拔屹立的名山，如终南山、太平山、翠华山、南五台、翠柏山、青华山、观音山、万华山、王顺山、荆山、首阳山、峣山、圭峰山、光头山等。

西安“浅山地区”的历史文化遗址、遗迹主要包括以下几个方面：①皇家离宫别馆遗址，如隋仙游宫（今仙游寺、黑河峪口）、唐翠微宫（太和宫、黄峪寺村）、温泉宫（华清宫、骊山山麓）及大兴汤院（蓝田汤峪）遗址等。②古道及古关隘遗址，如子午道及子午关（石羊关）；傥骆道及骆峪关；荆楚道（商於道）及峣关、蓝关；库峪道遗址等。③宗教文化及寺庙遗址（含古建筑），如南五台圣寿寺、沣峪净业寺、天子峪国清寺、子午峪金仙观、悟真峪悟真寺、天池寺等遗址。④名村古镇及文化遗址，如子午镇、五台、石羊关（喂子坪村）、黄峪寺村、周至老县城（省级文物保护单位）、蓝桥镇（蓝水驿）等。

3.1.2 西安地景空间的隐性文化内涵

受大大小小的各类遗址遗迹的影响，地景空间中蕴含着丰富的历史文化基因（宗教文化、陵寝文化、离宫文化、农耕文化、名山文化等），同时，还有大量影响至今的历史典故与诗词名句诞生或缘起于此。除了目前被西安主城区覆盖的冲积平原外，周边山、原、川、隰大部分维持着相对良好的农业生态环境，加上自身独特的形态特征及与长安城的风水位置关系，形成了各自不同的环境美学意象（表 3–1）。

表 3–1 地景空间的隐性文化内涵

地景名称	历史故事	诗词名句	环境美学意象
五陵原	投笔从戎、泾渭分明、马革裹尸、萧规曹随等成语出处；发生过荆轲刺秦、柳毅传书等故事	李白：西风残照，汉家陵阙。金人赵秉文：渭水桥边不见人，摩挲高冢卧麒麟，千秋万古功名骨，化作咸阳原上尘。崔颢：万户楼台临渭水，五陵花柳满秦川。秦川寒食盛繁华，游子春来喜见花。岑参：晴开万井树，愁看五陵烟。槛外低秦岭，窗中小渭川。萧观音：惟有知情一片月，曾窥飞燕入昭阳	巍峨雄伟、气吞山河宛如一幅展现中国“金字塔群”的壮丽长卷
少陵原（长安风水格局中“回龙望祖”的起点和组成）	—	《三秦记》：城南韦杜，去天尺五。《杜陵绝句》：南登杜陵上，北望五陵间；秋水明落日，流光灭远山。杜甫：自断此生休问天，杜曲幸有桑麻田。卢纶：川原缭绕浮云外，宫阙参差落照间。白居易《杜陵叟》等	“层楼望尽樊川景，恨不凭栏烟雨中”（寇准）；“古木无人径，深山何处钟。泉声咽危石，日色冷青松。”（王维）是其历史环境的写照
白鹿原	灞柳风雪、屯兵霸上等典故渊源出处；玄奘由云经寺改葬、商於古道的故事；周平王狩猎发现白鹿、神鹿坊关于神鹿的传说等	杜甫：汉南应老尽，霸上远愁人。柳永：参差烟树灞陵桥，风物尽前朝。衰杨古柳，几经攀折，憔悴楚宫腰。白居易：烟树灞陵岸，风尘长乐坡。司马光：烟横辋川暝，云照武关秋。安得无羁束，从君一纵游	“土”“水”“林”“田”交相辉映，雄阔、高亢、深厚的美学形象
铜人原	女娲炼石补天、周幽王烽火戏诸侯等	李贺：衰兰送客咸阳道，天若有情天亦老。携盘独出月荒凉，渭城已远波声小。白居易：回眸一笑百媚生，六宫粉黛无颜色。杜甫：寂寞骊山道，清秋草木黄。杜牧：长安回望绣成堆，山顶千门次第开。一骑红尘妃子笑，无人知是荔枝来。胡曾：只知一笑倾人国，不觉胡尘满玉楼。苏轼：辛苦骊山山下土，阿房才废又华清。上官婉儿：隐隐骊山云外耸，迢迢御帐日边开	背依终南、俯瞰渭水、东望二华、西眺长安。关中八景“骊山晚照”所在地，蔚为壮观
浐河川道	—	马戴：浐曲雁飞下，秦原人葬回，丘坟与城阙，草树共尘埃	川道林木葱茏、曲折婉转，原岗互持，忽开忽合，构成了一幅文明与山原交融的水墨丹青
樊川川道	贾岛“僧推（敲）月下门”；兴教寺及玄奘师徒的故事等	崔护：去年今日此门中，人面桃花相映红。人面不知何处去，桃花依旧笑春风。王贞白：终朝异五岳，列翠满长安。地去搜扬近，人谋隐遁难。寇准：高秋最忆樊川景，稻穗初黄柿叶红。王士祯：三月樊川路，红桃散绮霞。终南青送黛，潏水碧穿沙。近代：两岸红桃杂绿柳，洗出樊川十里春	点缀着樊川八大寺的川间阡陌纵横，绿树成行，绣壤交接，风光旖旎

续表

地景名称	历史故事	诗词名句	环境美学意象
御宿川	—	杨巨源：诗家清景在新春，绿柳才黄半未匀。若待上林花似锦，出门俱是看花人。 王维：分野中峰变，阴晴众壑殊。欲投人处宿，隔水问樵夫	南对青华山与翠柏山，佛教寺院荟萃，历史上陂池相连，稻香遍野。祖咏诗“终南阴岭秀，积雪浮云端”就是其景象的最好写照

这些诗词、典故及环境意象赋予了台原、川道、山体等地理环境除文物古迹类物质遗产以外更深层的文化内涵，使它们仿佛一个个鲜活的生命，能够引人联想且发人深思。这里的每一处地形、植被、水体、村落和远山背景都可能对构成描述中的场景发生作用，城市发展过程对上述历史文化环境要素的充分解读与尊重，有益于彰显历史文化名城的独特个性与魅力，也是保护依托于其上大遗址的周边环境之基础。

3.1.3 大遗址与依托环境（地景空间）的共生关系

1. 早期（商周以前）文化遗址的分布及其与地景空间的依存关系

西安地区早期文化遗址（主要是石器时代文化遗址）具有以下主要特点。

生活在石器时代的人们，由于缺乏对大自然的认识和了解，也由于生产力的低下，他们一方面畏惧洪水、山火、猛兽带给他们的危害，另一方面又离不开赖以生存的水源和渔猎资源，他们聚族而居，刀耕火种，形成了一个个原始聚落。鉴于此，石器时代的聚落遗址主要分布在大河支流（如灞河、浐河、沣河、泾河、石川河等）的二级阶地上。

石器时代文化遗址一般文化层埋藏较浅（多在耕土层下），且分布广，单体遗址面积往往多达数万平方米甚至近百万平方米（如泾河北岸的杨官寨遗址），但发掘面积有时仅占遗址的 1/100~1/5，勘探、发掘和研究还很不充分。

由于该类遗址出土的文物多是石器、陶器（主要是红陶）、骨器、螺壳、房屋及窖穴遗址等，观赏性不强，且遗址区易受流水冲蚀及边沟崩塌的影响，虽然其科学价值、文化价值、历史价值很高，但其开发利用（如旅游等）价值则受到严重的制约，遗址的整体保护也面临诸多困难和巨大压力。

西安地区石器文化（含旧石器、新石器仰韶文化、新石器龙山文化）时代重要遗址分布情况如表 3–2 所示（其中主要为国家级、省市级文物保护单位及近年重大考古发现）。表中所列遗址的核心保护区及展示区由文物部门管理和保护，其他大面积的文化层暴露地段现多为农林及生态用地。

表 3–2　西安地区早期重要文化遗址分布

遗址名称	分布位置	遗址年代	遗址规模（约）	备注
蓝田猿人遗址	灞河南岸、北岸阶地	旧石器时代	数千平方米	含公王岭、陈家窝遗址
半坡遗址	浐河东岸	仰韶文化	50 000 m^2	已被建设所包围
姜寨遗址	临河东岸	仰韶文化	50 000 m^2	临潼城北
浐湖一号	灞河北岸	新石器时代	15 000 m^2	半坡 - 龙山类型
五楼村	沣河东岸	新石器时代	＞400 000 m^2	—
王曲遗址	滈河东岸	龙山文化	规模较大	—
客省庄	沣河西岸	龙山文化	规模较大	位于丰京遗址内
嘴头遗址	浐河流域	新石器时代	300 000 m^2	浐、库两河汇流处
米家崖	浐河西岸	新石器时代	56 000 m^2	今桃花潭处
怀珍坊	荆峪沟北岸	商代	50 000 m^2	含郝家河
老牛坡	灞河西岸	商代	50 000 m^2	出土青铜器 155 件
鱼化寨	皂河西岸	新石器时代	30 000 m^2	已被建设所包围
太原村	沣、涝河间	般商时期	—	—
义和遗址	石川河北岸	新石器时代	—	—
关山遗址	石川河东	新石器时代	—	—
杨官寨遗址	泾河北岸阶地	黄帝时期	规模宏大，800 000 m^2	全国重点，年度考古发现

2. 陵寝墓葬类文化遗址的分布及其与地景空间的依存关系

陵寝墓葬类文化遗址由于其时代不同，墓葬的规格及级别不同，其对选址、布局及营建方式的要求也各不相同，从与地景空间依存关系而言，该类遗址具有以下特点：

为保证陵寝墓葬区不受流水冲蚀、浸渍及地面崩塌、滑陷的影响，该类遗址多选择在地下水位埋藏较深、地质地貌相对稳定、植被生长茂盛且有较大开阔空间的平旷地域，即“凡葬必于高陵之上”。

不少帝王陵寝拥有巨大的由其亲族勋贵组成的陪葬墓群，规模宏大，气宇轩昂，而且其中不少属于名人墓葬，如萧何、曹参（陪葬汉长陵）；卫青、霍光、霍去病（陪葬汉茂陵）；周勃、周亚夫（陪葬汉阳陵）；张安世、丙吉（陪葬汉杜陵）等。（唐陵也有庞大的陪葬墓群。）由于陵区墓冢重重叠叠，远望若山峦起伏，蔚为壮观。

时代不同，丧葬礼制不同，经济实力不同，其布局、规模、结构也各不相同。据《汉书·楚元王传》：“文、武、周公葬于毕，……，皆无丘陇之处”。即西周文王、武王、成王、康王、宣王、周公旦等皆葬于毕原之上（今五陵原地区，或称位于长安西南毕原处）。据《周易》载：“古之葬者，厚衣之以薪，臧之中野，不封不树”。故周代陵寝均无聚土建冢的制度，只须做到“下不乱泉，上不泄臭”即可。今五陵原上的西周诸陵（疑为秦公陵、永陵等）及长安区的周穆王陵（疑似汉墓）、户县的王季陵则多系假托。兴建坟丘，是春秋后期形成的制度，

秦人遵循“事死如事生”的礼俗，并以高大为美，实行厚葬的殡葬制度，秦始皇更把自己的陵墓称作“山陵”“骊山园”，以山陵之高大显示自己的威权。汉承秦制，秦汉陵寝除“事死如事生”的厚葬特点外，其帝陵轴线均为坐西望东方向，且取前“庙”后寝的陵阙布局；汉时以方形为尊，故汉代陵寝均以长方形（如长陵）及方形覆斗式为墓冢形式；汉代帝后采取同陵分葬的办法，陪葬墓多位于陵寝的东部和北部；汉人重视守冢习俗，同时为了屏障京师，在帝王陵区广置陵邑（如汉长、霸、阳、杜、平、茂诸陵均设有陵邑），大批迁徙关东豪族，使陵邑成为帝王陵寝的重要组成部分；根据传统的葬俗，陵址应“因天性，据真土，处势高敞，旁近祖考”，故汉代帝陵均位于京城近郊地区，甚至西汉早期的陵寝，如高祖长陵、惠帝安陵、景帝阳陵等与长安城仅一水（渭河）之隔，保持着宫、陵的通视关系；《葬经》的作者认为：相帝王之阴宅要讲究龙势，即“平地之势，其稍高，地坦夷广阔，相牵相连”即为龙势，五陵原、少陵原、白鹿原均相对高于关中平原，原面平坦开阔，土厚水深，道路辐辏，阡陌纵横，均为理想的“龙势”之地。著名史学家吕思勉先生说过：“风水之始，避风及水而已”。《葬经》曰：“高垅之地，天阴自上而降，生气浮露，最怕风寒易为荡散”。但“气乘风散，界水则止”。五陵原界于渭河、泾河之间，少陵原界于浐河、潏河之间，白鹿原界于灞河、浐河之间，均具备了良好的“藏风聚气”条件，是当时的堪舆家心目中的上佳风水宝地。汉代陵寝形状千差万别，有的似庐山（卫青墓），有的似祁连山（霍去病墓），有的雄立平畴，有的高踞山巅（如汉霸陵位于凤凰嘴），这些虽都表现了陵主的不同命运，但也构成了地景空间的不同组成部分。被誉为“三百里唐代石刻艺术露天博物馆”的唐十八陵分布在长安以北、渭河北岸的北山山系（包括九嵕山、仲山、嵯峨山等）。唐陵的特点除了规模宏大、陵园布局完整、沿南北轴线（神道）两侧及陵园四门布置有大量的石刻翁仲、瑞兽、碑碣外，均采取“以山为陵”的丧葬制度[除少数特殊情况（指高祖献陵、敬宗庄陵、武宗端陵、僖宗靖陵）]。所谓“以山为陵”，就是将山岳点化为“陵”，以山的雄伟高大突显“君权神授”和至尊至荣的皇权思想。从上述可以看出，陵寝类大型文化遗址与地景空间有着更为密切、更为直接的依存关系。

西安地区重要陵寝类文化遗址分布概况如表 3–3 所示。

表 3–3　西安地区重要陵寝类文化遗址分布概况

陵名	陵主	位置	规模（约）	陪葬墓及其他
周陵	周文王、周武王	五陵原周陵镇	1 km^2	园外陪葬墓 161 座，含周公、太公、毕公等
秦始皇陵	秦始皇	临潼秦陵镇	4 km^2	含双重城垣的陵区及兵马俑坑等
秦东陵	始皇祖陵	临潼芷阳骊山西侧	1 km^2	包括昭襄王、宣太后等四陵
汉长陵	高祖刘邦	五陵原窑店三义村	9 km^2	现保留 63 座，应含萧何、曹参、张良、周勃等墓

续表

陵名	陵主	位置	规模（约）	陪葬墓及其他
汉安陵	惠帝刘盈	五陵原窑店西北	3 km^2	保存封土 11 座，应含陈平、杨雄、张苍等墓
汉霸陵	文帝刘恒	白鹿原北侧凤凰嘴	0.1 km^2	含狄寨附近的南陵及窦皇后陵
汉阳陵	景帝刘启	五陵原正阳乡张家湾	14 km^2	几十座从葬坑，大量陪葬墓
汉茂陵	武帝刘彻	五陵原西端南位乡	13 km^2	现存 12 座陪葬墓，含卫青、霍去病、霍光等墓
汉平陵	昭帝刘弗陵	五陵原双照镇	8 km^2	现存 22 座陪葬墓，含窦婴、张禹等墓
汉杜陵	宣帝刘询	少陵原三兆镇南	8 km^2	现存陪葬墓 62 座，含张安世、丙吉等墓
汉渭陵	元帝刘奭	五陵原周陵镇新庄	5~6 km^2	现存陪葬墓 11 座，含王凤、冯奉世等墓
汉延陵	成帝刘骜	五陵原渭陵西侧	3 km^2	10 余座陪葬墓，含赵飞燕、班婕妤等墓
汉义陵	哀帝刘欣	五陵原周陵南贺村	5 km^2	15 座陪葬墓，含董贤等墓
汉康陵	平帝刘衎	五陵原周陵大寨村	3 km^2	—
唐兴宁陵	李渊父李昞	五陵原正阳乡后排村	陵园及司马道	坐北朝南，石刻多半埋土中（现存 8 件）
唐顺陵	武则天之母	五陵原底张镇韩家村	1~2 km^2	保存大型石雕 30 多件，为唐代精品
明秦王十三陵	朱樉、朱尚炳、朱志均等	少陵原大府井、康王井、简王井等地	规模较大（含陪葬墓），但布局分散	其中七陵神道两侧保存有华表、石人、石兽等约 76 件（不含碑碣）

唐十八陵因距西安城市发展建设地带较远且属低山区域，故表 3–3 中未列入。其他陵寝，如位于五陵原的北周孝陵、敬陵；位于荆山原的汉太上皇陵；位于灞河东岸阶地上的华胥陵；位于少陵原的汉少陵及唐敬陵（武惠妃墓）和位于铜人原的汉成帝废陵——昌陵等，均由于规模、级别、价值、遗存现状等情况，未列入表 3–3 中。

3. 都城、宫殿类遗址与地景空间的依存关系

作为千年帝都，西安地区拥有众多的都城、宫殿、苑囿遗址，除离宫别馆（如华清宫、翠微宫、鼎湖万寿宫、仙游宫等）分散在山麓或浅山地区外，它们绝大部分坐落在渭河、沣河冲积平原和河流一级、二级阶地上。经过数千年的风雨盘剥和历史沧桑，至今在蒹葭苍苍、流水潺潺、草木漫漫、川原巍巍的阡陌村落间，还保留着不少布局规整、规模宏伟、内涵丰富的历史文化遗址和遗迹。正如唐卢纶诗中“川原缭绕浮云外，宫阙参差落照间”的写照和荆叔诗中“汉国山河在，秦陵草树深，暮云千里色，无处不伤心”的慨叹都为人们留下了无尽的遐想。

从与地景空间相互依存的关系而言，该类遗址具有以下主要特点。

该类遗址区有的是一代王朝的都城（或王城），有的是“千门万户”的大型宫殿，所以不仅地势平坦，水陆两利，而且占地面积都非常巨大。如西周丰京遗址占地 8~10 km^2；镐京遗址占地也在 5 km^2 以上；秦都栎阳占地约为 4 km^2；汉建章宫占地约 5 km^2；由汉惠帝修建完成的汉长安城规模达到了 36 km^2；唐长安城（隋大兴城）的占地面积更达到了 84 km^2。

该类遗址在选址、布局方面，深受当时宗法、礼制及传统观念（含堪舆及风水观念）的影响，进一步凸显“受命于天”的皇权思想。例如：周丰京北依眉户岭岗地，南眺终南，界于沣水、灵沼之间，总结出了《周礼・考工记》的都城规划理念；秦代欲彰显“包举宇内”的雄图大业，将整个关中中部点化为都，并提出了“渭水贯都，以象天汉，横桥南渡，以法牵牛”的发展理念，在阿房宫的建设上，甚至要“表南山以为阙”，同时在兰池宫刻制巨鲸并叠造蓬莱等神山以标示帝都圣境的气势；据《三秦记》载：有一黑龙自南山出，循浐河西岸北行，后又折向西北，头入渭河。沿黑龙行迹隆起之岗就是古龙首原。从相地学的角度看，龙首原是古长安风水格局中的“初九之地”，也是龙脉之所系（《博山篇・辨势》中的“回势”），故在该原北侧，出现了以未央、长乐、明光等宫殿为核心的汉长安城；而在龙首原南侧，则安排了大明宫及以长安六岗（“六爻”）为标志的隋唐长安城。西汉惠帝时期，依据地形、水系（泬水、泬水枝津、昆明渠）的变化，布局建成的汉长安城，其西北方向（雍门与洛城门间）和东南方向（覆盎门）都呈现出近台式的转折，因其转折形似天上的北斗七星（西北方向）和南斗六星（东南方向），故汉长安城又被人们称为“斗城”。

该类遗址既是历史文化积淀最为深厚的地区（如商鞅变法的栎阳遗址、横扫六合的咸阳宫遗址、一池三山的建章宫遗址、汉武盛世和贞观之治的汉唐长安城遗址等），又是在历史的长河中遭受自然侵蚀和人为破坏最严重的地区，许多遗址的地面部分已荡然无存，尤其受城市扩张和建设的影响，一些遗址甚至是踪迹难寻，包括兰池宫遗址、建章宫遗址、汉九庙及辟雍遗址、唐长安外廓城及禁苑遗址等。但是，史书的记载和历代文人的咏诵，也为我们留下了关于这块土地残缺美、神秘美的沧桑遐想。例如：

“武皇精魄久仙升，帐殿凄凉烟雾凝。”——唐・李商隐

“咸阳古道音尘绝，音尘绝，西风残照，汉家陵阙。”——唐・李白

“丘坟与城阙，草树共尘埃。”——唐・马戴

“败垣惊变相，残碣绣苔痕。”——明・赵崡

其他还有：“野蔓有情萦战骨，残阳何意照空城。”“长安宫阙半蓬蒿，尘暗红梁蝎鼓绦。惟有水天明月夜，一条空碧见秋毫。”“画卦台荒留鸟迹，纪功碑断续蜗涎。行人驻马风光里，老树寒烟咽暮蝉。”“万国来朝汉阙，五陵共猎秦祠。”“鸟下绿芜秦苑夕，蝉鸣黄叶汉宫秋。”等。

在冲积平原和河流阶地地区，还分布有古代苑囿文化遗址，如昆明池、灵沼、灵台、曲江、御苑、上林苑等。这些遗址主要是依据当年历史地貌及河湖走向，沿港汉、岗阜、低隰

之地进行布局，并突出原始、自然、雄浑的地景特色。

西安地区重要都城、宫殿遗址的分布状况如表 3–4、图 3–4 所示。

表 3–4　西安都城、宫殿遗址分布概况

遗址名称	位置	朝代	遗址规模	备注
丰京遗址（含灵沼）	长安区马王镇周围	西周	8~10 km^2	含客省庄等遗址（沣河西）
镐京遗址	长安区斗门镇	西周	约 5 km^2	又称宗周（沣河东岸）
栎阳遗址	阎良区石川河西	秦	约 4 km^2	秦商鞅变法处，遗迹较少
咸阳宫遗址	五陵原窑店地区	秦	部分被渭水冲刷	仿六国宫殿（咸国渠南）
兰池宫遗址	五陵原正阳地区	秦	规模较大，遗存少	（含兰池）咸国渠南
阿房宫遗址	西安三桥南	秦	规模宏伟	主要有前殿、上天台遗址
汉长安城遗址	西安市西北郊	西汉	约 36 km^2	未含九庙、辟雍遗址
汉建章宫遗址	西安市三桥镇北	西汉	约 5 km^2	遗址多被近代建设覆盖
鼎湖延寿宫遗址	蓝田焦岱镇西南	西汉	约 1.5 km^2	1958 年发现，已勘察
隋唐长安城	西安市中心城区	隋、唐	约 84 km^2	隋代称大兴城
大明宫遗址	西安市北郊	唐	约 3 km^2	不含东、西内苑及鱼藻宫
华清宫遗址	临潼骊山山麓	唐	约 1 km^2	属骊山风景区组成部分
翠微宫遗址	长安区黄峪寺村	唐	规模不大	已进行过文物勘察

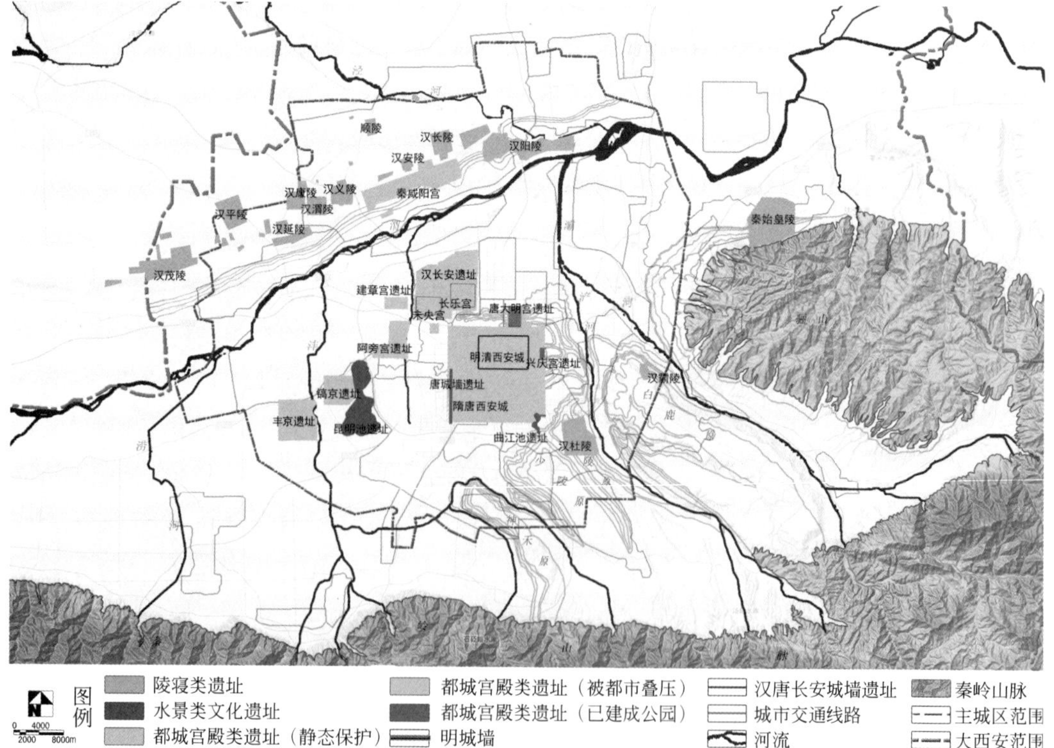

图 3-4　西安重要都城、宫殿及陵寝遗址分布（彩图附后）

除上述遗址外，离宫（如仙游宫、鼎湖宫）、古道（如子午道、傥骆道、蓝关道、库峪道等）和许多重要宗教文化遗址（如楼观台、净业寺、悟真寺、南五台、至相寺等）多选址在秦岭山地，而秦岭是整个关中地区的生态屏障，受城市发展扩张的影响较小，故对上列遗址与地景空间依存关系的分析，本书不再进行专节论述。

4. 各历史时期水景类遗址与地景空间的依存关系

1）秦代长安水网与宫苑池沼

“秦都咸阳都市水利开发技术较为先进，既有凿井汲水之制，又有引流河川湖沼的修渠建池之法”[60]。除渭北建有兰池外，秦都咸阳于渭水之南城郊应用水体造景和沐浴者共有三类：一是用于沐浴的温泉，在骊山；二是大型宫殿内部或近旁的池沼，多人工凿修，如兴乐宫中的酒池（游赏宴乐之地）；三是利用自然湖沼造景，如上林苑中的牛首池（应是沣水尾闾摆动而形成的水体）、镐池（也作滈池，原是西周镐京的一大池沼，秦代将其辟为上林苑中一处风景区）、滮池（周时已利用）、曲江等[60][图 3–5（a）]。

2）汉代长安水网与宫苑池沼

汉长安城是在秦兴乐宫、章台宫等基础上修建起来的，汉初沿用旧时宫苑的输水工程。武帝时期对潏水、滈水进行了大规模的人工整理，使它们改道西流入沣河，形成了新的河流——交河，并由交河引水在长安城西南高地上形成了历史上著名的昆明池（高阳原与细柳原之间），这样的改造既保障了昆明池安全稳定的蓄水，又避免了对下游地段造成危害。它相当于一个库容巨大的蓄水库，利用自身高于汉长安城的海拔，通过纵横交错的渠道将水引至城内各处，同时又可调节漕运水源[60][图 3–5（b）]。

3）隋唐长安水网与宫苑池沼

隋唐长安作为当时世界上最大的城市，水利系统相当完善。隋大兴城于开皇三年（583 年）建成并同期开浚了龙首、永安、清明三渠向都城供水，为此后的唐长安城所继承。其中，龙首渠引浐水西流并分为两个支渠，一支于城东北隅外西折注入东内苑龙首池；另一支由通化门入城，长安城内著名的水体如兴庆宫龙池、太极宫东海池、东市放生池皆来自此城内支渠的下级分支。永安渠引交水北流入城，解决长安城西半部的用水。清明渠引潏水入城，亦为长安西部城区生活用水及皇城、宫城的供水渠道，其在含光门街北流入宫城后，在太极宫后廷注为南海池、西海池与北海池。除此之外，唐开元年间又开浚引义峪水入曲江的黄渠，天宝年间时开浚从城南引潏水绕城西入渭的漕渠，奠定了唐长安城完整的引水格局[61][图 3–5（c）]。

4）明清长安水网与宫苑池沼

明清时期南引潏水形成通济渠西注入城，同时东引浐水形成龙首渠东注入城，两条河渠供给了长安城内的用水，并注入大、小莲花池形成园林 [图 3–5（d）]。清之后于近代又先

后修建了沣惠、泾惠、涝惠等渠系，调整和完善了长安地区的供水和灌溉系统。

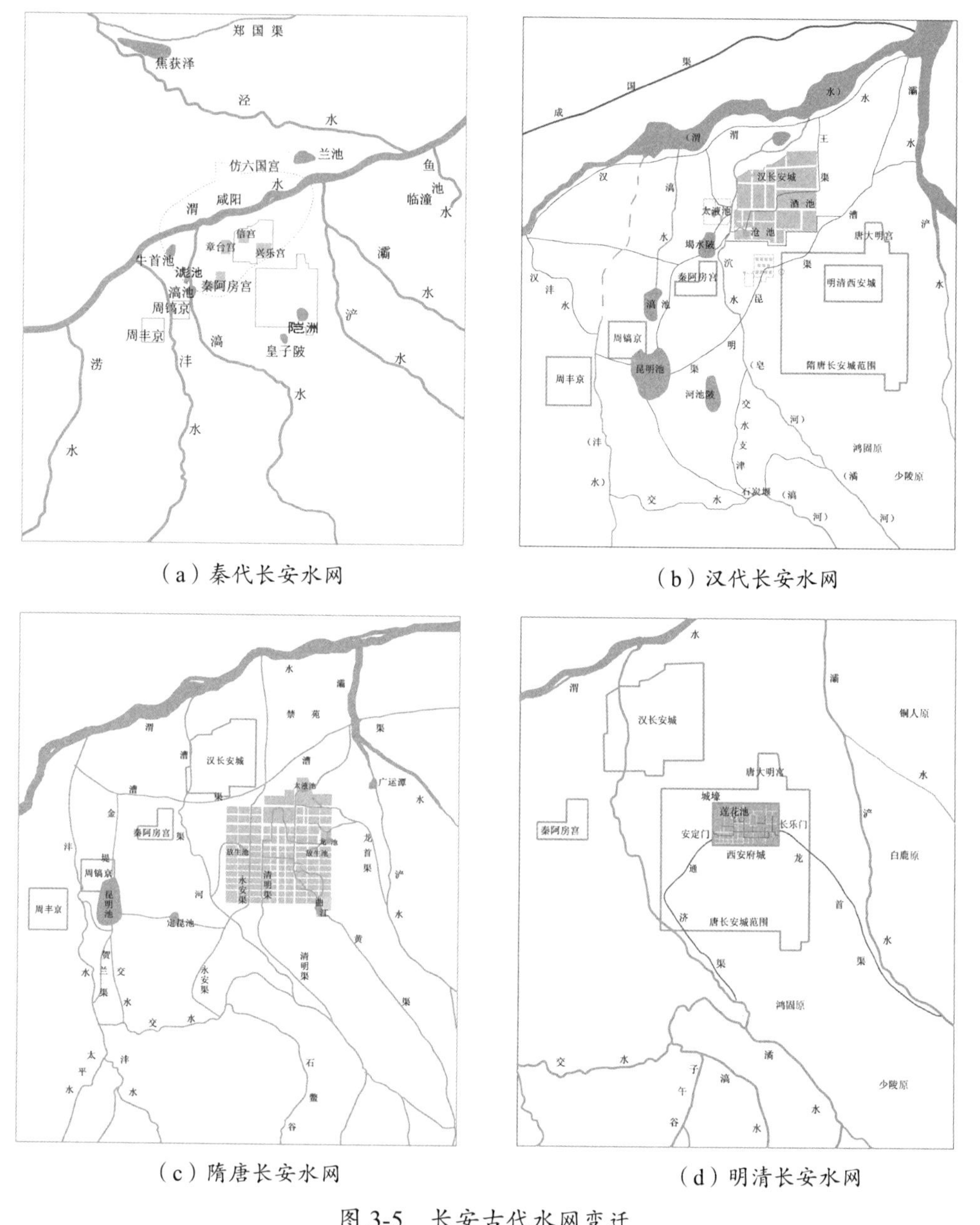

（a）秦代长安水网

（b）汉代长安水网

（c）隋唐长安水网

（d）明清长安水网

图 3-5　长安古代水网变迁

（资料来源：作者结合以下资料绘制，史念海．西安历史地图集 [M]. 西安：西安地图出版社，1996；李令福．古都西安城市布局及其地理基础 [M]. 北京：人民出版社，2009.）

遍布的文物古迹，加之流传千载的诗词歌赋与典故传说，使长安的山、川、原、隰都不仅仅是普通的地理单元，而是被赋予了独特的人文内涵和灵魂，也令这些地景空间本身具备了文化遗产的价值。从上述分析地景空间与遗址分布的关联性可以看出，大到都城、陵寝选

址，小到宅院、寺庙、水系布局，无不凝聚着中国传统的人居智慧、风水思想与哲学观念。囿于这种地景文化的长期积淀，大遗址与其依托的宏观环境形成了“你中有我，我中有你”的一体关系。这是历史文化名城独有的资源特征，也是最值得保护却往往被忽略的特质。正因这种彼此间的共生关系，保护与营建大遗址外空间环境的问题首先要上升到对各自所处地景空间这一宏观环境保护的议题上，在主城区周边的历史台原、川道两侧等目前正被规划新区覆盖到的地区，不应将紫线外的土地等同于普通的城市用地来开发建设，而应视为遗产对象谨慎分析和审视。从用地布局、开发强度、风貌形象，到社会经济发展模式，都要更多地考虑历史文化因素的影响。而现实条件下，要实现对上述大尺度历史环境系统全面的保护还存在诸多的困难与无奈，有关背景因素于下节中详述。

3.2 西安大遗址周边空间环境保护困境的背景解析

3.2.1 目前法律法规对环境保护的不足

我国对于大遗址保护层级划定有明确的规定，在《文物保护法》中要求在各级文物保护单位划定必要的保护范围，并可以在周围划出一定的建设控制地带，并对各自范围提出了明确的管理要求。《全国重点文物保护单位保护规划编制要求》的规定保护范围可进一步划分为重点和一般保护区，建设控制地带也可根据控制力度和内容分类（如Ⅰ类建设控制地带、Ⅱ类建设控制地带等）。

有学者提出：“传统将大遗址环境作为缓冲区与建设控制地带的纯防御性保护观念，割裂了遗址与其外部环境的联系，将遗址与其隐匿的文化内涵，遗址与其周边自然生态以及遗址与其生活在其中的居民均放置于一种隔离甚至对立的状态”[62]。还有学者认为：“长期以来社会基本建设与文物保护系统分离，使得文物遗址保护工作仅仅被视为文物专业人员的事情，或者说文物保护单位院墙内是文物部门的事情，其外归建设部门管理”[27]。而现实的情况是，即便建设控制地带内的建设较好地协调了与遗址的风貌，其范围外远距离的高层建筑和大型设施依然会对遗址原本的意境产生负面影响，而协调区以外的建设在文物保护法规层面是不受控制的。虽然目前的保护区划在具体实践中已经发挥了显著的作用，但是对于历史文化环境具备显著特征与价值的古城西安而言，法律法规层面的要求对大遗址外部宏观历史环境保护的效用明显存在不足。

3.2.2 目前文物保护规划对环境保护的不足

大遗址文物保护规划是在勘察、调研的基础上，经过分析和科学论证编制完成的。该项规划对于目标遗址区（保护对象）的保护、利用有着非常重要的作用，是不可或缺的。但是，对一个庞大的遗址密集分布区，从城市发展建设的角度而言还是不足的。其原因如下：

其一，目前编制保护规划的遗址区主要是一些已受发展与建设严重影响或有重要开发利用前景的遗址区。就数量而言，还有许多遗址区（尤其地面遗存较少的遗址区）并未编制相应的保护规划，更何况由于资金和人力的缺乏，不少遗址区的全面情况尚未完全勘察清楚。

其二，文物保护规划是以文物本体的保护和利用为其规划研究的主要目标。规划中虽然也包含遗址的环境问题，但却主要是为了保证遗址本体的安全而进行研究和安排的，多涉及遗址附近而较少牵涉宏观环境的相关问题。

其三，除一些重要的大遗址保护规划外，许多文物遗址的保护与利用多是以类同心圆的模式进行，即重点保护范围——一般保护范围，建设控制地带多是以相仿的尺度划分，实际上较少考虑文化环境、地形地物、村落布局和视线与空间关系等因素的影响，因此，在执行中也有一定的缺憾和不足。

3.2.3 部分遗址范围套叠与交错

西安不同规模、类型与级别的遗址由于数量繁多，布局分散，且有些尚未完全探明（尤其是帝王陵的陪葬墓群和家族墓地），相互叠压和相互交错的情况常有发生：如丰京遗址和客省庄遗址、太原村遗址就存在文化层相互叠压的情况；在汉杜陵遗址区，不仅涵盖了明秦王十三陵的部分陵寝和黄渠工程遗址，而且部分陪葬墓还散布在曲江遗址区；在五陵原地区，由于遗址众多，相互连接成片，相互交错和叠压的现象也常有出现（如秦咸阳城遗址与安陵、长陵的紫线部分叠压）。在这种情况下，仅依据已编制的单个具体的“文物保护规划”对关联性强的遗址环境进行保护就显得不够全面和科学。

3.2.4 名为保护、实为开发的误区

受市场片面追求经济效益的影响，遗址区及周边的城市开发建设普遍存在重现代化发展，轻文化建设和环境修复；重经济利益，轻文化提升和生态建设等现象。虽然有些遗址区已经编制了文物保护规划，但是在执行过程中，除重点与一般保护范围能依照规划得到保护

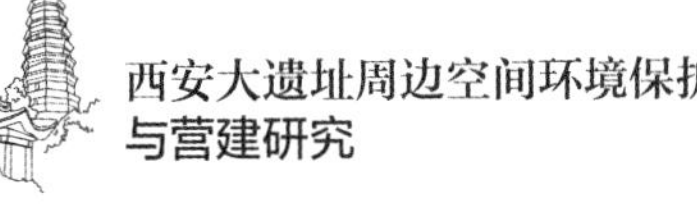

外，包括建设控制地带的周边用地往往被当作一般的城市建设用地规划使用，甚至开发强度也与其他发展区域采取同一标准，缺乏遗址区的文化特色、环境特色和生态特色。于是在一些大遗址区周边就出现了宽马路、大广场、高层建筑群及大型游乐项目等，在静谧、苍凉、古远的遗址区着力营造都市繁华的氛围，令遗址沦为孤岛。

就保护、利用与开发思路而言，目前在西安出现的以曲江为代表的以改善遗址环境、提升遗址知名度来抬升周边土地价值，并获取收益的模式正在大明宫、楼观台、秦东陵地区及省内其他地区进行。虽然该模式可以在短期内改善遗址环境并使文物保护资金短缺的问题得到缓解，但其带有明显追求经济效益的价值取向，往往会涉及周边非常大范围的城市改造，造成高强度的开发建设环绕遗址的现象，长远来看并不利于其整体环境的保护与可持续发展。例如，在曲江地区的建设中就存在以下一些不足和遗憾：①曲江本应是一处岗埠环绕、曲水中流、涵虚抱野，充满大自然原始韵味的郊野园林，但周围环立的水泥森林及过于平直的城市道路却把它打造成了一处都市花园，降低了曲江的历史文化内涵。②由于各种配套设施（教育、医疗、购物等）不足降低了环境质量，还加剧了“房价高、空置率高、人气不足”的现象。③由于大唐不夜城占用了雁塔南路的交通面积，加之区内停车位不够，这在一定程度上加重了该地段（尤其是节假日）的交通拥堵现象。

单霁翔曾指出：“一座城市的发展，是其整体的、长远的文化价值和局部的、暂时的经济利益不断产生矛盾、解决矛盾的过程。如果一座城市把局部的、暂时的经济利益放在首位，那么除了仅仅使某个范围内的眼前利益得以满足外，这座城市终将由于其根本价值的贬值或丧失，而失去它包括经济价值在内的整体的、长远的价值”[63]305。因此，应走出“名为保护、实为开发”的误区，不能因过度追求周边的土地开发利益而放弃对遗址整体的文化价值的保护，从而令城市的根本价值受损。尤其对于遗址密集分布的川原地带，如果继续这样的方式，在一个个遗址之间填充式的密集城市建设不仅对人们体验遗址的环境风貌带来影响，也会割裂彼此间的种种文化与生态联系，从而与周边环境的真实性相悖。

3.2.5　规划发展区对主城周边大遗址的威胁

西安的大遗址，除隋唐长安城（含明清西安府城）由于历史的原因，为城市建设区所覆压外，其他重要遗址大多分布在中心城区外围的原面（如五陵、少陵、白鹿诸原）、山麓及河流川道两侧，基本处于城市扩张的边缘地带。但是近年来，随着社会经济的快速发展，城市出现了迅猛扩张的势头，不少新区规划纷纷向大遗址地区蔓延，遗址环境的安全面临着又一次严峻的威胁和挑战，保护和开发的博弈呈现出日趋严重的态势。在这些规划还未全面付诸实施之前，必须采取果断的措施，统筹规划，全面解决。

可见，无论从法律法规层面，还是现有的规划编制与发展模式，都不能保障各类大遗址

周边呈现与之相适宜的空间环境。在外部新区扩张和经济利益追逐带来的持续压力下，如何定义大遗址周边环境的内涵、界定它的范围，并实现对其全面保护与合理营建，是从理论与实际操作层面都亟待研究解决的问题。

3.3 本章小结

在新一轮的城市发展中，如何避免出现目前大遗址周边环境的普遍问题依赖于对环境特征与价值的深刻认知。周边空间环境的价值可以从两个层面分析，一是大遗址所处的宏观地理环境自身的价值；二是它与大遗址的关联价值。本章通过分析西安与历史遗址相关的重要地景空间的类型、自然属性、遗址分布和隐性文化内涵，认识到这些宏观环境不等同于一般的城市土地，其自身除了优越的生态条件外还具备鲜明的遗产属性；同时，结合对各个地景空间与不同遗址类型（陵寝墓葬类、都城宫殿类、先期和水景类遗址）共生关系的分析，提出保护与营建大遗址外空间环境需建立在保护各自所处地景空间的基础之上这一观点。然而在现实条件下，要实现对大尺度历史环境系统全面的保护还存在诸多困难与无奈，其中的背景与原因包括：法律、法规对环境保护的不足，文物保护规划对环境保护的不足，部分遗址范围套叠与交错；名为保护、实为开发的误区，以及规划发展区对主城周边大遗址的威胁等。环境的独特性与现实困境的压力迫切需要将对大遗址外空间环境问题的研究融入城市规划的各个层面当中，本章的分析结论为新的理论框架的提出奠定了基础。

4 西安“历史遗址区域”体系构建

西安大遗址遍布的川原地区有着历史内涵丰富的空间环境，其特征显著且价值重大。目前大多保留着较好的耕作和灌溉条件，分布有大面积的农林景观和为数众多的村落、乡镇。在这些村镇中，不乏历史文化积淀深厚的名村古镇，如杜曲、鲍陂（少陵原）、桃溪堡、瓜洲（樊川）、细柳（沣河）、子午、五台（御宿川）、华胥（灞河）等。因此，这些地区当前的景观现状基本具备展示诗词歌赋中描述的场景、意境的条件，大遗址周边空间环境的保护与营建需要与台原、川道的宏观环境保护紧密结合。地景空间的保护工作与其范围内外的城乡统筹、产业结构调整、农田生态保护及历史文化名村、古镇的保护存在非常紧密的关系。碍于现状城市发展与法律、法规、保护规划等对统筹解决上述问题的不足之处，有必要提出新的理论框架尝试解决。为了保护历史环境的价值，使主城周边的大遗址不再沦为新一轮城市建设中的孤岛，笔者建议应用“整体性保护”的眼光在各“文物保护规划”的基础上从社会经济、空间风貌与生态建设的视角，统筹研究历史文化环境保护和城市发展协调的问题。

4.1 整体性区域化保护思路的提出

4.1.1 主城区外构建“历史遗址区域”体系的必要性

“‘整体性保护’的思想在欧洲已经有了长足的发展，博洛尼亚在世界上第一次提出‘把人和房子一起保护’的口号，注重遗产与人们生活之间的联系，是整体性保护的雏形。进入 21 世纪后，整体性方法又有了新的发展。在《历史性城市景观宣言》和《西安宣言》中，动态的环境引起了充分的关注，并提出了相应的方法，包括监控和管理影响环境的渐变和骤变，并通过规划引导当代建设和功能变化”[64]。本书借鉴“整体性保护”的思想核心，建议扩大以往认知范围，将遗址与大尺度地景空间，以及关联性强的遗址群视为一个有机整体，针对西安主城区以外的历史遗址，根据其类型、密度、空间关系和位置，来划分大小不同的遗址区，将类型一致且距离相近的对象划入一个区域，从遗址群整体价值的保护和地景空间整体价值的保护出发，构建“历史遗址区域”体系以实施整体性保护。

以下将阐述构建该体系对于研究大遗址外部环境的必要性：①从社会经济的角度：目前西安一些大遗址面临着生态环境恶化、社会环境混乱的处境。社会功能的更新，地区人民生活水平的提高，是遗址所处的内外环境改善的重要催化剂。但大遗址内的社会问题与周边地区发展，应从研究上一层级区域的社会经济发展入手，进行合理的功能引导与疏解。②从文化的角度：正如前文所述，西安的各类遗址与所处地景空间均是你中有我、我中有你的一体关系。大遗址周边环境决不能仅限于邻近的地区，而应将大范围景象空间的保护纳入思考范畴。同时，《西安宣言》中提出“在防止重要环境中视觉和空间的不当侵占以及土地的不当利用方面，重要的天际线、景观视线以及任何公共或私人新建设施与历史建筑、古遗址和历史地区之间的充足距离是进行评估的关键”。然而，天际线、视线及新建设施的距离控制等方面都不可能只在保护范围外设立的缓冲区范围内考虑，需要涉及周边更广阔的土地，只有将问题上升到城市总体布局（总体城市设计）、分区规划的层面中考虑，并将结果作为下一阶段规划的前提，承上启下，实施层层控制才有可能全面维系环境与遗址的关系。③从遗址之间的关系：不同类型的遗址分布表现出各自的规律，呈现出物以类聚的特征，并且存在范围交错、套叠的现象。因此，在规划管理过程中将毗邻聚集的遗址群做整体化考虑，有利于兼顾左右，照顾到相互间的关系，促进遗产的完整性保护。④从生态的视角：单一大遗址依托的土地空间是城市地理单元的组成部分，外部自然环境的改善必须从城市生态安全的角度出发，综合研究。

综上所述，为了解决大遗址与城市发展的过渡问题，改善其外部空间的综合环境，无论从社会发展、文化、视觉、生态，还是相邻遗址间的关系来分析，都有必要从整体性区域化的立足点思考，针对西安川原之间散落的各个大小遗址，构建历史遗址区域，并划分上下贯通的层级。只有站在更高的层面，多个角度地审视与分析问题，综合研究解决，才能实现周边环境的多维度改善，以更好地体现大遗址的价值。

4.1.2 “历史遗址区域”作为城市的限建区

对“历史遗址区域”实施整体性保护并不意味着区域内部被当成博物馆一样封存，处于完全“静态保护”的状态。而是将其作为城市建设的限建区，避免其成为城市新区发展的腹地。应通过规划、管理等手段引导它的动态发展过程，对地景空间这一大环境的未来发展，包括功能演变与当代建设给予指引，协调文物保护与城建的关系，并从政策法规方面给予足够的支持，为宏观层面的历史文化环境保护提供保障，为延续诗词歌赋中的文化意境保留适当空间。即是以“限制与控制”，并合理“引导”其发展的方式实施整体性保护。

4.1.3 “历史遗址区域”作为遗产保护体系的补充

根据西安市总体规划编制的《历史文化名城保护规划》，各类历史文化资源被分成不同的层级执行严格保护。它们可概括为点、线、面的不同形式：点——文物保护单位（国家级、省级、市级）、历史建筑、传统民居、古树名木等；线——历史文化廊道等；面——历史文化街区。在原先编制的“历史文化名城保护规划”中，虽然涉及了城市整体历史环境和格局的保护，但对主城区外围宏观环境的相关内容规定得比较笼统和简略（如相关文化轴线的对景问题以及遗址与周边山川环境意境的关系问题等）。在实际操作中，这些笼统的要求很难起到历史文化环境保护和修复的作用。另外，在西安主城周边有许多名人墓葬，如杜牧、杜如晦、牛僧孺、颜真卿、周勃墓等，虽然当年由于历史和政治原因被部分平毁，但部分地下遗存还在，它们仍然是历史文化环境的重要组成部分。而这些在现有的规划和实施方案中，往往是被忽略的。

同时，西安市的遗产保护还执行着《西安历史文化名城保护条例》的有关要求。在条例中，对古城墙及其以内区域，古遗址区域（指被列为文物保护单位的古代所遗留下来的村落、城苑、宫殿等基址保护区域），以及历史文化风貌区域（指除古遗址区域、古城墙及其以内区域外，以文物古迹为依托，所形成的体现文物景观、环境风貌和其所在历史时期文化特色的一定范围区域）都提出了保护的要求。并提出应当根据历史文化名城保护专项规划编制以

上区域的控制性详细规划和实施性详细规划。但不论是古遗址区域，还是历史文化风貌区域，针对的都是以单独文物古迹为依托的一定范围的地段，并非将相邻古迹合并考虑，也未对遗址密集的地景空间作为独立区域明确细则。因此，本书所提出的“历史遗址区域”体系力求补充目前西安遗产保护体系下对遗址外环境的割裂式保护，以及对主城外围的川、原环境保护的不足（图 4–1）。

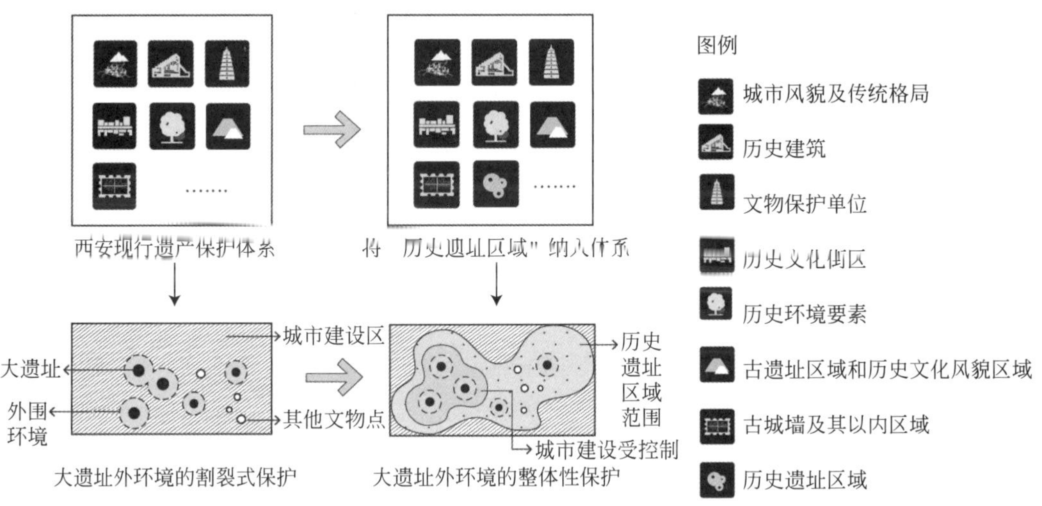

图 4-1　“历史遗址区域”与目前西安遗产保护体系关系示意

4.2 “遗产环境先导”的城市用地布局策略

“历史遗址区域”涉及主城区外的若干重要大遗址及地景空间环境，牵扯上百平方千米的土地，其整体性的保护必然会影响城市的总体发展结构与形态，需要从总体规划，甚至区域规划层面为此作出战略部署。我国大多数历史文化名城走过的发展道路证明，只有避开旧城建新城，才是对旧城最好的保护。因此，要想实现对“历史遗址区域”的整体性保护，就必须避免其成为城市新区扩张的腹地，将其整体环境看作对城市长远发展产生前瞻性影响的核心因素，与自然生态等其他影响因素共同对城市用地布局产生决定性的作用。

4.2.1 “新旧分治”思想的扩展

1.“新旧分治”是旧城保护的唯一出路

面对保护与发展两方面的挑战，“保护旧城、发展新区”是如今我国多数历史文化名城长期为之探索的发展方向。在实践方面，“洛阳最早进行了‘远离旧城建新城’的尝试。新中国成立初期，洛阳被列为我国重点建设的工业城市，在进行重点建设项目选址时，由于各方面因素制约，没有采取当时流行的‘以旧城为中心发展’的规划模式，而是综合考虑文物部门和各方面意见，避开旧城及东周王城、汉魏故城、隋唐城等大型古代城市遗址，选择在远离旧城 8 km 的涧西区进行集中的大规模建设。此举当时独具一格，被国内规划界誉为‘洛阳模式’。丽江和平遥古城于 1997 年双双进入世界文化遗产名录。为了加强对古城的整体保护，两座城市相继作出了‘保护古城，另建新城’的决定”[63]256–258。在这一过程中，搬迁历史城区内的机关、学校、工厂，将集中于此的行政、金融、商贸和居住等功能逐渐向外纾解，在使诸多的历史城区得到保护和环境改善的同时，促进了城市空间结构的战略调整。事实证明，要想使旧城得到真正的保护，就不能只盯着其中有限的空间，必须走出“以旧城为中心发展”的狭隘观念，避开历史城区另建新区是唯一的出路。

2. 从“远离旧城建新城”到“远离遗址区建新城”

环境的价值是遗址整体价值的重要构成，将“历史遗址区域”（遗址 + 周边环境）之于城市的重要性等同于历史城区是有利于城市的整体发展的。因为从长远来看，城市的综合竞争力已不再取决于物质层面的经济发展建设，其文化竞争力才是影响和决定城市走向与兴衰的核心要素。“法国原文化部长朗歌曾指出：文化是明天的经济”[63]305。只有个性化的城市才是不可替代的，只有唯一性才能获得长久稳定的生命力。遗产城市在坚持“远离旧城建新城”价值观的同时，只有将历史遗址区域作为整体保护的对象实施“远离遗址区建新城”的部署（相当于局部的新旧分治），在限制建设的前提下合理引导其功能演变与发展，才能使遗址外环境不被城市开发干扰，避免在毗邻的遗址保护范围之间见缝插针的高强度建设，从而保护与彰显遗址区的整体价值，这也是维护与塑造城市个性和唯一性的必要出路。

4.2.2 “区域规划”为遗址区整体保护奠定基础

在新旧分治战略实施的过程中，如何在历史城区和遗址区之外寻找新的经济增长点，选择城市空间发展的方向，引导城市功能的有机疏散是一个重大的问题。纵观城市化过程中众多著名城市的总体结构都是在它最快发展的时期形成的，一旦外部条件发生改变，城

市进入了慢速增长阶段，所形成的空间结构可能在一个很长的时期内失去调整的机会。因此新区的选址、城市的每一步发展，都会对今后的格局和其整体机能的运转产生深远的影响。如果仅围绕着老城打转转，同心圆的方式增长，只会造成摊大饼式的无序蔓延和越来越严重的城市病。

“区域规划在西方国家出现于 20 世纪二三十年代，主要目的是要从大的空间范畴协调解决城市以及区域发展中的一些问题。与此同时，在城市规划中也日益强调城市与周围地区的整体性不可分割。如著名的‘大伦敦规划’‘巴黎区域指导性规划’都突出体现了这一点。我国近年来的城市规划实践也是越来越重视区域分析工作，注重从区域范围把握一个城市的发展”[65]。正如美国著名城市规划理论家刘易斯・芒福德所言：真正的城市规划必须是区域规划。只有跳出行政界域的限制，实现区域的经济协调发展，才能更好地配置资源，缓解压力，为更多特色化城市空间的保护提供机遇，奠定基础。“区域规划的内容应随着时代的进步而不断充实和完善。我国早期的区域规划侧重于工业、城镇布局和经济效益，改革开放后编制的国土规划和城镇体系规划已开始重视资源、环境问题和生态效益。新时期的区域规划应以科学的发展观为指导，搞好经济与社会、人与自然，以及区域间、城乡间更全面的统筹规划协调。应体现以人为本，增加有关社会公平、社会就业、社会服务、缓解社会矛盾、构建和谐社会、营造良好的人居环境和社会文化环境等方面的规划内容”[66]。对于西安这样遗址密集的遗产城市而言，要想实现“远离遗址区建新城”则必须在区域的层面，把大尺度的历史文化环境摆在与生态资源保护和经济效益等问题同样重要的高度，在更广阔的土地空间上做更为灵活的部署。在“历史遗址区域”受到城市发展威胁和影响时，实现跨越式发展，为遗址区的整体保护奠定基础。

4.2.3 “历史遗址区域整体环境”作为城市用地布局的影响因素

一个城市的空间形态布局与城市的规模、性质、发展目标，以及各功能区分布、各项系统的综合部署有直接关系。在前述对该区域规划定位（把大尺度的历史文化环境摆在与生态资源保护和经济效益等问题同样重要的高度）的前提下，在城市发展总体规划中，将大遗址周边的空间环境，即历史遗址区域的整体范围参与到决定城市空间形态布局的因子叠加过程中，以控制或引导其向着有利于环境保护的方向变化与改善。

因此，本节提出的“遗产环境先导”的城市用地布局思想即是从区域的层级出发分析城市的空间结构发展，贯彻远离遗址区建新城的宗旨，在用地布局中将大遗址外环境作为同等重要的影响因素。“先导”一词具有开道、引路、诱导、引导等含义；先导性是指对发展具有导向作用和前瞻性影响。遗产环境先导并非指历史遗址区域内整体环境的重要性大于自然生态等其他因素对城市布局的影响，而是从历史文化名城保护的视角出发，将这一整体环境

看作对城市个性化空间特色塑造和长远发展产生前瞻性影响的核心因素。这不仅针对西安，对于我国其他名城保护同样具备借鉴意义。

4.3 “历史遗址区域”的系统层次与划分原则

4.3.1 大遗址“场效应”

提到“场”的概念，人们最先联想到的是物理场，即相互作用场，如电磁场、引力场等。在建筑及规划领域，也存在着建筑场及建筑场效应。北京市建筑设计研究院熊明在《建筑场与城市广场尺度》一文中提出：“山川地势对周围的环境有影响，形成风水场。建筑自身对周围的环境也存在多方面的影响，是为建筑场（室内、室外环境都存在建筑场）[46]”。同时，在该文中将其强弱及范围划分为强场、均衡场、弱场、虚场 4 级。其中，建筑和视点距离在 30 m 之内，建筑高度和视距之比等于或大于 1，建筑宽度与视距之比等于或大于 2，这个范围可称为强场；建筑和视点距离在 30~300 m 之间，建筑高度和视距之比在 1/2~1 之间，建筑宽度（长度）和视距之比在 1~2 之间，这个范围可称为均衡场；建筑和视点距离在 300~600 m 之间，建筑高度与视距之比在 1/4~1/2 之间，建筑宽度与视距之比在 1/2~1 之间，这个范围可称为弱场；建筑和视点距离在 600 m 之外，建筑高度和视距之比小于 1/4（塔式建筑），建筑宽度与视距之比小于 1/2，这个范围可称为虚场[46]。

如同建筑外环境存在“场效应”且可以分为强弱不等的几个层次一样，对于任何一个文化遗产场所，也存在着对于周围环境多方面的辐射性影响，需要在其保护范围之外与城市发展形成良好的过渡。笔者认为，对于大遗址而言，可以把这种辐射性影响理解为源自其本体、在其范围之外的大遗址“场效应”，它的空间领域（辐射区）既可以涉及文物保护范围紧邻的周边空间，也可涉及其视野所及和文化领域中的更大范围，并随着距离的增加而影响减弱。在此，参考建筑场，将大遗址场的强弱及范围划分为强场、均衡场、弱场和虚场 4 个层级。其中，强场的范围指向大遗址的紧邻周边，该范围的空间环境受到大遗址较强烈的多方面综合影响，可理解为建设控制地带的空间范畴；均衡场可理解为包含环境协调区在内更广阔的空间范畴；弱场主要涉及与大遗址在空间风貌及生态方面的联系，范围指向大尺度地理空间单元；而虚场指向城市领域，主要涉及与大遗址所处空间在意境方面的关联。

鉴于历史遗址分布与川原等自然条件有着密切的依存关系，为保护西安地区的历史文化

环境及古都风貌，结合大遗址场效应，本书将“历史遗址区域”体系的空间层次划分为：宏观层面，即体系的最高层级，包含主城区外多个大遗址及周边的辐射环境区域，或者受保护的地景空间整体，称为“泛遗址区”；中观层面，在“泛遗址区”内部通常包括的几个类型相同或相近的重要遗址区，称为“亚遗址区”；微观层面，即单一大遗址及紧邻周边空间环境（图 4-2）。对于“历史遗址区域”体系内部的单一的大遗址而言，这 3 个层级可分别对应于场效应中的弱场、均衡场和强场（而最外层的虚场涉及泛遗址区之外的城市领域，不在历史遗址区域体系之内），其具体空间划分方式和原则分述于下文。

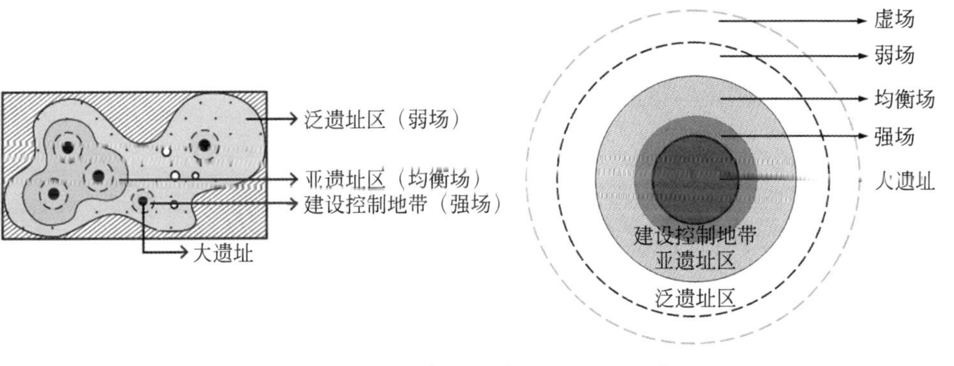

图 4-2　历史遗址区域与场效应示意

4.3.2　弱场——泛遗址区

“泛遗址区”作为历史遗址区域体系的最高层级，内部均包含不同规模、不同级别、不同类型的文物遗址，其空间划分建议遵循以下原则。

1. 以基本的地景空间单元为依托

由于西安历史遗址与环境的关联性，保护大遗址外空间环境的问题首先要上升到对各自所处地景空间这一宏观环境保护的议题上，对主城区周边有价值的历史台原、川道等大尺度环境的整体或局部，应划作泛遗址区的范围并作为城市的限建区，其内部应视为遗产对象谨慎分析和审视，从用地布局、开发强度、风貌形象，到社会经济发展模式，都要更多地考虑历史文化因素的影响。

2. 有利于遗址群整体价值的保护

泛遗址区的范围划分应充分考虑并遵从本地区山川地貌的环境特征及布局，研究并依据西安地区重要历史文化遗址（主要是国家级、省级文物保护单位的大遗址）的类别、规模、

档次、文化特征、密集度及分布特点来进行，对各类遗址集中分布的地区采取统一的保护策略和措施。

长安的都城选址经历了从沣河两岸到渭河两岸，从龙首原以北至龙首原以南的转变。目前主城区西侧的汉长安城、丰镐二京、阿房宫彼此之间相距相近，时间跨越近千年，集中了中国古代在这一历史时期都城建设的最高文明，而割裂式的保护容易中断对这一连续的文明进程的展示。若划入统一的泛遗址区并延伸至秦岭北麓则更有利于其整体价值的彰显，以及呼应都城营建与秦岭之间的山水空间关系。如此集中的都城文明与这里相对平缓的地势和历史上密集的水网有着密不可分的关系：沣水在下游地区河床东西摆动，在历史上形成过不同的入渭口；武帝时期对潏水、滈水进行了大规模的改道整理，形成了新的交河并向西流入沣河；明清时期皂河倚潏水故道径直向北流入渭河，最终形成了今天的河流水系格局。由于长达千年的风云变幻和自然演替，该地区曾经拥有丰沛的水资源和陂池景观（昆明池、定昆池、滈池等），这样的自然条件既有利于耕作，又便于渔猎，自远古时期就是人类生存聚集的场所。随着人类文明的足迹，在该地区留下了多种类型的遗址资源，除汉长安城、丰镐二京、阿房宫等都城宫殿遗址外，还有错综复杂的水景类遗址（河道、渠系与陂池）和许多重要的新石器时代遗址（如客省庄遗址）。为此，泛遗址区的范围划分不能仅重视几个大型文物保护单位，将这些相关的重要遗址做统筹考虑更符合这一地区的历史文化属性。

3. 有利于考古工作的进一步开展

在许多大遗址周边记载于历史文献中的相关文物点，由于受当下考古进程所限，暂时还未得到全面挖掘与保护。因此，遗址区的范围划定应结合史料，为未来考古工作的进一步展开做好预判，留有余地。例如，在西周都城丰镐二京的附近，虽然至今还未找到王陵区，但是根据考古调查，结合文献记载，王陵区分布在丰镐附近是毫无疑义的[67]49。

4. 涵盖“兆域”的完整范围

陵寝遗址是长安大遗址的重要类型，其中汉代帝陵与城市扩展区的关系最为密切。受“昭穆制度”的影响，西汉时期形成了咸阳原和长安城东南两大陵区，范围相当广阔。绝大多数帝陵周围分布有大量的陪葬墓，附近还有大面积的礼制建筑。咸阳原的 9 座汉陵中 5 座帝陵附近还设置了陵邑，所以又称为五陵原。陵邑大多分布在帝陵北部或东部。其分布位置，受到了都城长安布局的影响。汉长安城内，宫殿占去了全城三分之二的面积，主要分布在城南部和中部，城内居民主要住在城北部和东北部，达官显贵以住在“北第”和“东第”为荣。帝陵的陵邑，犹如都城的甲第。陵邑置于帝陵之北或东部，酷似甲第建于皇宫之北或京城之东。西汉帝陵陵邑一是为了供奉陵园，对后世的影响相当深远；二是迁徙关东大族、达官巨富，消除不安定因素，巩固中央统治，繁荣其附近地区的经济和文化[67]71-72。足以可见陵区

内的总体布局隐含着完整的东方哲学体系，陵邑是其完整性的重要组成部分。但是目前的文物保护规划因受到当下考古状况与城市建设的限制与影响，并未将这些陵邑的全部区域划入保护范围，这为城市发展对它们的侵占提供了条件。墓地的布局要“辩其兆域而为之图”，在西汉帝陵中虽然还未发现这类“兆域图”，但是这并不意味着当时没有图 [67]48。区域划分在涉及陵寝类遗址时，应该结合史料记载，对陵园、寝园、陪葬墓、陵邑等做充分的考虑，从目前保存下来的有关遗迹中“按骥索图”，使“泛遗址区”的划分涵盖全面的兆域范围。

5. 综合考虑与城市建设区域的相互关系

“泛遗址区”的空间划分应综合考虑与城市建设区的相互关系，从城市大的空间结构分析入手，有利于引导城市在历史文化环境保护的基础上，阻止并限制城市“摊大饼”式的无序扩张，沿“组团式”的模式，科学、渐进地有序发展。

4.3.3 均衡场——亚遗址区

亚遗址区在泛遗址区范围内，由数个相互毗邻（往往类型相同或相似）的重要遗址组成，应根据遗址分布密度、地形条件及方便保护和利用等因素进行划分，具体可包括以下4种类型（图4–3）：①类型A：遗址区包含单一大遗址（文物保护单位）及周边环境（涵盖建设控制地带的范围）；②类型B：遗址区包含多个大遗址（文物保护单位）及周边环境（涵盖建设控制地带的范围），由于彼此地理距离相近或叠加，且关联性强，与所依存的地景空间共同构成了一个整体；③类型C：遗址区包含多个小尺度文物遗址点，彼此关联性很强，与所依存的地景空间共同构成了一个整体；④类型D：遗址区大部分遗址本体已经消失，非文物保护单位或等级较低，但地形地貌依稀尚存，城镇建设破坏较少。

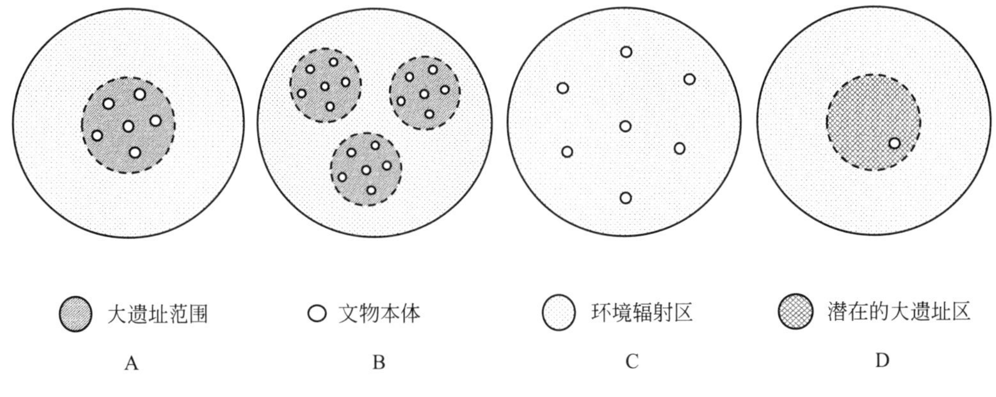

图4-3　亚遗址区分类示意

4.3.4 强场——大遗址紧邻周边

微观层面，即“大遗址”紧邻周边。除对大遗址内部科学合理的保护与利用外，应严格控制受场效应影响最大的紧邻周边的发展，在建设控制地带范围内更好地保护与营建适宜的空间环境。

1. 大遗址“强场”边界的影响因素

建设控制地带的划定在具体规划操作过程中，往往依据不同文物的档次、规模，结合周边的道路、建筑、地形条件等在保护范围以外后退一定的距离酌情划定。许多大遗址保护规划还在建设控制地带外设置环境协调区，以更有力地保障遗产环境及与城市建设的空间过渡。在现实中虽然起到了一定的控制作用，但也会常常因缺乏充分的研究，区划未能体现遗产所影响及辐射的全部空间领域，它应受到以下多重因素的综合影响。

（1）视觉感知：当大遗址中存在具有标志性的构筑物时，应保证对其在一定空间范围的视觉感知，这与构筑物的类型及特征相关。若是位于大遗址边界的城墙或城门，可以通过 D/H（即建筑物的高度 / 人与建筑物视距的比值）的研究，保证观赏对象及周边背景环境的要求符合外部空间视觉理论的一般法则。若构筑物为陵寝的封土，则要求有更大范围的观赏视距来呼应其神秘沧桑的历史氛围。在观赏视距作为半径所构成的范围内，应禁止一切影响遗址风貌的建设，并在有条件的情况下保持该范围内视野的开敞与空旷。

（2）场所精神：场所精神虽然不可触摸却能够被清晰明确的感知，大遗址独特的场所环境具有很强的识别性及脆弱性，需要在保护范围以外根据各自的内涵与特征后退足够的空间作为缓冲范围，以保障对其历史环境风貌的感知。

（3）人工与自然边界：这也是目前大部分保护规划在划定建设控制地带时的现实依据。结合现状保护范围之外的道路、沟渠、水系、原坡等条件，可以保证大遗址外缓冲辐射范围的保护与生态环境保护及现实因素更好的契合。

（4）相邻文物点的分布：鉴于西安大遗址的紧邻周边往往还有其他文物点的密集分布，如杜陵与明秦王十三陵，渭陵、义陵与周公墓、姜子牙墓等。这些次一级文物点看似与大遗址没有关系，也并非一个朝代或时期的产物，但因地理空间的毗邻使它们可纳入受大遗址辐射的外部环境领域。不应忽视这一级别的文物遗迹，强行将其与大遗址隔离，而应建构两者一体化的整体性保护空间。

（5）文化联系（亚遗址区之间）：大遗址从文化内涵角度而言并非孤立存在，如渭北的9座汉陵之间，丰京、镐京之间等。亚遗址区间的文化关联性需要充足的开敞空间来保障彼此在视线、游憩、生态方面的沟通。

2. 大遗址“强场”范围的划定

紧邻的辐射空间范围的划定应建立在综合分析上述 5 种影响因素的基础上，并以此作为建设控制地带划定的依据，对该范围的保护即是对遗产外环境的基本保护（图 4–4），在该区域内部应妥善处理好遗址环境完整、生态安全、观赏视距、文化联系、场所保护、次级文物点保护的关系，避免影响大遗址风貌展示的任何人工建设，并尽量保障空间的大面积开敞。

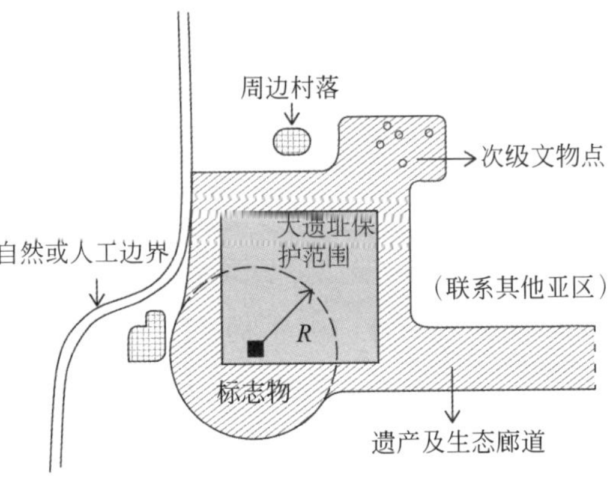

图 4-4　大遗址强场范围示意

4.4 “历史遗址区域”纳入城市规划体系的建议

对“历史遗址区域”体系与环境保护相关的研究应与现有的城市规划体系紧密结合。从规划大纲阶段即开始，在总体规划、分区规划、详细规划（控制性详细规划与修建性详细规划）中，分几个层面分别对应泛遗址区、亚遗址区、大遗址进行研究贯彻，要将历史文化环境保护的思想贯穿在整个城市规划的过程中。

4.4.1 总体规划阶段

泛遗址区因与川原地貌的环境特征直接相关，具有面积大、历史积淀深厚、知名度高的

特点。如前文所述，在城市总体规划中应将其历史环境作为城市用地布局影响因素中的一项补充内容。同时，在历史文化名城保护专项规划中应重点解决好以下问题。

（1）从城市发展角度，确定各个分区的功能定位，其中主要包括：生态功能、文化功能、休闲功能等。同时为区域内的产业结构调整及城镇布局提出明确的规划发展方向。

（2）从历史文化环境和地理自然环境保护的角度，提出遗址环境保护的执行细则，并提出有针对性的宏观保护措施。

（3）从城市风貌、城乡统筹、环境过渡的角度，对“泛遗址区”内外开发建设地段的开发强度、建设高度、通视走廊、建筑风格、城市色彩、天际线等提出具体的要求和目标。

（4）“泛遗址区”面积相当辽阔，往往形成城市一个方向的文化和生态屏障，为协调城市的发展和建设，规划应在严格保护各类遗址及其环境的前提下，提出交通（含铁路、高速公路）及主要市政基础设施通廊的建设位置及环境要求，其中包括：城市干道、轨道交通（地铁、轻轨）、高压线通廊、水工渠系、桥隧及其他大型市政建设工程等。

（5）规划中应提出对某些城市功能（尤其是产生各种污染的工业项目和影响遗址环境的城市功能）的限制性要求，并对区内不符合限制性要求的产业、项目、设施等，采取分期拆除等必要的规划措施。

4.4.2 分区规划阶段

对于范围大且重要的泛遗址区可单独编制分区规划，在“分区规划”中首先明确亚遗址区的分布、界限。各类亚遗址区除遵循总体规划层面对“泛遗址区”的规划要求外，由于区域范围相对较小，遗址性质相对较近，故应对以下方面进行更深化的探讨。

（1）除文物遗址的保护和利用这个贯彻始终的目标外，“亚遗址区”范围内的村落整合和城乡统筹也是重要的规划研究问题之一。在城乡统筹方面，应重点解决和处理好以下几点：首先，在保证遗址及其环境安全的前提下，考虑遗址特点、村落布局及规模、产业结构及农田分布，以及社会经济发展现状，合理选择新村镇的建设位置和规模，而且在村镇的整合上，应和遗址保护及服务基地的建设结合起来。其次，新村镇建设应与遗址风貌相协调；与名村古镇保护与恢复相结合；产业调整应与遗址区的开发利用相协调。

（2）大遗址外风貌保护应与周边农林景观相融合，规划中应明确如何结合都市农业、观光农业、景观林的建设等进行统筹安排、统一实施的思路；明确农林产业结构优化和调整的原则。

（3）亚遗址区多分布有类型相同或相近的遗址，规划应提出这些遗址保护与利用的模

式及思路，并落实周边地区功能安排及发展建设的内容。

（4）亚遗址区往往是一个方圆几十平方千米的地区，应结合自然地貌的保护与修复，加大小流域治理及防治地质灾害的力度，深化、细化生态建设规划的内容。

4.4.3 详细规划阶段

在控制性详细规划和修建性详细规划层面，应依照上位规划和各单独文物保护规划严格落实各大遗址建设控制地带、环境协调区的保护要求。其规划思考主要集中在以下几个方面。

（1）按照考古遗址公园等保护与利用模式进行规划建设，应在保护遗址安全的基础上合理确定旅游环境容量和游览路线组织方案。各种服务设施的规模及布局应依据保护工作及游览活动的需要进行安排。

（2）严格依照保护规划的各项规定、措施予以实施。建设控制地带内应严格控制开发强度，严格限定各种建构筑物的功能、体量、风格及环境风貌；保护区内的村落及与保护无关的设施应尽量迁至保护区外。

（3）对于知名度较高的大遗址，毗邻城市发展建设区应规划足够的空间，以安排旅游服务中心等服务设施及博物馆、陈列馆等文化展示设施。

（4）与大遗址相毗邻的发展建设区应满足上位规划对保护区与外部道路交通、市政设施的过渡要求；应注意内外绿化及生态系统的和谐统一，并使遗址景观纳入城市空间设计的系统之中，使遗址的保护与利用和城市的发展建设相得益彰，互利双赢。

4.5 “历史遗址区域”的系统要素

4.5.1 物质要素

（1）遗址要素：遗址要素是系统中最为重要与核心的要素，它在一定程度上决定了其他要素的存在形式。曾经恢宏磅礴的都城、宫殿、衙署的雄姿大多荡然无存，深厚的历史遗迹被掩埋在黄土之下，只有少部分的夯土基址和帝王陵寝封土作为曾经辉煌的见证，它们以

点、线、面的不同形式存在，或原貌相对完整，或残缺不全，或即将消失殆尽。其中知名度较高且现状较好的基址包括：阿房宫上天台遗址、汉长安城桂宫遗址、汉长安城前殿遗址、大明宫含元殿遗址、麟德殿遗址、望仙台遗址等（图 4–5~ 图 4–6）。随着保护与展示工程的实施，越来越多的夯土基址得到了有效的场馆保护、覆土或砌护保护。目前，不少大遗址区，包括已经建成的遗址公园还在不同程度地继续着考古挖掘工作，等待着大量遗址遗迹向人们揭开它们神秘的面纱。由于东方夯土遗址不及西方以石质材料为主的建筑遗迹的观赏性强，因此，如何在保护的基础上对其内涵、规模与形制进行更好的文化再现，增加市民游客的理解与参与度仍是今后西安大遗址工作的重心之一。

图 4-5　阿房宫上天台遗址

图 4-6　望仙台遗址

（2）道路：出于对遗址的保护，城市的重要交通干线均选择绕行遗址区，保护大遗址完整的历史风貌，如汉长安城的四周被绕城高速公路、西三环路、北二环路西段等围绕。大遗址内的道路大部分为村庄道路：乡村公路、机耕路及步行道路等，有些也有低等级的城市道路穿越。它们大部分随现状地形起伏，是联系区内生产生活的重要线性空间，与遗址格局的展示并没有关系。遗址区内部道路与区外的城市道路有着形式与使用上的不同，应随着遗址区整体空间结构的调整在未来承担起居民生活、旅游、遗址格局展示等功能。

（3）村庄聚落：由于大遗址占据相当大规模的地理空间，当其失去其原本的功能又没有新的使用后（如被废弃的都城），或是由于历史朝代的更迭淡化了其重要性（如陵寝遗址区），大多会被农业生产逐步占据，伴随着农耕生活自发形成的村落散布在遗址区内，有的已有一两百年的历史，成为遗产环境中的重要组成部分。但由于这些地区长期发展相对滞后，民房的建设对遗址的保护也带来了不小的冲击，如改造前大明宫地区是西安最大的棚户区，在其遗址及周边有一千余户居民住房叠压在遗址本体上，既对遗址造成了破坏，又阻碍了考古工作的进行。同时保护区内居民因长期处在“静态保护”的困扰下，村庄的发展建设受到严格限制，形成了与大遗址外部居民生活水准巨大的落差（图 4–7）。

图 4-7 阿房宫前殿遗址旁的城中村与道路

（4）企业：出于对遗址遗迹的保护，大遗址内部工厂企业的发展也长期受到抑制，西安也曾拒绝过大型企业在遗址区内的选址，例如 20 世纪 70 年代，市政府就拒绝了当时的第二汽车制造厂选址在汉长安城遗址的计划[26]86。但是由于文物保护和区域整体发展长期掣肘，尤其是在早期许多大遗址缺乏文物保护规划的条件下，存在着对不少企业建设控制不足的现象，兴办企业、挖沙取土也曾经对遗址遗迹保护造成了巨大的威胁，像目前汉长安城的礼制建筑区早已完全被现代大型企业所叠压。面对目前的状况，除了加强保护规划的编制，加大对遗址保护有威胁企业的控制监管力度外，应对压占重要遗址、存在污染等问题严重的工厂企业果断采取近期搬迁措施，并对其他部分采取长期逐步搬迁或改造的阶段性措施。

（5）农林景观：除了已经建设的遗址公园外，第一产业是目前众多历史遗址区域的主导产业，大部分的区内土地被农田、果林、菜地覆盖，自然地理空间保存完整且生态环境相对较好。区域所呈现的景观需要从系统的角度认知，由于不同景观单元在土地空间上的布局及其相互关系会受到除经济因素外不可视自然因素（如光照、湿度等）的影响，因此，历史遗址区域人工营建的景观和未来利用方式的改变，也需要建立在全面认知区域地表植被、地形、水文、土壤、地质等景观垂直过程基础上。

（6）遗址外围城市建设：指大遗址周边的人工建设环境，包括为数众多的村落、乡镇，也建设有机场、铁路、高速公路、公共设施、市政基础设施（电缆、排水管道）和工厂企业等，它们是在不同的城市发展阶段内建设完成的。

4.5.2 非物质要素

西安的大遗址封存着长安古代都城营建与陵寝制度的集中智慧。除了一座座壮丽辉煌的建筑外，都城遗址中城墙、城门、街道、宫殿区、衙署区等的布局关系；陵寝遗址中的陵园、寝殿、便殿、封土、道路等的布局关系；以及宫殿遗址中的宫门、宫墙、殿宇、园苑、轴线等的布局关系……都受当时社会经济发展水平及风水文化、礼制思想的影响，有着非常深厚的文化内涵。大遗址中的历史信息与文化密码除了通过遗址本身及出土文物这样的物质形式

来了解和挖掘外，大量历史典故、文学作品（如《阿房宫赋》）中所传递的信息也可反映当时遗址空间的整体格局、建筑的材料和形制等内容以及人们当时的生活方式。同时，众多传世的诗词中描述的历史场景可以帮助后人体会、联想大遗址原本的风貌和意境。这些非物质要素均可以丰富大遗址的人文内涵，使我们带着更多对它们的了解与思考来探讨遗址周边的环境保护问题。此外，大遗址地区在人居环境演进中所延续下来的文化传统、民风民俗、生活习惯等也是非物质文化的重要组成，需要在地区的保护与可持续发展中给予充分的解读与尊重。

4.6 西安“历史遗址区域”的空间划分

参照前述该体系的层次与划分原则，本书提出对西安主城区外“历史遗址区域”按以下方式进行划分（图 4–8~ 图 4–10）。

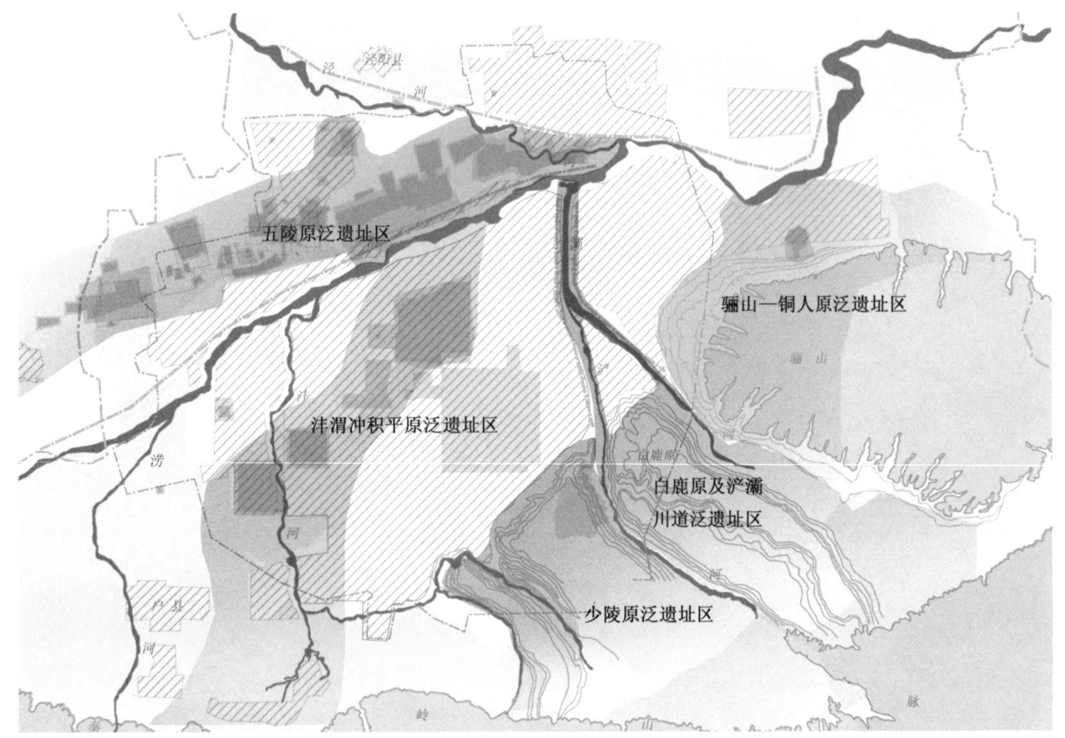

图 4-8　西安泛遗址区空间划分（彩图附后）

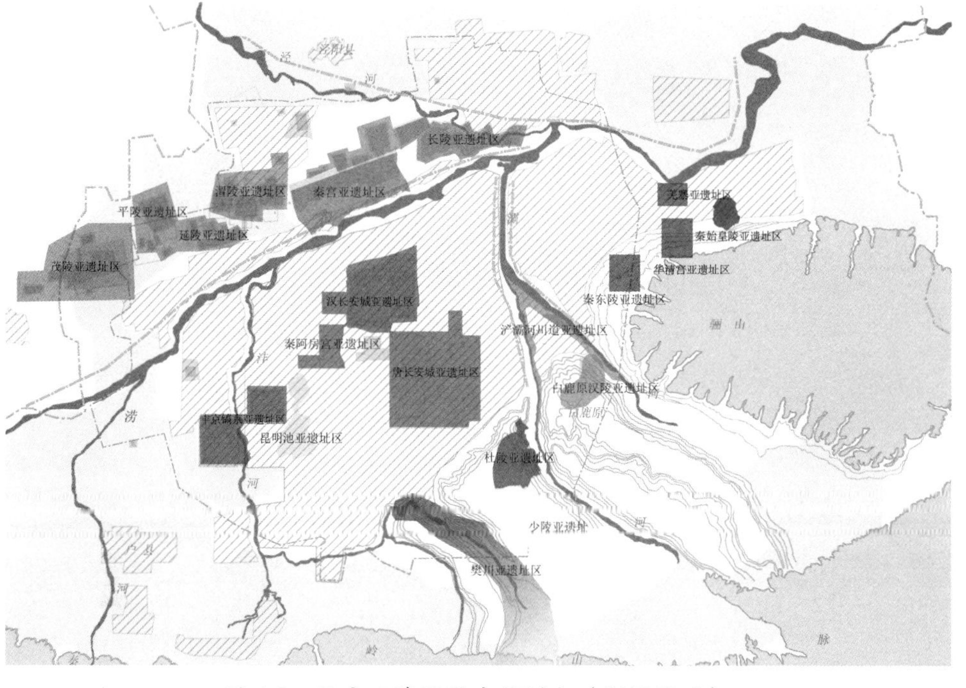

图 4-9　西安亚遗址区空间划分（彩图附后）

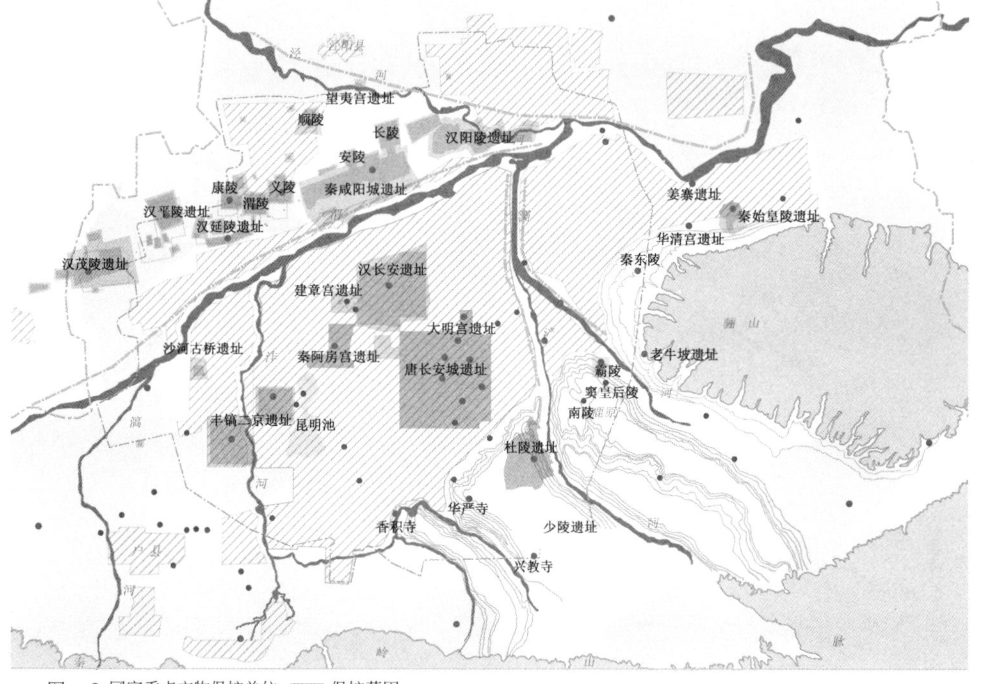

图 4-10　西安大遗址及重要文物保护单位分布（彩图附后）

（资料来源：作者结合以下资料绘制，陕西省文化遗产研究院．编．西咸新区文物保护单位紫线图集 [R].2011.12.）

4.6.1 五陵原泛遗址区

五陵原是西安地区（现行政区划主要归咸阳渭城区）最重要的大遗址集中分布带之一，在渭河一级、二级阶地，沿原散布有各类遗址 100 多处，由文物保护规划确定的文物遗址保护面积即达 107 km^2。其中主要包括：秦咸阳宫遗址、秦兰池宫遗址（为宫殿遗址）；5 个汉代陵邑遗址；9 个汉代帝陵遗址（含大量陪葬的名人墓葬）、2 个唐代贵戚陵遗址、2 个北周帝陵遗址及西周王陵遗址；秦汉横桥遗址、汉成国渠遗址、唐瀛洲台遗址等。该区东界泾渭交汇处；南界渭河北岸；西界兴平市南位乡、店张镇连线；北界泾河南岸古毕原地区。范围基本包括：渭城、窑店、正阳、底张、韩家湾、北杜、平陵、蒋刘等乡镇辖区，总面积超过 300 km^2。

为了有利于五陵原的整体性保护，在《咸阳历史文化名城保护规划（2011—2020）》[①]中曾规划了以五陵原 9 座汉陵为主体的面积约 240 km^2 的“西汉帝陵区”，并规定：西汉帝陵区内新城镇建设区绿化率不宜小于 40%；区内除周陵镇、底张镇等现状城镇外，避免大型基础设施、新村镇居民点等与文物保护无关的大规模建设行为。在帝陵区内部禁止砖厂建设，取土场地尽可能回填，并恢复绿化；填堵原坡上的窑洞，加强头道原、二道原、泾河谷南边缘等坡地的固坡绿化；加快区内农业综合治理，综合“退耕还林”营造防护林带，优化生态环境。“西汉帝陵区”的规划不仅从视觉上使帝陵群有一个完整的空间形象，也为内部生态网络的完善提供了有利的条件。与本书所界定的范围类似，体现了基本一致的保护思想。

五陵原泛遗址区依据遗址分布、规模、等级、地形地貌、重要基础设施条件及乡镇布局特点，可划分为以下“亚遗址区”进行规划和保护。

（1）秦宫亚遗址区。其中主要包括：秦咸阳宫遗址、秦兰池宫遗址、秦汉横桥遗址、汉成国渠（今称高干渠）遗址等。该亚遗址区南界渭河北岸，北界二道原南缘（汉成国渠遗址），东界正阳镇渭河电厂，西界店上村、崔家沟周边。东西长约 10 km，南北宽约 3 km，该亚遗址区的主要特色是：宫阙遗址、苑囿遗址（兰池、周氏陂）及重大的工程遗址（横桥、成国渠）等。

（2）长陵亚遗址区。其中主要包括：唐兴宁陵遗址、汉长陵及长陵邑遗址、汉安陵及安陵邑遗址、汉阳陵及阳陵邑遗址、大量的陪葬名人墓葬遗址（如萧何、曹参、周勃墓等）及其他遗址（如阳陵邑东侧发现的明代家族墓）等。该亚遗址区东界阳陵邑，南界二道原边（以高干渠为界），北界韩家湾地区（至五陵原北缘），西界汉安陵以西（含芋子沟地区）。

（3）渭陵亚遗址区。其中主要包括：汉渭陵遗址、汉义陵遗址、汉康陵遗址及各陵相关

① 《咸阳历史文化名城保护规划（2011—2020）》——由咸阳住房和城乡建设规划局、西北大学城市建设与区域规划研究中心、咸阳城科规划设计所于 2013 年 7 月制定。

的陪葬墓群。该区南界高干渠，东界福银高速公路机场段，北界周陵乡及底张镇，西界汉平陵保护区。该区遗址均属陵寝墓葬遗址且规格较高，但遗址占地规模却并不大，为保护及利用模式提出了不同的要求。

（4）平陵亚遗址区。其中主要包括：汉平陵及陵邑遗址、汉延陵遗址（含班婕妤墓）。该区南界二道原南缘；东界福银高速公路；北界机场及双照乡；西界兴平市行政区划东部边界。

（5）茂陵亚遗址区。因茂陵东距平陵等帝陵群近 7 km 且规模宏大，故单独划为一个亚遗址区，它主要包括：汉茂陵及茂陵邑遗址，白鹤冢及白鹤观遗址；英陵（李夫人墓）遗址，卫青、霍去病、霍光、董仲舒、阳信长公主墓等大量陪葬墓遗址等。该区南界汉成国渠遗址（今高干渠南约 500 m），北界策村与井王村连线，西界新马村、留位东堡子以东，东界豆马新堡子以西地区。

4.6.2 沣渭冲积平原泛遗址区

沣渭冲积平原泛遗址区北界渭河南岸，南界滈河、潏河，东界浐河西岸（绕城高速公路以北），西界涝河以东（西汉高速公路以北）地区，总面积为 600~700 km^2。

该区除一些散布的文物遗址点（如秦庄襄王陵、鱼化寨遗址、感业寺、元安西王府、周穆王陵等）外，主要是都城遗址和大型宫殿遗址，依照地形地貌及文化特征，该区可划分为以下亚遗址区：

（1）汉长安城亚遗址区。其中主要包括：汉长安城遗址、汉建章宫遗址、九庙遗址（含辟雍、社稷、明堂遗址）、唐感业寺遗址、汉昆明渠及漕渠遗址等。该区位于北三环路、朱宏路、西二环路、劳动路、西三环路之间，遗址已被城市建设区所包围或覆压（如九庙遗址、建章宫遗址等），保护形势非常严峻。

（2）秦阿房宫亚遗址区。其中主要包括：以阿房宫为主体的各个遗址，如前殿遗址、上天台遗址、磁石门遗址（阿房宫北阙门）等，遗址分布范围达 10 km^2。

（3）丰京—镐京亚遗址区。其中主要包括：周丰京遗址、周镐京遗址、客省庄遗址（含马王镇车马坑）、周灵台—灵沼遗址（含平等寺）及太原村遗址等。该区位于沣河两岸西户铁路沿线地区（今属长安区界），包括斗门镇、马王镇、灵沼乡辖区的一些村落及秦渡镇以北地带，面积约 40 km^2。

（4）昆明池亚遗址区。昆明池是秦汉上林苑的核心组成部分，周边文物遗存（如石婆、石爷汉代雕像，石鲸雕件等）、文化遗址（如周穆王陵、仓颉造字台遗址、白杨观及豫章台遗址等）、历史积淀（如细柳营）比较丰富。依据西安市城市建设总体规划及相关专项规划，

昆明池将予以恢复，为保护昆明池地区的历史文化环境及文化遗存，控制周边的发展和建设，故将该地区列为沣渭冲积平原上的一个亚遗址区，该区控制面积约为 20 km^2。

4.6.3 少陵原泛遗址区

少陵原泛遗址区包括古少陵原（又称鸿固原）、凤栖原、神禾原等地段，东界浐河，南界环山公路，北界南绕城高速公路，西界西沣公路（沿高阳原），总面积达数百平方千米。该区是西安大都市区又一处重要遗址集中分布的地带，其中包括：汉杜陵及杜陵邑遗址、唐贵戚陵、明秦王十三陵、唐代名人家族墓群、近现代名人墓葬、重要文化遗址等。根据当地的地形、地貌及遗址类型和分布特点，该区可划分为以下亚遗址区。

（1）杜陵亚遗址区。其范围北界绕城高速公路，东界浐河西岸，南界鲍陂一线，西界包茂高速公路。该区主要遗址包括：汉杜陵及大量陪葬墓（如张安世、丙吉等）；杜陵邑遗址；分布于大府井、东伍村、简王井、三府井周围的明秦王十三陵中的愍王、隐王、僖王、怀王、简王、宣王等的王陵等。

（2）少陵亚遗址区。该区北界鲍陂及半鸣路，东界浐河西岸及西渝铁路，南界环山公路，西界雁引公路。该区主要遗址包括：汉许后少陵，唐武惠妃敬陵，分布于西康王井、庞留井等处的明秦王康、惠诸王陵，分布于司马村的唐杜牧、杜如晦、杜佑墓，分布于中韦村北的张季鸾和朱子桥将军墓等。

（3）樊川亚遗址区。该区为由潏河（樊川）、滈河（御宿川）及环山公路环绕而成并以神禾原为标识的川原相间地带。该区主要遗址包括：以香积寺、兴教寺、华严寺、百塔寺为代表的佛教祖庭文化遗址；以牛头、观音、法幢、禅定、洪福、温国、兴国等寺院为代表的佛教文化遗址；属于仰韶文化和西周文化的王曲遗址；唐常宁宫故址；张云山将军墓及名村（如桃溪堡、瓜洲）文化故址等。

除上述外，本区还有分散于城市建成区之中并沿古凤栖原呈点状分布的遗址区，如杜公祠、杨虎城将军墓、井勿幕将军墓、颜氏家族（颜真卿等）墓、清凉寺、皇子陂遗址等。因这些文物遗址点过于分散且规模不大，故不以亚遗址区的形式出现。

少陵原泛遗址区位于秦岭生态屏障和城市发展建设区的过渡地带。这里川原相接，水网密布，既是秦汉上林苑的重要组成部分，又是唐长安城南庄园、别业、沼池、苑囿的集中分布区，历代文人墨客在这里留下了大量的诗词歌赋和文化遗迹，历史积淀非常丰厚。作为西安历史文化名城重要的自然和文化环境，本书将其作为泛遗址区统一进行规划和保护。

4.6.4 白鹿原及浐灞川道泛遗址区

白鹿原及浐灞川道泛遗址区西界浐河西岸原坎，东北界灞河东岸二级阶地，北界灞渭汇合口，南界环山公路，总面积超过 200 km²。在该区域内分布有新石器文化（半坡、嘴头）、商代文化（老牛坡、怀珍坊等）、汉代帝陵后陵、古代工程（隋灞桥、唐广运潭）、古文化遗址（华胥陵）、宫殿遗址（鼎湖宫）、唐寺庙（云经寺）及名人墓葬等。该区遗址除已被城市建设区所包围者（如半坡及浐灞河下游遗址）外，多数散布在川道及原面上，因规模不是很大，与自然环境保持着和谐、相容的关系。根据本区特点及遗址类型，本区可划分为以下几个亚遗址区。

（1）白鹿原汉陵亚遗址区。白鹿原界于浐灞二河之间，该区遗址主要包括：分布于狄寨周边的汉文帝霸陵、窦皇后陵、南陵、唐袁天罡及李淳风墓；分布于原畔湾子村的唐云经寺（玄奘葬骨处）遗址；分布于孟村地段的怀珍坊商代遗址（省保级）、郗家河商代遗址（市保级）以及李华村一号和二号遗址等。其中，由于汉文帝霸陵、窦皇后陵、南陵相对突出的保护等级、视觉特征及整体关系，将三者单独作为汉陵亚遗址区。

（2）浐灞河川道亚遗址区（含浐灞三角洲）。本区主要是由浐、灞两河沿岸原坎及二级阶地之间组成的川道地区。该区地势较为平坦，土质肥沃，农业生产条件较好。本区遗址除大型工程（如隋灞桥遗址、广运潭故址）及墓葬（如韩信墓、秦昭襄王墓、华胥陵）遗址外，主要是早期文明的各类遗址，其中重要的有：蓝田猿人遗址（国保级，洩湖镇陈家窝及公王岭）、半坡遗址（国保级，浐河东岸）、老牛坡商代遗址（省保级，灞河东岸）、米家崖新石器遗址（省保级，浐河西岸）、华胥陵（牺母冢，省保级，灞河东岸）、新街新石器遗址（省保级，华胥新街）及浐河川道的嘴头、沈家村、杨湾新石器遗址等。（注：国保级—国家级重点文物保护单位，省保级——省级重点文物保护单位；市保级——市级重点文物保护单位。）

4.6.5 骊山—铜人原泛遗址区

骊山—铜人原泛遗址区南界骊山山脊，西为铜人原（洪庆原）北坡，北为渭河南岸的临河两侧，面积超过 200 km²。该区分布有规模巨大、级别很高的大型历史文化及文物遗址，如秦始皇陵（国保级）、秦兵马俑坑（世界文化遗产）、华清宫遗址（国保级）、秦东陵（国保级）、姜寨遗址（国保级），等等。根据遗址分布状况及本地地形、地貌特点，本区可划分为以下亚遗址区。

（1）秦始皇陵亚遗址区。南界骊山山麓，北界 G310，东界戏水河，西界临潼城区，遗

址分布面积约 50 km^2。主要遗址包括：位于秦陵镇东侧的秦始皇陵园，位于西杨村南的兵马俑坑，位于新丰、代王的鸿门坂遗址及唐庆山寺遗址，位于戏水西岸南陈西村的扁鹊墓等。

（2）华清宫—骊山亚遗址区。南界骊山分水岭（最高海拔 1320 m）；北界临潼城区及 G310；东界骊山东麓（东绣岭东）；西界铜人原、芷阳湖。主要遗址包括：骊山遗址群（含：烽火台、老母殿、老君殿、长生殿、石瓮寺等遗址），华清宫遗址（含温泉遗址），昭应古城遗址，坑儒谷（骊山北麓）遗址等。

（3）姜寨亚遗址区。即位于临潼城区北侧临河东岸的姜寨仰韶文化遗址区（国保级，面积约 50 000 m^2）；

（4）秦东陵亚遗址区。即位于铜人原北坡凤凰池地区的秦东陵（国保级）遗址区。

除上述一些重要文化、文物遗址外，在西安都市圈地区，还分布有其他重要的大遗址区，如沿北山山系分布的唐十八陵遗址地带（含西魏、北周帝陵）；环山公路以南，沿秦岭浅山地带及洪积扇分布的宗教文化、古道、离宫等遗址群；散布于荆山原、石川河一带的秦栎阳遗址、关山遗址、汉太上皇陵及泾河上的秦郑国渠遗址等。这些遗址有的远离城市发展建设区（如北山山系、石川河沿线），有的受相关法律、法规（如《秦岭保护条例》等）的制约，参照已编制完成的各类规划，在可预见的将来，该类遗址区还不至于受到城市建设发展的直接威胁，而且遗址区之间距离较远，离散度较大，基本未出现不同遗址相互重叠和交叉的情况，故本书未将此类遗址区划为泛遗址区和亚遗址区。

4.7 大遗址周边空间环境的维度

完整的大遗址保护需要从“文物遗址保护”“政策法规制定”“遗址区管理”“规划建设”4 个方面协同努力（图 4–11），其中在规划建设中对大遗址“整体环境”的保护是当下理论研究的薄弱环节。基于前述国际宪章对于遗产环境涵义的发展（尤其是《西安宣言》中对环境的定义），可将大遗址存在的整体环境归纳为自然生态、物质空间和社会功能这 3 个主要方面。虽然大遗址保护的首要目标是对遗址本体的科学及抢救性保护，但它的精神内涵是否能被人感知、能否起到教化人心的作用则有赖于对其整体环境的保护。由于整体环境既涉及紫线以内，也涉及紫线以外的更广阔空间领域，因此“大遗址周边空间环境”也包含这 3 个维度的内容（这与绪论中界定的遗址周边空间环境的内涵一致）。笔者建议针对不同类

型的大遗址，分层面加强对其周边辐射范围设置的研究；对外围的城市建设高度、密度、容积率的控制要求的研究；对建筑物体型、体量、色彩与风格的城市设计要求的研究；对重要视点视域景象与视线通廊的保护的研究；对外围用地功能与拟发展产业定位的研究；对遗址区自然生态环境以及对所依托地理空间环境的保护的研究等。只有建立在对地域文化深层挖掘与理解的基础上，只有协调好大遗址与城市建设在空间、生态、功能等多方面的和谐过渡，才能实现真正的完整性保护（图 4–12）。

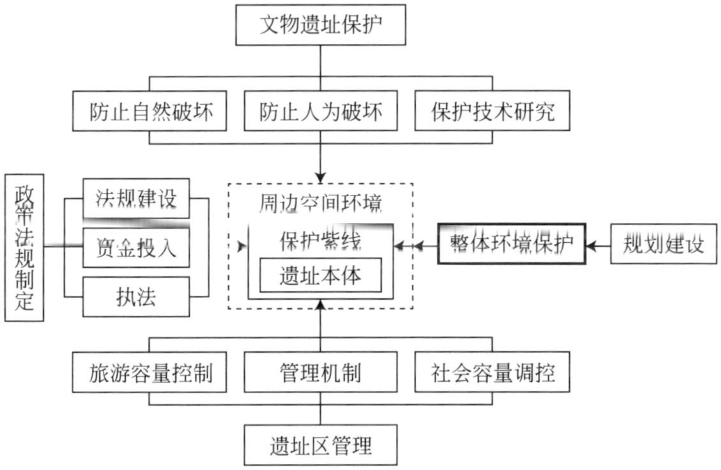

文物遗址保护
防止自然破坏
防止人为破坏
保护技术研究
政策法规制定
法规建设
资金投入
执法
周边空间环境
保护紫线
遗址本体
整体环境保护
规划建设
旅游容量控制
管理机制
社会容量调控
遗址区管理

图 4-11　大遗址保护示意

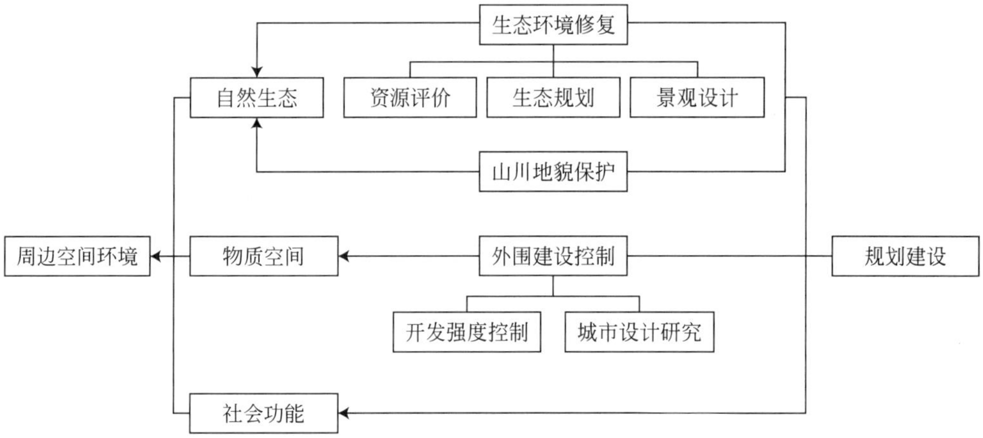

生态环境修复
自然生态
资源评价
生态规划
景观设计
山川地貌保护
周边空间环境
物质空间
外围建设控制
规划建设
开发强度控制
城市设计研究
社会功能

图 4-12　大遗址周边空间环境的维度示意

4.8 本章小结

面对西安大遗址所处环境的独特性及现实存在的种种困境，首先，本章提出借鉴“整体性保护”的思想核心，从遗址群整体价值的保护和地景空间整体价值的保护出发，针对西安主城区以外构建“历史遗址区域”实施整体保护，以弥补现行遗产保护体系对遗址外环境割裂式保护的不足；同时提出将这一特殊区域的环境作为影响城市用地布局的因素之一，将其划作城市的限建区，避免作为城市新区扩张的腹地。其次，结合大遗址场效应的分析，将该区域划分为泛遗址区、亚遗址区和大遗址 3 个层次，分别对应场效应中的弱场、均衡场及强场；并阐述了系统各个层次划分的依据及在城市规划体系不同层级中应主要研究的内容。最后，应用上述构建的理论框架，对西安的“历史遗址区域”作了具体的层次划分，分别是：五陵原泛遗址区、沣渭冲积平原泛遗址区、少陵原泛遗址区、白鹿原及浐灞川道泛遗址区和骊山—铜人原泛遗址区，及其各自所涵盖的亚遗址区和大遗址。本章最后将“大遗址周边空间环境”的内涵界定为 3 个维度的内容，即自然生态、物质空间和社会功能，这为进一步研究它与城市发展建设在多方面的过渡、协调问题明确了方向。

5 社会功能维度：西安大遗址周边的城市功能适宜性研究

城市化与现代化直接相关，在这一城市演变过程中，社会经济生活里的传统要素与技术会被新的观念和生活方式所取代。不幸的是，历史古迹与古老传统最易成为现代化过程中显而易见的受害者[68]。大遗址作为重要的文化资源，从遗址风貌保护与地区整体发展的角度而论，不能忽视其周边功能业态与文物遗址属性的适宜性，这既影响周边物质空间环境的特征，更关乎非物质文化环境的质量。对这一问题的研究需要与地区经济发展、遗址区内部产业链条的拓展、文化脉络的延续和居民生活改善等多方面有机结合。

5.1 各大遗址周边的功能发展现状

5.1.1 周边已建成地区

总体而言，在西安主城区内的诸多遗址结合着城市的开发建设，多已在保护范围内建成不同风格的遗址公园，并在外部环绕高强度开发的现代建筑（包括兴庆宫、半坡、唐城墙等）。以下将以曲江地区的发展为例阐述大遗址周边的城市环境现状。

曲江是我国历史上著名的风景园林胜地，也是西安南郊重要的历史文化遗址。唐文宗李昂曾说："都城贵胜之地，唯有曲江"。因此，在西安历次城市总体规划中均作为风景游览用地保留下来，并于 1987 年成立了占地面积达 15.88 km^2 的曲江旅游度假区，由于缺乏启动资金，直到 20 世纪 90 年代，该区的建设一直处于基本停滞状态，到了 20 世纪末，随着领导机构的调整及资金的引入，该区的建设和发展才如火如荼地开展起来，先后建成了大雁塔北广场及大慈恩寺遗址公园、大唐芙蓉园、曲江池遗址公园、唐城墙遗址公园、秦二世陵遗址公园、曲江寒窑遗址公园、大唐不夜城及曲江海洋世界等。这些项目的建设大大提升了曲江地区的环境质量和文化品位，使得周边土地价值迅速蹿升，房地产业和市政设施建设也随之日新月异地发展起来。曲江的各个遗址公园周边于近 10 年间陆续开发了大量的各类住宅建筑，该地区迅速地成为西安市的都城新区，并为西安市树立了一个在文化遗址地区实现保护与发展协调共赢的标杆，被称为"曲江模式"。

其中，唐城墙遗址公园（曲江段）是在唐长安城南外郭城墙东段的遗址上建设的，全长 3.6 km，宽 100 m 左右（图 5–1）。唐城林带高新区段取得了良好的反响与口碑后，曲江段随着曲江新区六大遗址公园的全部对外开放成为新的城市亮点。作为唐文化为主题的公园，除了涵盖市民活动、健身、休闲、观赏等日常活动功能外，园中的小品、雕塑、景墙等设施均反映唐诗人物、唐诗内容和相关意境。但由于缺乏翔实的考古资料，内部除了局部点状分散的文物遗址保护和展示外，以自由灵活的布局为主线，未能够较好地体现遗址的整体格局和相关历史信息。围绕林带南北两侧的城市用地以居住、商业金融和行政办公为主，多层及小高层的现代建筑与林带内的唐风环境形成了对比。

曲江模式是西安地区社会经济发展到一定阶段的必然产物，它虽然对城市建设、文化提升和社会经济发展都产生了一定的推动作用，但是这样的方式是否适宜，与遗址的规模、性质，遗迹存留程度和所处的城市经济、生态、文化、交通区位有着密切的关系。由于该模式具有明显的过度追求经济效益的价值取向，对于西安主城周边农业生态环境较好的遗址地区

并不具备借鉴价值。因此，曲江模式有着严苛的适用条件，并不应是可以反复复制、处处通用的发展模式。

图 5-1　唐城墙遗址公园（曲江段）谷歌地图（Google earth map）

（图片来源：2013 西安建筑科技大学建筑学院研究生中法联合教学成果）

5.1.2　周边正在建设地区

除了已经基本完成建设的地区外，主城区内的大遗址还有部分正处于更新与改造周边环境的快速进程中，“大明宫地区”便是其中的典型代表。大明宫所在的“道北”地区长期处于发展滞后的状态（它是指包括大明宫在内的铁路以北且靠近铁路的地区）。从 20 世纪 30 年代开始至 80 年代，这里渐渐发展为西安最大的棚户区。由于毗邻陇海铁路，这一带曾作为当时难民迁移定居的地方，50 年代以后又成为许多产业工人及铁路家属的聚集区，其中超过半数的建筑属于杂乱无章的临时建筑。因为文物保护的原因，大明宫地区被长期限制进行城市建设，治安的混乱、缺乏基础设施、凌乱的环境、低洼的棚户区成了这里的形象写照，且在数年前依然存在，与市内其他许多地方的现代化发展形成了鲜明对比。对很多本地人来说，对大明宫建材市场的了解甚至多过对大明宫遗址的了解。直到 10 年前大明宫国家考古遗址公园的成功建设为国内大遗址保护树立了崭新的标杆，也为其周边地段的城市更新改造带来了新的契机。从民国时期至今在该地区发生的主要历史事件见表 5–1。

表 5-1　民国至今大明宫遗址区的历史沿革

时间	历史事件
1934 年	陇海铁路通车，从遗址南侧通过
1957 年	第一次考古挖掘开始，发掘了“西内苑”含光殿的部分遗址
1959—1960 年	未被民房占压部分遗址勘探完毕
1961 年	入选第一批国家级文物保护单位，麟德殿和玄武门遗址保护性征地，分别征地 5.08 亩和 7 亩
1980 年至今	对遗址区进行多次考古发掘，遗址挖掘工作主要集中在遗址区的中部和北部地区
1985 年	含元殿遗址保护性征地 64.236 亩，麟德殿遗址开始整修
1992 年	陕西省人民政府重新审核并公布了大明宫遗址的保护范围
1995 年	颁布《西安市周丰镐、秦阿房宫、汉长安城和唐大明宫遗址保护管理条例》
2005 年	公布实施《唐大明宫遗址保护总体规划》
2006 年	《2006 盛典西安》大型文化活动在唐大明宫含元殿举行，大明宫遗址被列入国家“十一五”大遗址保护总体规划
2007 年	大明宫遗址公园建设启动
2010 年	大明宫遗址公园盛大开园

注：1 亩 ≈ 666.67 m²

（资料来源：涂冬梅. 基于遗址保护的大明宫周边地区土地开发策略研究 [D]. 西安：西安建筑科技大学，2012.）

根据原大明宫地区的改造计划，规划面积将涉及 19.16 km²（面积包括大明宫遗址公园），规划区内用地较为复杂，遗址保护用地以外以居住和商业用地为主。在《大明宫地区保护改造总体规划》中，将本规划区的空间形态明确为：一心（遗址保护区）、四轴（未央路城市中轴、自强路城市文化轴、太华路商业轴、北二环路交通轴）、六功能区（核心商务区、综合居住区、改造示范区、盛唐文化区、皇城广场、集中安置区）。大明宫遗址公园周边由远及近被划分为高强度开发区、中高强度开发区、低强度开发区及遗址保护区，其中高强度开发所占的用地比重远大于其他用地。这就意味着其周围（尤其是东、西、北三面）将陆续新建大量的高层建筑，其房地产开发面积是原遗址区拆迁面积的数倍以上。这样，在大明宫遗址公园周边不远的空间范围，随着目前建设如火如荼地进行，很可能会在未来几年间形成一道由水泥森林组成的高达百米的“长墙”，而这对遗址公园历史文化环境的保护是不利的（图 5-2）。

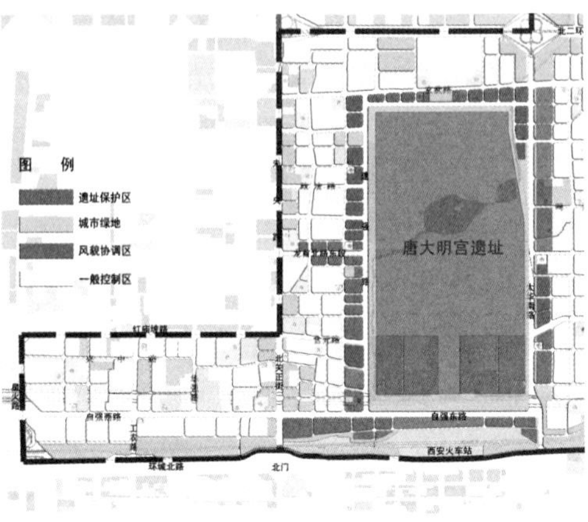

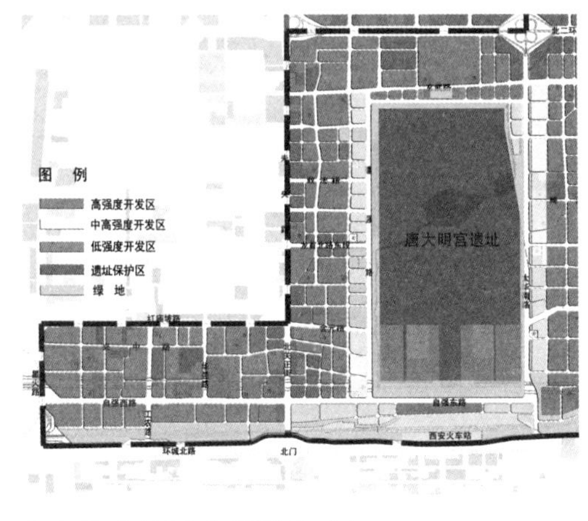

图 5-2　大明宫地区建筑风貌与开发强度规划（彩图附后）

（资料来源：《大明宫地区保护改造总体规划》）

5.1.3　主城周边受规划发展威胁地区

近几年来，除了主城区内的大遗址已被城市建设包围，随着城市的新一轮扩张，主城周边的各大遗址密集地区都面临着城市发展的影响和威胁。这些地区包括五陵原、少陵原、丰镐遗址、阿房宫、汉长安城、铜人原、神禾原等，下面就其规划和建设现状进行分析。

（1）五陵原地区。为落实“关—天经济区”规划中建设西安国际化大都市的目标，在西安、咸阳交界地区，批准设立了“西咸新区”，该新区共由5个新城组成，其中空港新城（以底张地区为中心）、秦汉新城（含渭城、窑店、正阳、韩家湾等组团）及咸阳市的北原新城均位于五陵原上。该地区在西咸新区成立之前已先后建成了渭河电厂、单晶硅厂、咸铜铁路、西安铁路货运北环线（位于渭河北岸一级阶地上）、西安航空港（位于五陵原北偏西的底张、周陵地区）、福银高速公路（经渭河北向穿越东部陵区与中部陵区的中间地带，其中东部陵区指汉阳陵、安陵、长陵及唐顺陵等，中部陵区指汉渭陵、延陵、义陵、康陵）、包茂高速公路（穿越五陵原东部阳陵邑地区）、机场高速公路（经正阳、韩家湾地区）及高干灌渠等。依照空港新城、秦汉新城的相关规划，将在底张、正阳、渭城、窑店、韩家湾地区建设航空物流业、金融贸易、科技教育、居住区及交通转换中心等项目并开通轨道交通线网。

（2）少陵原地区。少陵原是位于西安市东南部毗邻主城区的一个历史名原，原上古陵墓、古寺庙、古村落及文化遗迹层层叠叠，是一个历史文化积淀非常深厚的大遗址区。正因为其邻近中心城区，近年来原上的各类遗址也受到周边城市发展和建设的严重影响。西渝高速公路及西康铁路在原区东西两侧南北穿过，并在南端引镇附近设置了引镇车站（西安铁路枢纽南货运站）；在杜陵保护区北侧，修建了西安绕城高速公路南段及南三环路；根据曲江

二期总体规划，杜陵遗址周边将是其发展重点，除建设大量的休闲娱乐、商务会议、购物餐饮等设施外，还将在杜陵邑南侧及明秦王十三陵周边建设总面积约 1000 亩的水面。

（3）其他地区。除上述五陵原、少陵原地区外，西安其他重要遗址区也面临着城市发展和建设的严重影响，如：

周丰京、镐京遗址，秦阿房宫遗址及汉建章宫遗址均位于沣河东西两岸的沣东新城、沣西新城的规划范围内。尤其是沣东新城（西咸新区新城之一）更被规划为西安国际化大都市的“都心”之一，地铁线网、高铁车站（阿房宫车站）、高速公路（西宝新线）、快速干道鳞次栉比、纵横交错。西宝高速公路新线以北，阿房宫、建章宫遗址周边地区，均属于高强度开发区，发展重点包括：商务、商业中心，现代服务业，新型工业、行政办公、科教、居住及文化产业等。

铜人原、神禾原、凤栖原地区也是西安市重要的遗址分布区。目前在铜人原地区正在建设占地约 20 km²（含秦东陵保护区）的临潼国家旅游度假区，区内主要建设宾馆、饭店、游乐中心、度假村及相应的村民安置区和居住用地，在樊川八大寺和王曲遗址所在的神禾原地区，正在加紧实施建设“常宁新城”的目标。而在凤栖原地区，除清凉寺、杜公祠等文物遗址外，也基本被城市建设区所包围。这些地区的用地性质及城市功能主要是教育科研、商业及商务、文化及休闲、公共管理、市政设施及居住用地等。

从城市规划的角度而论，这些受到周边开发威胁的大遗址与其相毗邻的城市发展建设除了存在制约与挑战的关系外，也同时存在新的机遇和发展条件（其相互关系如表 5-2 所示）。这些地区大遗址的保护工作应努力利用机遇并克服挑战，解决好与城市发展的相互协调问题。

表 5-2　遗址区与城市发展双向影响关系

与遗址毗邻的城市发展建设地段	遗址区对毗邻城市发展区的引导性影响	有利于城市文化提升及文明建设	机遇	遗址区（含文物遗址和文化遗址）
		有利于毗邻地区旅游休闲事业发展		
		可促进城市文化及创意产业发展		
		有利于城市组团发展及生态网络建设		
	机遇	有利于加大遗址保护的资金支持力度	周边城市发展对遗址区产生的积极影响	
		有利于加快遗址区的保护利用进程		
		有利于遗址区产业结构调整及村落整合工作		
		将提升遗址区的知名度、深度发掘其文化内涵		
	对城市发展建设区形成的制约因素	将制约毗邻地区的建设开发强度	挑战	
		将调整城市风貌要求及城市用地功能布局		
		将限制连接地带的重大基础设施建设		
	挑战	城市开发对遗址风貌、遗址景观造成破坏	城市开发建设对遗址保护造成的威胁	
		城市污染（含噪声）对遗址环境造成干扰		
		城市建设、人口增加将增大遗址本体保护难度		

5.2 历史遗址区域的城乡统筹和产业结构

上述主城周边规划区内部的诸多用地功能安排将蕴藏着丰富文化内涵的川原地带等同于一般的城市用地，既不利于宏观历史环境的保护，也不利于大遗址外围非物质文化环境的保护与塑造。为了“历史遗址区域”的可持续发展和整体价值的维护，在其作为城市限建区的发展定位下，应根据文物保护和利用工作的需要，对区域内部的工农业业态进行科学的调整，并对零散分布的村镇、聚落进行适当的归并整合。

5.2.1 泛遗址区村镇、聚落的归并整合

以下仅以五陵原、少陵原、白鹿原和丰镐遗址区为例列表加以说明历史遗址区域内的耕地、人口和村镇聚落概况（表5–3）。

表5–3 泛遗址区部分聚落概况

乡镇名称		村落数（约）	总人口（约）	耕地（约）	主要遗址、文物
五陵原	渭城镇	9个	25 118人	15 598亩	渭城遗址
	窑店镇	10个	25 148人	26 371亩	秦咸阳宫遗址、汉长陵、阴阳冢、胡登洲墓
	正阳镇	28个	40 828人	56 847亩	汉安陵、汉阳陵、兰池宫遗址、双冢
	周陵镇	38个	34 298人	—	汉渭陵、延陵、义陵、康陵、周陵、周公墓、姜子牙墓等
	双照镇	36个	38 000人	67 000亩	汉平陵、天圣宫遗址、萧何赞侯祠等
	南位镇	20个	40 790人	49 432亩	汉茂陵、茂陵博物馆、霍去病墓等
	底张镇	属机场及空港新城范围	—	—	唐顺陵、北周恭陵、望夷宫遗址、萧何墓、曹参墓、千佛铁塔
少陵原	杜陵乡	16个	15 885人	21 218亩	明秦王十三陵中的愍王、隐王、僖王、怀王、昭王、宣王、简王、定王等王陵
	大兆乡	21个	23 803人	38 481亩	汉杜陵及陪葬墓群、明康王陵、汉少陵、韦杜家族墓（含杜牧墓）等
	留村乡	5个	13 390人	14 136亩	唐敬陵（武惠妃墓）、咸宜公主墓、明惠王（在庞留）陵
	鸣犊镇	24个	23 902人	27 055亩	沈家村、嘴头、杨湾等遗址；隋皇甫诞墓
	杜曲镇	17个	22 299人	20 332亩	唐兴教寺、朱子桥将军墓、张季鸾墓及唐代别业遗址等
	引镇	20个	15 982人	16 958亩	孙家崖遗址、牛僧孺别业及墓（在韦兆）
	酒铺乡	9个	6365人	8951亩	汉丙吉墓、鲍陂及黄渠水工遗址

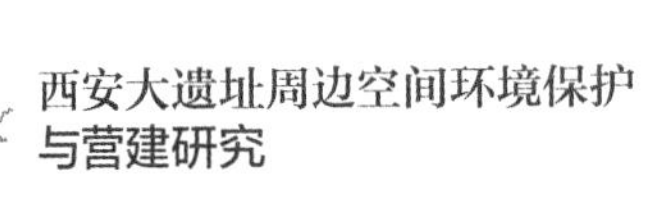

续表

乡镇名称		村落数（约）	总人口（约）	耕地（约）	主要遗址、文物
白鹿原	巩村乡	27个	37 269人	54 110亩	将师堡遗址、荆峪沟源头等
	孟村乡	30个	28 423人	49 567亩	怀珍坊商代遗址、郗家河商代遗址及李华村一号、二号遗址
	安村乡	27个	34 811人	50 306亩	新华村遗址
	狄寨镇	27个	32 142人	47 224亩	南陵、窦皇后陵、袁天罡墓、李淳风墓、神峪寺沟泉址、云经寺遗址等
	霸陵乡	28个	19 577人	21 204亩	汉文帝霸陵、东李遗址、马渡王一号和二号遗址、药王洞遗址、包崇寺遗址
	炮里乡	19个	18 985人	25 818亩	无重要的文物遗址，地处荆峪沟南岸
丰镐遗址	马王镇	14个	29 240人	30 431亩	丰京遗址、西周车马坑、客省庄遗址、大原村遗址、沙河古桥遗址
	斗门镇	18个	21 822人	33 672亩	镐京遗址、西汉牛郎织女石刻像、昆明池遗址
	镐京乡	9个	18 042人	24 600亩	汉唐昆明池遗址、镐京观古建筑群

注：1亩≈666.67㎡

由表5-3可以看出，在表列方圆数百平方千米的遗址区，散布有大大小小近500个村落，平均每平方千米就有一个居民点。这种现象无论从遗址区的保护和利用方面，从农业的规模化经营、集约化经营方面，还是从城乡统筹和新农村建设方面而言，都是不合理的，因此有必要对泛遗址区范围内的村镇聚落进行科学的整合和归并。

（1）为保护遗址本体的安全和历史文化环境不受干扰和破坏，污染性产业和高强度开发应受到制约，这样以农林产业为主的遗址地区会有大量的农村剩余劳动力输出，且目前不少遗址周边村庄的空心化现象已较为严重。因此，为保护遗址区静谧、自然的空间环境，可鼓励多余人口进入周边迅速扩展的城市新区。如五陵原遗址区可向泾阳、咸阳市区、马庄、兴平等地迁徙，少陵原遗址区可向航天基地、常宁新城迁徙，丰镐及昆明池遗址区可向西高新区、户县副中心迁徙，等等。

（2）村镇聚落的归并应综合分析：在对遗址保护和利用的影响、社会经济综合发展条件、交通区位、基础设施及空间发展条件、原有规模和人口等因素的基础上，广泛征求当地居民的意见，并经过反复论证形成各遗址区村镇聚落的撤并方案并付诸实施。由于耕地农田的集约化、机械化经营和交通设施的改善，新居民点与农业活动作业点之间的距离已不再是村镇归并方案必须考虑的主要因素之一。

（3）村镇搬迁和聚落新址的确定还应考虑下列诸因素：当地历史文化名村古镇的发现、恢复和文脉的延续；历史上原有聚落（如陵邑、历史名村等）文化内涵的发掘（如“五陵少年”、安陵邑的“三班故里”、瓜洲、桃溪堡等）及恢复的可能性；遗址区开发利用规划中服务基地和管理中心的选址；当地城乡统筹、新农村建设和生产力布局的要求等。新村镇的规模除应遵守紧凑发展、节约用地的原则不使人口过分聚集外，还应考虑市政基础设施自成系

统的经济性和先进性原则。

（4）聚落归并后的新村镇，其规划建设应做到以下几点：第一，在村镇风貌及文化特色上必须和所在的遗址区保持高度的和谐统一，以突出村镇特色；第二，新村镇建设必须满足生态化、低碳化的发展目标；第三，新村镇应配套建设现代交通、办公、购物、教育、医疗、信息、休憩等功能设施；第四，新村镇应当是一个全面体现“社区共建”精神的有机载体。其核心就是新村镇的居民有权全程参与村镇事务的管理和实体单位（如农业集约化经营、旅游产业经营等）的经营，包括投资优先权、管理参与权和利益分配权等（图 5–3）。

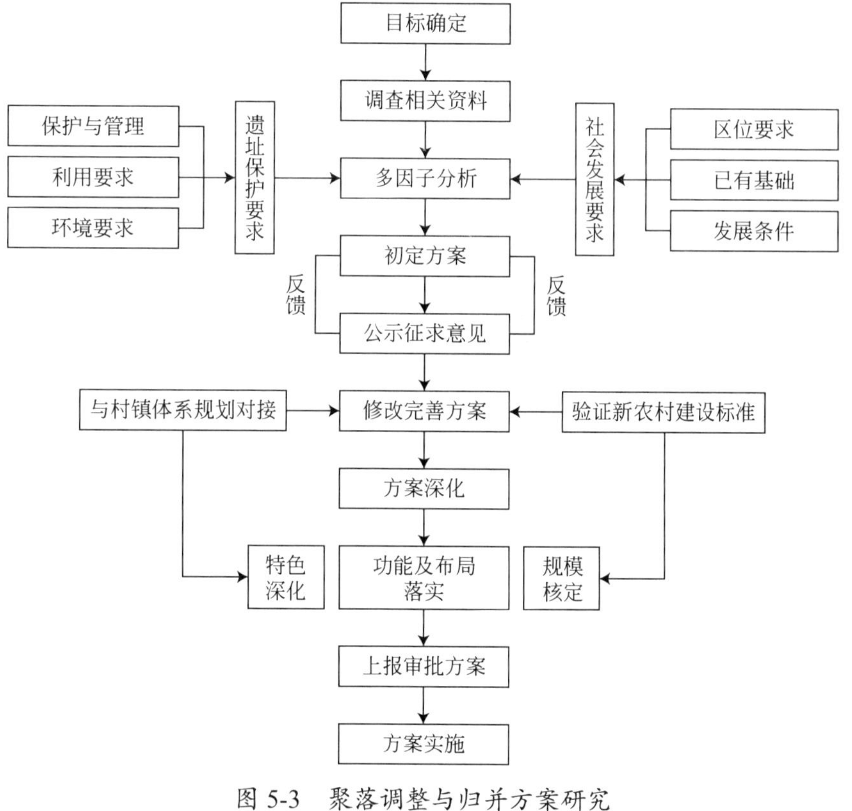

图 5-3　聚落调整与归并方案研究

5.2.2　泛遗址区产业结构调整

“产业结构从广义上讲是指产业间的技术经济联系与联系方式；从狭义上讲是指国民经济各个产业之间，以及内部的比例关系和结合状况。产业结构变动能够使区域资源得到有效合理的配置，形成区域经济增长的主导力量”[69]119。“按照产业结构理论，根据经济的发展和区域优势的变化来调整产业结构，使产业结构不断完善和合理化，对促进区域经济发展具有重要意义”[69]71。

由于对文物遗址区的长期静态保护，许多产业开展受到限制，西安诸多大遗址区多以传统的农业为主，还有一部分林业、养殖业和农副加工业，长期以来保留着广阔的田野和沃饶的土地。不过，随着社会经济的发展和城市建设用地的扩张，在历史遗址区域内部，也修建了许多重要的基础设施（如干线铁路、高速公路、高压线通廊等），并安排了一些大的工业项目（如五陵原正阳镇的渭河电厂、单晶硅厂；底张镇的航空、机械、光伏电子产业；少陵原的航天工业等）。为了更好地保护遗址资源和周边地区的历史文化环境，缩小遗址区内外居民生活水平的差异，同时促进区域的经济发展，有必要正确选择符合各遗址区优势的，对遗址风貌和安全不造成威胁的主导产业和一般专门化产业，以泛遗址区为研究范围进行产业的调整和整合，以促进其结构的不断合理化。针对西安的实际情况，建议对泛遗址区内产业结构的调整遵循以下基本方针。

（1）对区内造成各种污染的工业企业，如石油化工、建材、玻璃及玻璃纤维、砖厂、水泥、造纸等，应坚决关停；区内高耗能、低效率、产能过剩及技术含量低的其他企业应提升改造、异地搬迁或转产撤并。

（2）土地及农林产业的集约化、规模化经营是遗址及周边地区产业结构调整的核心问题。因为经营体制及权益分配体制的改革牵涉每一个村组和每一户农民的利益，而且土地的跨界流转、股份制的运作模式、农林产品谱系及空间布局、产业规模及发展目标等，都是农业结构调整中需要认真研究和解决的问题。因此，大遗址及周边地区农业产业结构的调整和重构是一个庞大而缜密的系统工程。

这个系统应包括以下主要内容：发展都市农业，为西安都市圈提供无公害、无污染的农林副产品，包括粮油蔬果禽蛋奶及畜产品等，应建立固定的供应基地。同时，大力发展观光农业，加强农林景观和花卉产业基地的建设，开展果林采摘及其他参与性强的农事活动等。在农林产业结构调整过程中，应注意保护周边川原山水的自然地貌。临山则林，临滩则牧，临原则农，临泽则渔，构建丰富多彩的田野景观。还应积极发展设施农业和高科技农业，包括节水农业、无土栽培、立体种植等现代农业新技术的推广。农业产业结构的调整需要认真研究和落实管理模式、经营模式及利益分配模式问题，并结合当地实际推广新能源（太阳能、风能、沼气能）的应用。

（3）遗址及其周边地区的村镇应结合文物遗址的保护与利用模式建立新的产业支撑，有选择地发展旅游服务业、休闲产业、文化创意产业、现代服务业、小型会展及文博产业、民俗文化产业及农副产品加工产业。有条件的村镇可开展专业技术培训、旅游商品、旅游纪念品的研发及生产活动。区内相邻的村镇应依照“一村一品”的精神突出各自的特色，村镇间应进行互补式的错位发展，以使遗址及周边地区的村镇构建成一个相互协调、相融共生的历史文化系统。

对泛遗址区内部的具体功能设施与产业发展建议见表5–4。

表 5–4　泛遗址区功能设施与产业发展建议

发展方向	优先发展	容许发展（有条件）	限制发展（有严格条件）	禁止发展
居住建筑	新农村建设、古村古镇保护、农宅改造	中低层住宅区（低密度）、公寓及公租房	一类、二类住宅；庄园式住宅；小高层住宅区	高层及超高层住宅区
工业企业	农副产品加工产业；工艺品、旅游商品生产企业等	由农林产业结构调整衍生出来的维修、养护及中小型配件生产产业等	一类工业中的中小型企业（仪表、电子、装配制造等）；区内生活配套的加工产业等	采掘业；各类污染性工业；占地大、交通流量大的大中型工业园区
商业金融产业	零售商业；区内社区配建的商业、服务业；旅游休闲系统的商业网点	特色餐饮、特色购物（旅游商品）、特色住宿；中小型休闲商业区	购物中心；中小型专卖店；中小型金融服务机构；大型休闲商业区及度假村等	大型商业金融中心、大型专业批发市场、大型高档专卖店，大型金融贸易机构
公共设施	与遗址保护及利用相关的文化机构、研究机构、宣传机构和设施；社区配建的公共设施	博物馆、纪念馆及专题性文化中心；休闲、旅游服务中心；地域文化展示中心	图书馆、科技馆、展览馆、影剧院等	禁止大型（市区级）行政中心、体育场馆、演艺中心、游乐中心音乐厅等的建设
教育科研、医疗卫生	区内配套建设的中小学、幼儿园及医疗服务设施（防疫站）等	与休闲、旅游设施配套的急救中心、旅游教育中心；与农林产业相关的研究中心	大型医疗中心、儿童医院；休养所、疗养院；专科学校、勘察设计院所及科研机构	传染性医院；规模大的大学城；科研中试基地及大型科研院所
仓储设施	区内社区配套建设的小型仓储设施	为当地及旅游服务的物流配送中心	中小型供应仓库；物流分中心；农林产业专用物流中心	危险品仓库、大型普通仓库、转运仓库、大型堆场等
交通设施	区内为生产、生活配建的城乡道路和交通设施（含支路系统）	休闲旅游区道路交通系统及中小型停车场；慢行交通系统；交通服务中心等	轻轨系统；不影响遗址保护的城市立交系统及遗址区外围的停车设施；分散布局的交通转换枢纽	大型对外交通枢纽场站（机场、铁路编组站等）；大型交通枢纽；禁止宽马路、大广场出现在遗址区
文物古迹（该项用地在泛遗址区占有相当大的比重，堪称“重中之重”）	区内各遗址的普查、勘探、研究、发掘、保护和应用方式研讨应是区内所有工作的基础和前提	与遗址区相关的历史文化研究、整理工作，应适度开展文化建设和旅游发展等方面的工作	严格限制破坏和影响遗址区历史文化环境及自然地理环境的开发建设活动；应避免在开发过程中过分的娱乐化倾向	禁止与遗址区保护无关的任何大型建设活动，应防止假古董及追求利润最大化的趋势
绿地建设	应将泛遗址区的耕地、林地、村落用地、遗址占地纳入城市河湖水系、园林绿地及自然生态系统之中	在不影响文物遗址保护的前提下，扩展林地面积，防止水土流失，整理历史水系，扩大滨水湿地系统，形成地域生态文化特色	严格限制产生各种污染（含噪声污染、光污染）源的建设项目；应防止在文物遗址集中分布区，无根据地建设或扩大水域面积	禁止破坏自然地貌、生态环境及生物多样性的任何开发建设活动；禁止在区内开发建设游乐场和大型游戏区

5.2.3 大遗址内部村民搬迁及规划建设控制

遗址区内的居民将会因大遗址的保护与利用而改变生活方式，遗址区周边的村民也会因土地集约利用、产业结构调整、村庄归并整合或外围城市发展用地的扩张而改变生存条件。该地区村民居住地的适当调整和人口流动是不可避免的。

在陕西省文物局和西北大学文化遗产保护规划中心编制的《汉长安城遗址保护总体规划（2009—2015）》中确定的聚落调控目标为："汉长安城城址区内直接叠压在重点保护范围内的村落全部迁出，房屋建筑须全部拆除。保护范围内的所有违法、违章建筑须全部拆除。在保护范围内重点保护范围外、经考古工作确认地下无保存价值遗迹的区域，可保留一定数量的村落和房屋建筑，但现有村落布局、房屋建筑形式必须根据遗址保护和遗址景观保护的需要进行改造。Ⅰ类建设控制地带范围内的现有村落和房屋建筑，近期维持现状，不得新建和扩建；远期逐步迁出。Ⅱ类建设控制地带范围内的现有村落和房屋建筑可不搬迁，但村落布局、房屋建筑形式必须根据遗址景观保护的需要进行改造。对需要搬迁的村落和居民，有可能近地安置的尽量近地安置。在现有集体所有的土地范围内实行土地使用功能的置换，能在本村土地范围内置换的，尽量在本村范围内置换；在本村土地范围内无法调整的，可在街道办范围内调整。将占压遗址本体的村落和居民，搬迁到不占压遗址本体的地方；原来的村落用地置换为遗址保护用地和农田，原来的部分农田置换为村落用地"[26]。此规划较好地将刚性与弹性进行了结合，既减轻了遗址区的人口压力，保障了文物遗迹的保护与展示，又充分考虑了区域的动态发展和居民故土难移的情节。

"在安置房的选址上，曲江也充分考虑村民的利益。曲江池是西安城区最大的免费水域公园，西曲江村的安置房位于曲江池东 200 m 处，仍处于原来西曲江村的范围之内。岳家寨村因距西安理工大学很近，在拆迁前村民已经开始将自己的房屋出租给大学生居住，作为收入的来源之一。所以岳家寨村民将安置房选择在西安理工大学旁边，但当时这片土地已经有开发商购买过了。为此曲江新区通过协调和利益补偿，将之前的开发商迁走，在大学附近建起了安置房，根据补偿标准，除去自己居住，每户人家都可以有几套房用来出租，获取收益"[70] 47–51。

在此基础上，笔者将村民搬迁及人口转移的原则确定为：①保护区内对文物遗址本体构成破坏与威胁的村落一律外迁至不影响遗址保护和利用的安全距离以外，充分考虑和保障居民的利益，以"近地安置"为主，可安置在遗址区管理和服务基地（归并后的村镇）内，或建设控制地带内，或异地搬迁到周边不远的城市新区，以延续村民与故土在情感和生活上的联系。②作为利益相关者，保留村落的居民应通过产业结构的调整参与大遗址的保护、管理及旅游服务中。③均应通过技能培训，使所有被迁徙及调整的适龄村民掌握产业结构调整后的必要技能，以保证不断提高他们的生存条件、收入和生活质量，并增强他们对遗址的认同

感、自豪感和保护意识。④在村民外迁及人口流动的工作中，应注意防止“一刀切”的做法，采取弹性的措施，为民风、民俗及文化生态的延续保留源脉。

5.3 外部发展视角：大遗址周边城市用地性质研究

对于“历史遗址区域”外围的城市新区（特指与区域内大遗址保护范围边界较近的区段）和主城区内与大遗址毗邻的城市更新改造，用地性质与大遗址的兼容性可概括分析如表 5–5 所示。

表 5–5　遗址周边用地性质与遗址适宜性分析

周边用地性质 \ 遗址分类		早期文明遗址	都城与宫殿类遗址	古建筑遗址	陵寝类遗址※	古工程遗址※	水景类遗址	文化遗址※
居住用地（R）	R1、R2	⊕	⊕	⊕	⊕	○	⊕	⊕
	R3、R4	×	×	×	×	⊕	⊕	×
工业用地（M）	M1、M2	×	×	×	×	⊕	×	×
	M3（三类）	×	×	×	×	×	×	×
公共设施用地（C）	行政办公（C1）	⊕	⊕	⊕	⊕	⊕	⊕	×
	商业金融（C2）	×	×	×	×	×	×	×
	文化娱乐（C3）	×	×	×	×	×	⊕	×
	体育用地（C4）	×	×	×	×	×	×	×
	医疗卫生（C5）	×	×	×	×	×	×	×
	教育科技（C6）	⊕	⊕	×	×	⊕	×	×
仓储用地（W）	普通仓库	×	×	×	×	⊕	×	×
	危险品仓库	×	×	×	×	×	×	×
对外交通用地（T）	机场、铁路	×	×	×	×	×	×	×
	公路	×	×	×	×	⊕	×	×
道路广场用地（S）	广场、干道	×	×	×	×	⊕	×	×
	支路系统	○	⊕	⊕	⊕	○	⊕	○
市政公用设施用地（U）	大型市政设施	×	×	×	×	×	×	×
	小型市政设施	⊕	×	×	×	⊕	⊕	⊕

续表

周边用地性质 \ 遗址分类		早期文明遗址	都城与宫殿类遗址	古建筑遗址	陵寝类遗址※	古工程遗址※	水景类遗址	文化遗址※
绿地（G）	公园绿地	○	○	○	○	○	○	○
	防护绿地	○	○	○	○	○	○	○
特殊用地（D）	军事、外事	×	×	×	×	×	×	×
	保安用地	×	×	×	×	⊕	×	⊕
水域及其他用地（E）	自然水域※	○	○	○	○	○	○	○
	耕地	○	○	○	○	○	○	○
	园地	○	○	○	⊕	○	○	⊕
	林地	○	○	○	○	○	○	○
	村镇用地	○	⊕	⊕	×	○	⊕	○

表中图例：

○——遗址区与用地性质相适宜

×——遗址区与用地性质不相适宜

⊕——遗址区与用地性质有条件适宜

表中备注（※）：

文化遗址：包括宗教文化遗址及古文化遗址（如华胥陵、寒窑、造字台及荆山黄帝铸鼎地等）。

陵寝类遗址：包括分散的名人墓葬区。

古工程遗址：含桥梁、古道及水利工程遗址（如郑国渠首、隋灞桥、横桥、古道等）；

自然水域：不包括在遗址区及周边人工形成的水面。

5.4 内部发展视角：大遗址（保护范围）周边适宜功能设施研究

5.4.1 大遗址不同利用模式的特征、功能与设立条件

我国大遗址保护与利用的各种模式尚处于摸索阶段，结合前文不同学者的观点和第 2 章中对西安目前经验的归纳，现将我国现有大遗址保护与利用模式分为考古遗址公园、遗址性质的城市公园、遗址性质的风景区、遗址林地、遗址农业园和遗址博物馆几大类，并于表 5-6

中对各自的概念、特征、功能设施与设立条件要求作简要阐述。

表 5–6　大遗址保护与利用模式差异性分析

大遗址保护与利用模式		内涵与特征	功能设施	设立条件
遗址公园	考古遗址公园	见 5.4.2 节论述	见 5.4.2 节论述	见 5.4.2 节论述
	遗址性质的城市公园（可分为综合公园、主题公园、带状公园等）	依托部分存留遗迹和隐含文化主题打造的以休闲游憩为主的公园绿地。遗址的进一步考古勘察、多样化展示及科研教育不是主要功能	依据《公园设计规范》中的相关要求	考古遗存较少，其整体往往非文物保护单位； 规模较小或适中； 位于主城区或城市发展区内部
遗址性质的风景区		依托部分存留遗迹和隐含文化主题打造的以休闲度假为主的开放空间，带有度假区的性质	结合现状村镇建设，参考《旅游规划通则》《风景名胜区规划规范》的相关要求，并分圈层研究设施布局	考古遗存较少； 规模大； 与主城区有一定距离或位于主城区边缘
遗址保护区	遗址林地（森林公园）	以林业或农业作为主要产业的大遗址保护区，带有一定的休闲游憩功能，但暂时缺乏多样化文物展示方式及教育、科研职能		文物保护单位；大型遗址位于城市边缘区；有较好的林地绿化基础
	遗址农业园			文物保护单位；大型遗址位于城市边缘区；有较好的农业生产基础及乡村聚落文化
遗址博物馆		以博物馆建筑为主体的保护和展示方式，外围可设附属绿地	—	文物保护单位；遗址规模适中

考古遗址公园是在许多国家经实践检验证明切实有效，并已日趋成熟的一种考古遗址保护与利用模式。全面推进考古遗址的保护展示，实现考古遗址公园，将是我国今后一个阶段大遗址保护工作的重点 [8]。因此，就大遗址（保护范围）周边适宜性功能设施这一议题，5.4.2 节中将围绕“考古遗址公园”这一大遗址未来主要的利用趋势展开研究论述。

5.4.2　考古遗址公园保护范围周边适宜功能研究

1. 考古遗址公园的内涵与设立条件

根据 2009 年国家文物局制定的《国家考古遗址公园管理办法（试行）》，“考古遗址公园”是指以重要考古遗址及其背景环境为主体，具有科研、教育、游憩等功能，在考古遗址保护和展示方面具有全国性示范意义的特定公共空间。符合下列条件的遗址，可向国家文物局提出国家考古遗址公园立项申请：（一）已公布为全国重点文物保护单位；（二）保护规划已由省级人民政府公布实施；（三）考古工作计划已获批准并启动实施；（四）具备符合保护规划的遗址公园规划；（五）具备独立法人资格的专门管理机构。

考古遗址公园的提出主要基于两点考虑：一是考古遗址与普遍意义上的公园之间存在相互契合的可能，二是考古遗址保护与公园建设在特性和需求方面可能存在的矛盾通过努力可以得到化解。考古遗址公园的建设在我国具有巨大的潜力，在我国 2351 处全国重点文物保护单位中，属大遗址类别的有 500 余处，占总数的 1/4 左右；在 8000 多处全国省级文物保护单位中，属大遗址类别的有 2000 余处 [8]。

考古遗址公园规划时需充分依据考古成果，以遗址遗迹及其整体格局的保护、展示与阐释为目的，相较于遗址性质的城市公园来说，科研、教育的功能更强，娱乐设施及其相关场地减少。

2. 影响考古遗址公园管理范围划定的因素

考古遗址公园的管理范围不一定与保护范围相一致，在划定时受到以下因素的影响，应做到具体问题具体分析。①保护区范围：遗址公园的管理区至少应涵盖文物保护规划中的重点保护范围及一般保护范围。②功能设置：出于考古遗址公园的基本功能及运营、管理方面需求，公园需在保护文物的前提下建设适当的展示设施与服务设施。出于对未来考古工作进一步展开的考虑，部分设施既是公园必要的组成又不适于安排在保护范围以内。因此，考古遗址公园的边界可能包含一定面积的建设控制地带（如大明宫国家遗址公园）。③自然边界：若遗址区的保护边界距离自然边界（原边、河道等）过近，且相邻空间不便城市发展新的职能区时，可以将公园管理范围结合自然地形调整，适当扩大至自然边界本身。④视线：遗址区中若存在体量大、视觉显著性强的地面遗存，应尽可能地在其视觉可及范围内扩大考古遗址公园的管理范畴。⑤村庄与道路的分布：在文物保护规划中，保护区或建设控制地带的界限穿越建筑、村落的“一刀切”现象并不罕见，而考古遗址公园的范围应根据实际情况因地制宜地分析，将完整村落划入或划出公园管理界限。

3. 相关规范中关于设施布局的借鉴

由于考古遗址公园是相对新生和尚在实践摸索中的事物，可借鉴专业领域的其他规范中对功能设施的要求与分布建议来研究其内部及外围的适宜功能设施。

《历史文化名城保护规划规范》中规定在名城保护规划中对所有的文物保护单位、保护建筑、历史文化街区和不处于上述范围内的历史建筑群，均应划定保护范围。在保护规划中只有通过划定具体的保护区和建设控制地带，并制定相应的规划控制要求，才能保证文物保护单位、历史文化街区和历史文化名城得到有效的保护。划定保护区和建设控制地带的主要目的之一是控制保护对象周边的景观环境。在保护区内，一般禁止建设新建筑，建设控制地带内新建建筑物的高度、体量、色彩和形式，应根据维护历史风貌的原则进行严格控制。

《文物保护法》第十八条规定在文物保护单位的建设控制地带内进行建设工程，不得破

坏文物保护单位的历史风貌。第十九条规定在文物保护单位的保护范围和建设控制地带内，不得建设污染文物保护单位及其环境的设施，不得进行可能影响文物保护单位安全及其环境的活动。

在《风景名胜区规划规范》中对不同圈层的建设要求作了相对明确的规定。规范的保护培育规划中将风景保护的分级分为特级保护区、一级保护区、二级保护区和三级保护区等四级。特级保护区被规定为自然核心保护区及其他不应进入游人的区域。一级保护区内严禁建设与风景无关的设施，不得安排旅宿床位，机动交通工具不得进入此区。二级保护区内可以安排少量旅宿设施，但必须限制与风景游赏无关的设施，应限制机动工具进入本区。在三级保护区内，应有序控制各项建设与设施，并应与风景环境相协调。

4. 考古遗址公园保护范围周边适宜功能

除了公园建设涉及的功能内容外，大遗址保护利用与区域经济发展相结合在国内已有不少学者进行过相关探讨，其中关于文化产业的发展被十分广泛地提及与实践。由于大遗址是不可再生的文化资源，将与大遗址密切相关的文化产业作为区域的主导产业是实现产业结构调整、大遗址与区域发展协同的有效途径。

“文化产业是以文化产品及其相关产品的生产经营活动为主要内容的产业。大遗址文化产业就是依托大遗址文化资源的保护与开发利用发展的各种相关文化产业。大遗址文化产业的概念有广义和狭义之分。广义的大遗址文化产业就是指从事遗址保护和开发利用的各种生产、经营事业。遗址事业是社会的一项文化事业，但从国民经济结构的角度看，它又是从事遗址经营的一个经济部门，是大文化产业中的一种产业。广义的大遗址文化产业既包括经营性大遗址文化单位，也包括由国家财政支出的、公益性的大遗址文化事业单位。狭义的大遗址文化产业是指从事大遗址保护与开发经营的文化企业集合，其特征就是强调企业经营性。也就是说，狭义的大遗址文化产业只是广义的大遗址文化产业中具有企业经营性的那一部分，并不包括由国家财政支出的各类公益性、事业性的遗址保护、科研事业机构。无论是狭义的还是广义的大遗址文化产业，都具有文化属性、市场属性、政治属性和社会属性”[71]。基于大遗址保护的要求，“保护区域经营大遗址文化产业的创意产品生产经营型企业容量应当有一定的限制，而且产业选择及其经营行为受到大遗址保护规划和区域发展规划的双重限制。但是大遗址文化产业链完全可以延伸到保护区域之外，保护区域外的企业介入数量没有特殊限制，比如出版业、影视业、海外旅游集团、区域文化研究开发机构等都可以介入。……而后一类企业主要发挥对大遗址文化的传播展示、继承和发展功能”[71]。还有学者提出在建设控制地带外围设立大遗址文化产业园，由该园负责对遗址文化的深度开发与利用，并由建设控制地带起到其与保护区的协调作用。并建议保护单位积极转让文化研究成果，为企业发展提供文化信息流，企业通过有偿使用资源的方式为遗址保护提供一定的资金[21]。

结合上述学者们关于文化产业发展的观点，并通过借鉴《风景名胜区规划规范》《公园设计规范》《旅游规划通则》中对功能设施的要求与分布建议，以及已建成的考古遗址公园的使用状况，来明确考古遗址公园及周边的设施配套与分布：

首先，针对单一大遗址形成的亚遗址区而言，保护范围与建设控制地带多呈同心圆放射模式，公园管理范围可能包括一部分建设控制地带，形成保护范围外的 A、B、C 3 个圈层 [图 5–5（a）]。其次，对于由多个距离紧邻的大遗址所构成的亚遗址区而言（如五陵原上的康陵、渭陵和义陵），由于控制紫线相互套叠，考古遗址公园的建设可以将整个亚遗址区视为对象，作为整体进行统一的规划、保护、建设和管理。这样也形成了保护区外的 A、B、C 3 个圈层 [图 5–4（b）]。适宜的功能设施简述于表 5–7。

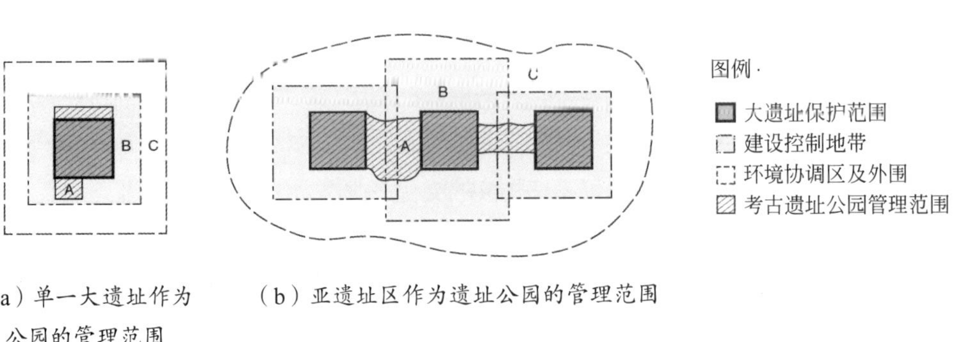

（a）单一大遗址作为公园的管理范围　（b）亚遗址区作为遗址公园的管理范围

图 5-4　遗址公园的管理范围示意

表 5–7　大遗址周边适宜功能分析

圈层	可承担的功能
公园管理范围内（保护范围）	不作详细探讨
A 公园管理范围内（建设控制地带区域）	文化娱乐（博物馆、电影院），旅游商业、科研、餐饮服务、历史文化展示（含非物质文化），园务管理、停车场与游客中心等
B 公园管理范围外（建设控制地带区域）	住宿、餐饮服务（可结合边界部分的保留村落），遗址区外迁居民安置住宅（可与新农村建设结合），科研与教育中心，少量文化企业； 建设控制地带内应尽量以自然景观为主，严格控制建筑物的数量和规模
C 控制紫线外，环境协调区及外围	文化产业（旅游商品生产加工、考古书籍出版、影视产品制作、文化研发机构、旅游集团、会议展览等功能），遗址区外迁居民安置住宅，旅游度假酒店会所等

说明：考古遗址公园的功能及相关设施内容与很多因素相关。保护区范围内，为了保证文物安全及考古工作的持续开展，除必要的遗址博物馆、公园管理处以及依据容量和服务半径布置的厕所、小卖部外，要尽量避免影响遗址与环境安全、易引发喧闹活动的设施。而旅游商业（如农家乐、民俗产品生产经营等）可在保护区内部保留的村落中实现，使其承担遗址管理、旅游服务的职能。其他文娱设施、旅游商业、科研机构、停车场等应

作为考古遗址公园的重要组成部分布置在管理区内、保护区外的建设控制地带，作为进入景区前的过渡。管理区外的建设控制地带部分则可着重发展科研教育、餐饮服务，形成功能上与遗址保护利用相关的，风貌上与遗址环境相容的，与大面积开敞空间结合的低强度开发的遗址区第一层外围环境。住宿可安排在管理区外围与城市职能结合，不作为景区的必要设施。环境协调区可结合大遗址资源的特征发展文化产业园和遗址区外迁居民安置的住宅。

5. 考古遗址公园环境容量控制

以上 A、B、C 3 个圈层中涉及的餐饮、住宿、停车场等许多设施规模均与公园的环境容量直接相关。因此，有必要对考古遗址公园这种特殊性质游憩空间的环境容量计算方式作以下探讨。

国家旅游局（2003）制定的《旅游规划通则》附录 A 中，将旅游容量分为空间容量、设施容量、生态容量和社会心理容量 4 类。并指出对一个旅游区来说，日空间容量和日设施容量的测算是最基本的要求。根据附录，旅游区日空间总容量等于各分区日空间容量之和，即 $C = \Sigma C_i = \Sigma X_i Z_i / Y_i$。日设施容量的计算方法与日空间容量的计算方法基本类似。但已有学者质疑传统测量公式在实践中的应用并指出："这一技术路线充分考虑了景区内部各功能分区和各景点的基本空间标准的非一致性，具有科学合理的一面，但是单独测算各景点的日周转率则会将各景点之间完全独立出来，隔断了游客流在各景点之间的相互联系，造成游客的重复计算，客观上会夸大整个景区的旅游容量。并提出不再单独计算各景点的日周转率，而用整个风景旅游区的平均游览时间计算得出的日周转率作为代替。具体的修订公式如下：

$$C = \Sigma \frac{X_i T}{Y_i t} = \Sigma D_i Z$$

（C 为旅游区日空间总容量；X_i 为第 i 景点的可游览面积；Y_i 为第 i 景点的游客适宜游览面积，即平均每位游客占用的基本空间标准；T 为风景旅游区每天的有效开放时间；t 为每位游客在风景旅游区内的平均游览时间；D_i 为第 i 景点的瞬时旅游容量；Z 为整个风景旅游区的日周转率）[72]"。

由于各个景区的性质差异，得到一个普遍适用的旅游容量模型是不切实际的。传统的线路法、面积法的选择，以及基本空间标准的确定都要根据客观情况权衡。考古遗址公园是一个全新的事物，它的旅游容量应该存在"瓶颈"制约因素，无法直接套用上述的传统及修正后公式。若干作为必游场所的一级景点（包括博物馆）的总体容量和它们平均游览时间计算得出的日周转率，在一定程度上影响了考古遗址公园整体的日容量。面积法的计算可在上述修正后的公式基础上调整。根据一般旅游区的管理经验，需保证约 60% 以上的游客对核心景点（一级景点）的游览，依托一级景点计算出的数值除以 0.6 即为整个遗址公园日空间总

容量 C_1，因此，将公式修订为

$$C_1 = C/0.6$$

$$C = \Sigma \frac{X_i T}{Y_i t} = \Sigma D_i Z$$

式中：X_i——第 i 景点只需计算一级景点；

t——只计算游客在一级景点的平均游览时间；

Y_i——“基本空间标准”的选取应具体问题具体分析，不能直接套用《公园设计规范》（2017）中的指标。在考古遗址公园中，对于已经实施回填保护或覆盖保护的遗址景点，建议采取高于市级公园，接近风景区的标准；对于有外露残存土遗址展示的博物馆应基于游人行为对遗址可能产生的影响研究来决定适合的参数。而对于一般展示区及休憩区则可采用略高于市级公园的标准。

可见，考古遗址公园的旅游容量计算是件相对复杂的事情，它与公园的规模、分区、文物保护及考古现状等因素密切相关，这样的计算方式可以避免常规测算因次级景点可游面积过大，夸大了旅游容量而无法保障游客对核心景点的游览等问题。它的合理性确保了公园的科学管理、遗址的安全和游览环境的舒适度。

5.5 大遗址及周边地区的管理问题研究

5.5.1 管理体制方面的问题

“特区是国家根据战略发展需要，采取灵活多样的管理体制和特殊政策的区域”[73]。有不少专家学者曾提出在西安设立“大遗址保护特区”的思路。西北大学文博学院的王建新教授曾指出，应在秦阿房宫、汉长安城、唐大明宫三大遗址基础上，设立国家级西安大遗址保护特区，其主要理由是三大遗址规模巨大且分割归属不同的行政辖区。在 2008 年西安市政协十二届二次会议上，张广琦委员也呼吁，应在三大遗址基础上设立国家级西安大遗址保护特区，申请国家综合改革配套试验区，推动西咸经济一体化示范区建设[74]。此外，郑育林、张立还提出了西安大遗址保护特区的构想与建设途径[73]。可见针对大遗址及周边区域，采取特殊的管理体制和政策进行统一规划、建设和管理对于统筹解决遗址区的各类问题具备积极的现实意义。

本书建议以几大泛遗址区为对象成立相应的“历史遗址特区”，名称可为“××遗址区

保护、管理与发展建设委员会”，统筹管理遗址及周边地区的文物保护、遗址利用、产业结构调整及城乡统筹、城市扩展及重大基础设施建设、生态修复和文化建设等方面的建设问题。“特区”的首要任务是在原真性的保护遗址本体及其历史文化环境的前提下，合理地满足城市发展对建设用地的需求。该地区不应该片面追求经济效益，而应做到在保护文物遗址的同时，使生态效益、环境效益、社会效益和经济效益均衡协调，取得多赢的效果。“特区”管委会虽然具有行政管理职能和协调功能，但为了更科学、客观和合理地处理与遗址保护有关的重大问题，建议在管委会内设立由文物保护、历史文化、城市规划、生态建设、城乡统筹及旅游观光等方面专家组成的专家委员会，以便集中研究解决与文物遗址、历史文化环境相关的在城市建设与发展中出现的重大矛盾和问题。

5.5.2 法规建设与执行问题

为便于规范遗址及周边地区有关保护、利用、生态修复、城乡统筹及城市发展等方面的工作和活动，应根据各“泛遗址区”的不同特点，在原有各项规划（城市总体规划、土地利用规划、文物保护规划等）的基础上，分别制定《××遗址区保护利用与社会发展实施细则与管理办法》。在该“管理办法”中，建议包含以下内容：

遗址区文物调查、勘探、发掘、保护、修复管理办法；

遗址及周边地区文化通视廊道、遗址隔离带及环境风貌管理办法；

文物遗址展示、开发利用及景点、景区建设管理办法；

遗址区绿化、生态环境修复与建设细则；

遗址区旅游服务设施建设及旅游管理执行细则；

遗址区域城乡统筹、村镇拆并、居民搬迁安置及补偿办法；

遗址区新农村建设及社区共建管理办法；

遗址区安全及社会保障管理细则；

文物遗址保护资金筹集管理办法等。

5.5.3 完善规划中的问题

西安的许多重要文物遗址已编制完成“文物保护规划”（如秦始皇陵、汉杜陵、汉长安城、唐大明宫及五陵原地区等），但因遗址数量巨大，且由于时间、人力、资金等方面的原因，不少遗址区的文物遗存和布局尚未完全勘察清楚（包括一些已编制了文物保护规划的遗址区）。为了更好地做好文物遗址的保护利用工作，对受城市发展扩张影响较大的遗址区，

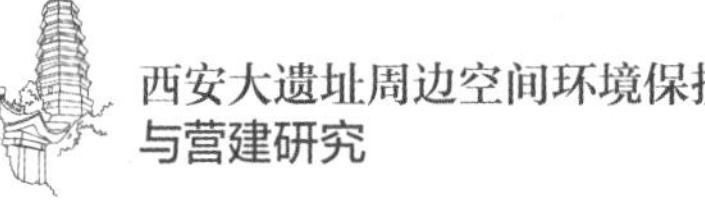

应加大人力和资金的支持力度，争取尽快搞清地下遗存的保存和分布状况。对已编制了文物保护规划的遗址区，应在全面勘察的基础上，深化、细化、调整和完善原有的规划内容；对于尚未编制完成文物保护规划的遗址，则应抓紧完成规划的编制工作，为城市的建设和发展提供“紫线控制”的相关法律依据。

西安和咸阳是位于同一历史文化环境中的两个国家级历史文化名城，现均属于西安国际化大都市中心城区的组成部分（依据“关—天经济区规划”）。在以往编制的“名城保护规划”中，重点往往偏重于古城区（含历史街区）的保护，而对于外围的历史文化环境（含自然山川地貌）关注的较少。现在城市周边地区（如咸阳的五陵原、西安的少陵原、神禾原等）已经纳入城市发展建设空间，成为城市重要的历史遗产区。为此，建议整合西咸两市的“名城保护规划”，并以“同城化”理念编制《大西安历史文化名城保护规划》，作为《西安国际化大都市总体规划》的重要组成部分。该规划中，除应包括“名城保护规划”中的法定内容外，还应针对大遗址区的特殊情况，提出保护的对策和措施。如提出并划定遗址区和城市建设区之间的隔离地带和过渡区；提出遗址区历史文化环境（含川原地貌）的保护要求和措施；提出遗址区文化轴线、通视廊道等方面的规划要求及保护措施；遗址周边环境风貌保护的规划要求，其中包括用地性质、建筑物体量及高度、建筑风格及城市色彩、土地开发强度等。另外，该项规划还应包括对区内的名村古镇及文化遗迹的保护内容，其中文化遗迹既涵盖影响深远的文化事件的发生地（如荆山黄帝铸鼎处、华胥陵、寒窑、“人面桃花”故事发生地等），也涵盖因历史原因使地面遗存已遭到破坏的文物点（如杜牧、杜如晦、颜真卿、韩信墓葬等）。

5.5.4 资金投入和运用问题

长期以来，由于文物保护资金投入不足，造成许多遗址得不到全面勘察和保护，导致文物流失和遗址及环境遭到破坏，也使得遗址区居民的生活、生产条件不能得到改善，多年来生活在相对贫苦的环境之中。造成这种现象的原因，固然和我国当年经济发展滞后、财力不足有关，但也和某些部门只重视经济建设，轻视文物遗址保护，忽视城市文化提升不无关系。

这些年，西安的大遗址保护取得的成就，除了国家及地方政府的重视之外，多渠道的资金解决途径也起到了至关重要的作用。其中，“曲江‘先一次把城市做足，再让产业进来，资本进来’的城市经营‘倒序法’到了大明宫遗址公园建设时得到了进一步完善。（倒序法的流程是：回收分散的土地——创意性地挖掘区域传播主题——大力度地宣传和设计规划——第一次土地出售——拆迁——基础设施建设——重点项目突破——‘招拍挂’售地、回收资金——政府与企业共建——回到起点，开始下一个循环）。通过银行融资和开发商先期投资，获取拆迁和重点项目所需资金。重点项目的建设包括绿地、公园、湖泊等，基础设施建设包括道路、管网、公共设施等。重点项目和基础设施的建设往往会对周边环境产生巨

大影响，将重点项目与周边关联和配套项目进行捆绑，资源整合，降低运营风险，实现城市升值。在城市升值后，开始进行‘招拍挂’售地，回收资金，此时回收的资金远多于裸售所获取的资金”[70]47–51。

“由于大明宫遗址及周边地区全部是棚户区和城中村，地区改造预计需 1400 亿元，仅遗址公园区的拆迁建设就要 200 亿元，这个庞大的数字，开发之初的地价并不足以支撑改造。于是，经研究决定引入具有强大资本实力的中建等城市运营商，通过市场化手段解决资金不足的问题。政策要求，拆迁之前开发商就要付款，然后再摘牌。之后，由政府主导拆迁，‘现状挂牌，净地交付’。价格根据西安城中村和棚户区的政策定，政策是每亩 300 万元。允许开发商逐步付款，拆到哪儿钱付到哪儿。土地到手以后，允许开发商进一步细化规划，一块一块出售，这时，政府还出面帮助办理相关手续。但如果不参与前期投资，做二级开发商，就必须投资 25% 以上才可以转让项目。公共工程的投资越大，越需要调动社会资本的积极性，这时候‘倒序法’就越显得难能可贵了。即：回收取得土地——大力度概念宣传与规划——第一次投资（第一次开发）——拆迁——基础设施建设——重点项目建设——分割土地——具体项目规划——‘招拍挂’分割售地（第二次出售土地）——政府和企业共建——回到起点，开始下一个循环。……由于前期启动的重点项目和基础设施已经初具规模，投资前景已经明朗，当‘招拍挂’时，虽然价格比起第一次高出很多，但仍会有投资者参与进来。这种在城市升值之前就向部分投资商卖地的做法，更多考虑的是大量资金获得与大投资商进入带来的示范效应”[70]47–51。

曲江模式的城市经营为曲江及大明宫地区的遗址保护与展示，居民生活安置及周边环境在短期内带来了巨大的改善，在国内产生了一定的积极影响和示范意义。但是，笔者认为，这种借遗址周边的土地价值的提升来解决保护资金问题并进一步追求更大的经济利益的做法，虽然可以在局部上或短期内使文物保护资金短缺的问题得到缓解，但从长远和整体上看，其往往会涉及周边非常大范围的城市改造，如大明宫国家遗址公园 3.2 km^2，但规划总面积达到了 19.16 km^2，城市改造涉及人口约 36.64 万人，拆迁面积约 17.89 km^2，导致公园周边将会是高楼遍布的水泥森林，对文化遗产环境造成了一定的冲击，在西安的曲江南湖周边也存在类似的现象。因此，仅依靠商业运作的市场手法来完成遗址和文化遗产保护这一神圣的使命是远远不够的。

西安各大遗址区是中华民族重要的文化遗产和五千年历史的科学见证。文物遗址不仅保存和传承着重要的历史文化信息，具有重大的、不可复制和再生的历史文化和科学价值，是一个城市悠久文明的象征，而且也是一个城市重要的历史地段和宝贵遗产。科学、完整地保护遗址是各级政府及当地群众光荣的历史使命和神圣职责。为此，遗址勘察、研究、保护所需的各项资金长远来讲主要应由政府承担。另外，遗址区的居民因受文物遗址保护的影响，城市建设及社会经济发展长期受制约而发展滞后，政府也应在政策和资金方面给

予优惠和支持。

由于政府支出的“文物保护经费”目前很难完成西安各大遗址区的文物勘察和保护的任务，建议逐年增加“文物保护”方面的投资力度，设立专项资金予以保证。同时，应积极争取国际机构关于文化遗产保护的专项援助和支持资金，并鼓励社会各界对遗产保护予以关注并筹集资金进行捐助。对于经济效益较好的文物旅游区（如秦兵马俑博物馆），应在其收益中划出一定的比例建立基金，并对本地区重要遗址区的勘察和保护予以支持。另外，来自市场的资金应严格限定在基础设施建设、城乡统筹等领域，防止片面追求经济效益和商业利润的现象出现。

5.6 本章小结

大遗址外围的城市功能与自身文物遗址属性的适宜程度既影响周边物质空间环境的特征，更关乎非物质文化环境的质量。西安主城区内的诸多大遗址结合着内部遗址公园的建设，往往伴随着外部环绕而置的高强度开发，而这种趋势正在向主城区外围五陵原、少陵原、丰镐、阿房宫、铜人原、神禾原等地快速蔓延。从城市规划的角度而论，这些受到周边开发威胁的大遗址与其相毗邻的城市发展建设除了存在制约与挑战的关系外，也同时存在新的机遇和发展条件。本章从西安各大遗址及周边发展现状的评价入手（包括已经建设的、正在建设的和受规划发展威胁的地区），对“历史遗址区域”内部城乡统筹（村民搬迁、聚落整合等）和产业结构调整提出了相关建议。大遗址周边城市功能的适宜性需要从两个角度分别审视，其一是从外部城市整体发展的视角，其二是从内部遗址公园建设的视角。本章对历史遗址区域外围的城市新区（尤其是对于与区域内大遗址边界较近的区段），以及主城区内与保护范围毗邻的城市开发，进行了用地性质兼容性的分析；同时本着拓展遗址区内部文化产业链条、延续文化脉络和改善居民生活的目标，提出了大遗址保护范围以外适宜的各类功能设施。继而展开对大遗址及周边的规划与管理对策研究，提出了管理体制方面、法规建设与执行方面、资金投入和运用等方面的相关对策。

6 生态维度：大遗址与城市发展的生态过渡

6.1 历史遗址区域对西安城市空间结构的影响

西安历次总体规划都十分注重对大遗址的保护，在中华人民共和国成立后的前 40 年，随着城市规模不断单中心扩大，开始逐渐受到周边自然条件和文物遗址的限制，规划道路与发展格局都有意地对大遗址和有历史价值的台原地貌采取避让，如为了避免对乐游原的切割，二环路的东南部分未形成直角而斜向东北方向延伸。大遗址（如周秦汉唐遗址）在总体结构上成为绿色空间的重要组成，其分布在很大程度上长期影响着西安的城市形态，它们控制着城市结构性扩张，避免了城市无限制的“摊大饼”，促进了城市跨越大遗址向多中心组团式格局发展。

“城市空间结构可以概括为单核点状、线形带状、十字星状、多核网状等形式”[75]。在西安市第三轮总体规划中就已经确定城市布局形态为：“中心集团、外围组团、轴向布点、带状发展”。经过近些年的发展，较好地实现了规划的目标，但城市骨架尚未拉开，主城区的职能和人口也未实现有效的疏解。因此，在第四轮总体规划中进一步明确了“东北—西南”的发展方向，以及“一城、一轴、一环、多中心”的市域城镇空间布局。“一城”为主城区，“一轴”为以陇海线为主轴的城镇经济发展轴，“一环”为以关中环线为纽带的城镇经济发展集群带，“多中心”为主城区外围的中心城镇，包括：4 个组团（新筑、洪庆、常宁、六村堡）、

3 个新城（临潼、阎良、泾渭）和 4 个县城（蓝田、周至、高陵[①]、户县）。在第四轮总体规划中预测至 2020 年西安市的城镇建设用地规模控制在 865 km^2 以内（常住人口 850.04 万人），其中主城区的用地规模控制在 490 km^2 以内（常住人口 528.4 万人）。未来西安的城市格局将会向北跨越渭河、向西在沣河两岸扩展，并实现与咸阳的对接，政府已经组织编制了《西咸新区总体规划》（规划中明确规划建设用地 272 km^2，占总用地面积的 30.84％，河流、保护区、生态区、基本农田等其他用地面积约 610 km^2，占总用地面积的 69.16％）。“历史遗址区域”体系的构建有利于城市在跨越发展中多中心组团模式的形成和城市骨架的进一步拉大，避免主城区中过于拥堵及连片扩张，并有助于更有效地维护台原等典型的地景空间的风貌。

结合上述规划和西安的自然地理条件，在“历史遗址区域”体系构建的基础上，本书界定西安城市空间发展的形态为：“环形圈层式过渡＋局部放射”状的结构模式。首先是“主城连片—分散组团与遗址片区—乡镇散点与自然山水”的逐层过渡，以西北向尤为明显·从单核生长的密集主城区，到沣渭冲积平原泛遗址区，到六村堡组团，到五陵原泛遗址区，再到溶解于乡野与农田的散点型城镇建设和北山的自然格局。其次是城市空间结构扩展会因“历史遗址区域”的分布，河流廊道骨架的保护，以及现有交通等条件的限制而呈现出东北—西南走向的放射状趋势。由此可见，大遗址在城市的不同结构发展圈层位置的区别，一定程度决定着城市扩张对其影响的差异：如毗邻主城区的汉长安城东侧及杜陵需与连片式扩展的城区协调渗透；而少陵原中部、五陵原等“历史遗址区域”内的大遗址会有更大的弹性与空间来布局小型、散点式的城市建设。

6.2 泛遗址区与西安生态网络的互动影响关系

6.2.1 西安的生态层次与保护重心

1. 第一层次：自然景观保护与大地绿化

“山、水、城、田、原”是西安城市景观的显著特色，是历史文化名城风貌的重要组成部分。以南部秦岭山地生态环境建设保护区、渭河流域湿地生态环境建设保护区等山、川

① 2014 年高陵县撤县设区，更名为高陵区。

自然景观为主体，包括农田林网、自然保护区、森林公园、风景名胜区、河流绿色廊道所构成的绿色与蓝色基底是西安生态体系的第一个层次，也是西安纵横交错的网状生态格局之骨架。

1）秦岭及北山山系

秦岭及以仲山、嵯峨山为代表的北山山系，是西安地区南北的生态屏障，这些地带除了给人们留下充满沧桑感的断碑、残碣及唐十八陵、“古道雄关”、“离宫别馆”、“宗教文化”遗址景观和文化景观外，也为西安地区造就了一个层峦叠嶂、郁郁葱葱、充满生机和活力的负氧离子库和生物多样性典型区。它们为西安不仅不断地保证着清洁的水源，而且对本地区的气候调节、氧气输送和生态平衡也起着至关重要的作用，是一个非常巨大的自然生态场。为保护这一地区的历史文化环境和自然生态环境，秦岭北坡及北山山系应继续贯彻“退耕还林、退牧还草”的政策，加快生态修复和重建的步伐；应贯彻执行禁止开山取石，保护山体、水体、林体的方针，并综合防治各种地质灾害；严格禁止在环山路以南地区进行开发建设，力争做到遗址、遗迹的保护利用和生态环境的建设与修复取得双赢。

2）长安八水生态廊道

环绕西安的“长安八水”（泾河、渭河、浐河、灞河、沣河、滈河、涝河、潏河）是西安地区重要的生态廊道和生态网络的主干构架。在这里，河道附近的大遗址保护（如渭河沿岸的秦咸阳宫遗址及沣河沿岸的丰镐）会加强河流川道的生态功能，进一步优化和完善生态网络结构，做到生态建设与遗址保护利用的相辅相成。针对西安地区河流川道地区的生态环境现状，应在充分保证沿岸遗址（尤其尚未完全勘察清楚的遗址）安全的条件下，疏浚河道，整修堤岸，全面截污，提升水质；应结合历史水系的修复，加快沿河湿地保护与修复，力争再现“绿荫夹岸，菖蒲满池”的遗址历史文化景观；堤岸整治应避免过分人工化、城市化，突出其自然和生态功能；尽量杜绝橡胶坝的过分使用；加大河湖水系周边林地和绿地的建设力度，保护与提高当地物种的生物多样性。

3）关中乡土农业景观

关中平原作为中华文明摇篮，其主体是宽平的河谷阶地，有利于农耕，是三秦大地上最丰饶的地区，也是中华农耕文明的发祥地之一。如西安半坡、临潼姜寨等地是我国最早的原始农业发祥地，形成了最早的农耕、房屋建筑、织布、制陶等生产技术。对广袤乡土农业景观的保护既是传统农耕思想及其文化内涵的延续，也是关中平原综合发展地带生态安全和居民生活的保障。

2. 第二层次：台原地貌与大遗址区域的生态保护

位于西安周边的五陵原、少陵原（含凤栖原）、白鹿原、铜人原（即洪庆原）、神禾原，

分别从北面、东面、南面拱卫着主城区。这些原区地势高爽、面积广阔，既有茂密的森林植被（如洪庆森林公园、杜陵千亩林地）、广袤的田野、民风淳朴的村落乡聚，而且具有较完善的水利设施和灌溉条件，同时原区周边多为河流川道（如泾、渭、浐、灞、潏、滈等）所夹峙，原面又均为植被（包括农作物）及村庄所覆盖，生态环境较为优越。针对原区生态环境的特点，应加强以下几方面的工作：①根据黄土台原的特点，沟壑、断崖在原面上多有分布，对这些地质灾害易发地带除应采取工程措施防治外，还应广植水土保持林木，并加大小流域治理的力度，如五陵原芋子沟地段、少陵原华严寺遗址周边和荆峪沟沿岸等；②在该类地区，由于地形地貌的条件，还保留一些崖壁式的生土建筑，如五陵原、少陵原（马腾空一带）、白鹿原（荆峪沟周边）的窑洞等。对于这类文化遗址也应妥为保护；③在原区的生态系统建设上，除应加大乔木林带（含防护林）的种植外，还应注意原区生态网络和生态廊道的建设。

西安的第四轮总体规划中将城市生态保护格局分为遗址保护系统、林带绿地系统、山水景观系统。前文述及的诸多大遗址（陵寝类）都在位于环绕城区的原面上，涵盖本书中划分的 5 大泛遗址区中的 4 个。此外，沣渭冲积平原泛遗址区占地广阔，位于目前主城区发展的边缘，也是生态体系第二层次的重要组成部分。

3. 第三层次：城市建设区绿地系统

在西安市面积达数百平方千米的城市建设区，以城市公园绿地、环城林带、居住区绿地、附属绿地、河道与道路两侧带状绿地以及防护绿地为主体的绿地系统构成了这一层次的重点。西安作为特大城市，主城区的绿地是由包括点、线、面、片、廊、轴、环等所构成的系统，以点网状与环网状结合为重要布局模式。城市建设区内分布的大大小小的各类遗址区，多数已建成带状、点状或片状的遗址公园，它们已成为主城区绿地系统、游憩、文化网络中的重要组成部分。由于这些遗址均处于城市的包围之中，城市的过度开发已或多或少对遗址环境及生态功能造成重大威胁，这是必须予以关注和防止的。

4. 第四层次：城市建筑及外部空间绿化

城市建筑及外部空间绿化包括庭园、阳台、屋顶绿化等，可改善局部微气候，弥补大环境生态效益的不足。

6.2.2 西安的景观生态格局现状

“不同景观单元在土地空间的分布组织构成了景观格局”[76]。同一个植物细胞或人体一

样，景观具有 3 个主要特征：结构、功能和变化。“景观结构”是指景观要素的空间格局或布局；“功能”是指动植物、水、风、材料和能量在结构中的移动或流动；“变化”是随着时间、空间格局和功能的动态过程或改变。一个景观或区域的结构性格局可以完全认为由斑块、廊道和基质 3 种类型的要素构成。事实上，这 3 种普适性的要素是比较高度异质性的景观以及提出一般性原理的基本工具[45]。基质是研究区域内连接度最高、面积最大、决定景观属性和动态变化的组成部分，西安市域尺度上的生态基质主要由秦岭北麓山地生态基质、黄土台原基质、乡土农田基质和城市建设基质等构成。生态资源型廊道包括自然残留和人工建设的廊道，呈狭窄带状形态分布，如“八水”水系、台原边缘地带、绿化林带、河岸植被带、线性公园与水面、线性自然林地与人工林地等，它们是城市建设基质内各种元素物质和物种储存、栖息与迁移的主要场所和通道。而城区纵横交错的交通主干道等则成为干扰性廊道。斑块包括镶嵌在基质之中的大型水面、遗址、城镇建设、绿地、湿地等不同的类型和尺度（图 6–1~ 图 6–4）。

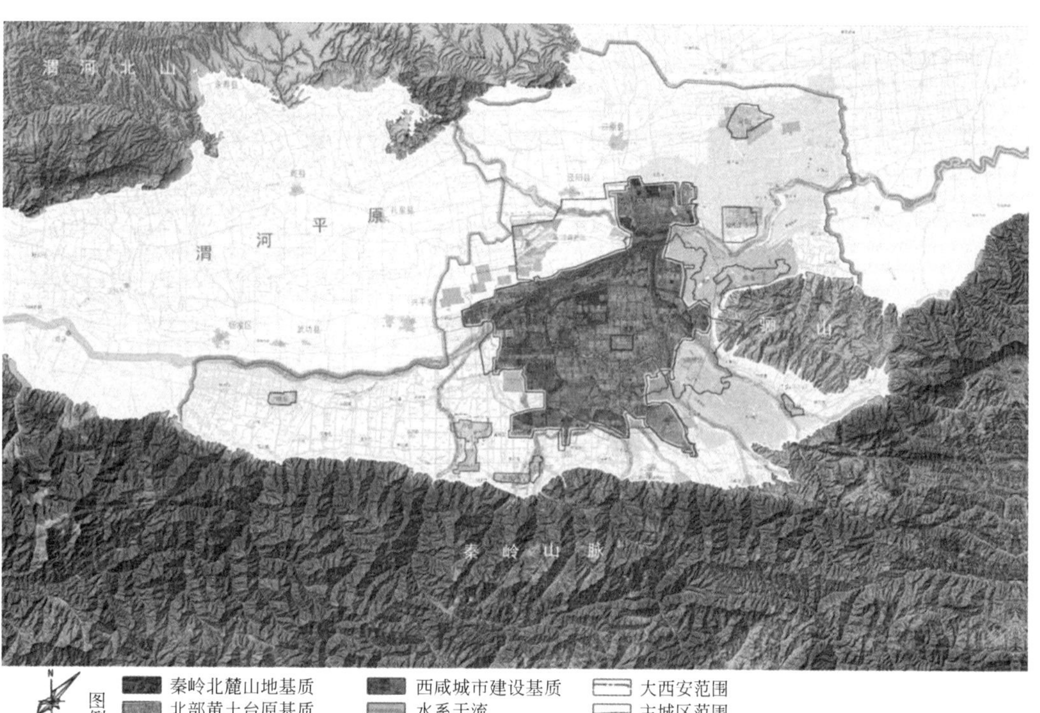

图 6-1　大西安景观生态格局——基质（彩图附后）

（资料来源：西安建筑科技大学——西安市轨道交通线网规划修编基础研究项目组）

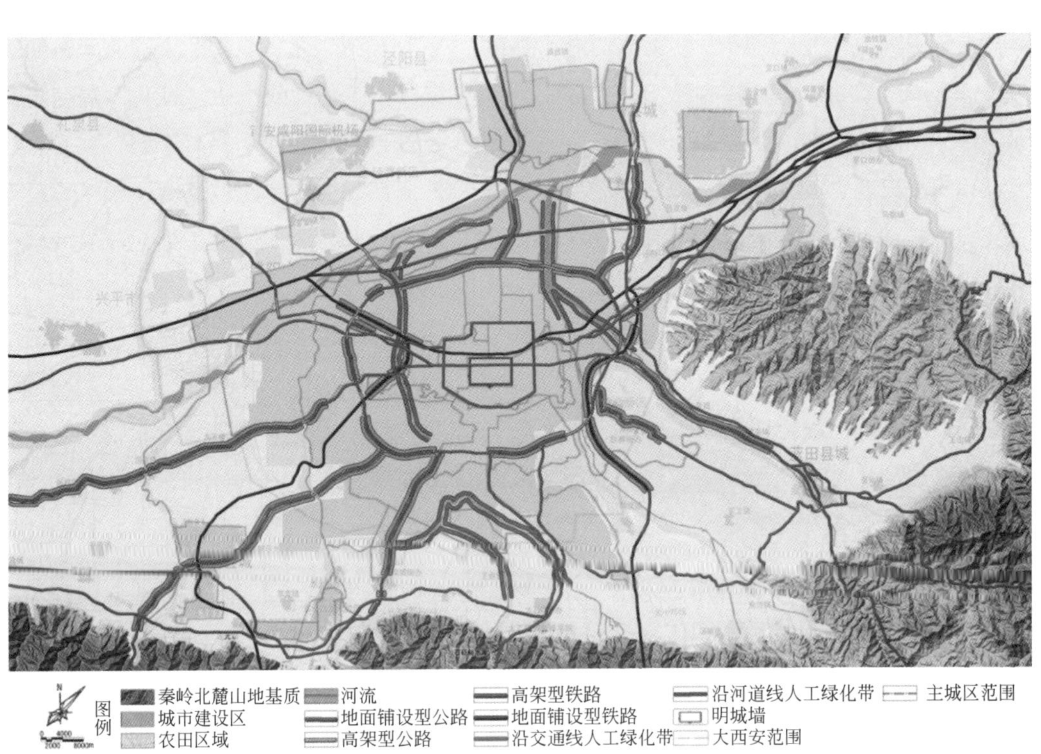

图 6-2　西安主城区范围景观格局——人工廊道（彩图附后）

（资料来源：西安建筑科技大学——西安市轨道交通线网规划修编基础研究项目组）

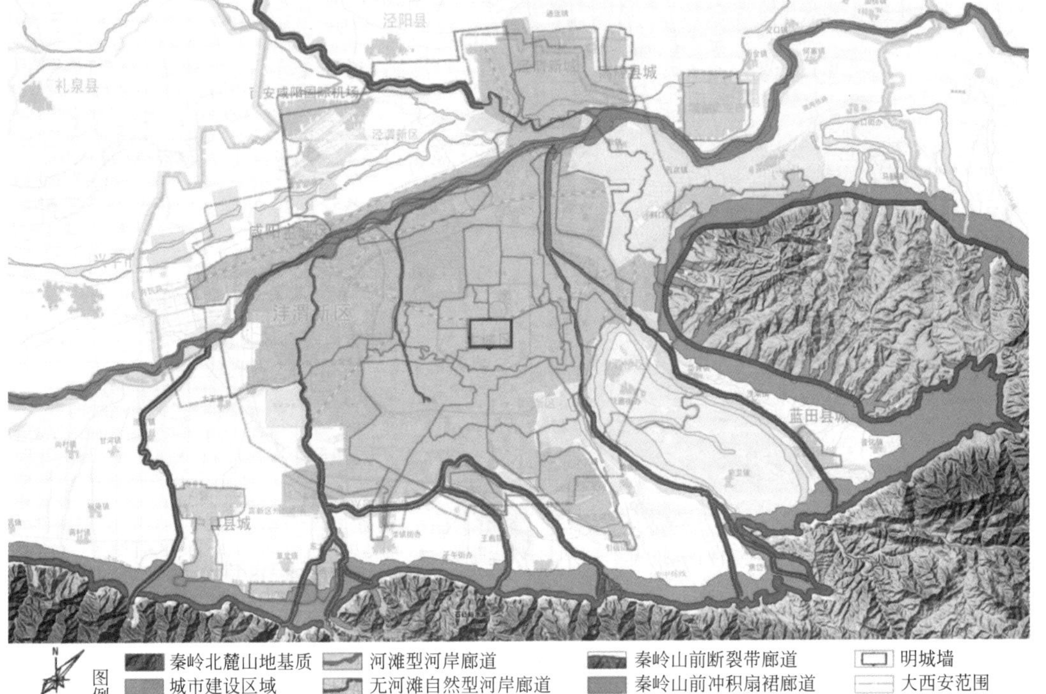

图 6-3　西安主城区范围景观格局——自然廊道（彩图附后）

（资料来源：西安建筑科技大学——西安市轨道交通线网规划修编基础研究项目组）

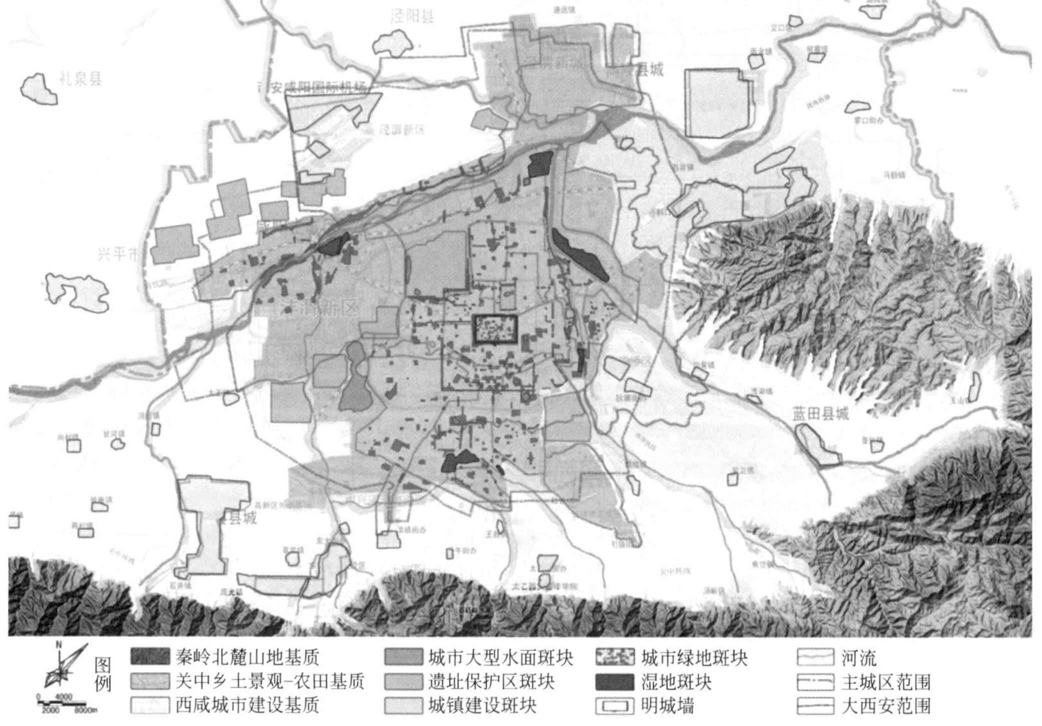

图 6-4 西安主城区范围景观格局——斑块（彩图附后）

（资料来源：西安建筑科技大学——西安市轨道交通线网规划修编基础研究项目组）

6.2.3 泛遗址区的生态层次与职能

1. 泛遗址区的生态层次

大遗址是西安生态网络的重要构成。无论是西安南北的生态屏障，沿河川道的生态廊道，拱卫四周的生态补偿区，还是散布各方的绿地斑块、水面等，无不与本地区的大型遗址有关。由此可以看出，大遗址周边的生态环境建设与西安生态层次的构建有着密不可分的关系。本书界定的泛遗址区均属于西安生态网络的第二层次的重要组成，即台原地貌与大遗址区域，这是第一层次与第三层次的连接地带，是自然空间、乡村生态系统向城市生态系统实现过渡，以及构建城乡一体化生态格局的关键区域。

2. 泛遗址区的生态职能

1）生活资料的来源

泛遗址区是西安目前城市边缘区的重要构成部分，大面积的耕地菜园是距离主城区最近

的农用地，为之提供着源源不断的粮食、蔬菜、水果、副食品等基本生活原料，并且形成了不少知名的品牌效应（如白鹿原的樱桃、葡萄等）。

2）城市生态补偿区

构建城乡一体化的绿色空间系统必须将城市绿地与都市农业、林业结合。泛遗址区承担着城市绿地与大地景观的过渡和融合作用，它既是大遗址的密集分布区，又结合自身农田、林地和丰富的生境，从功能上构成了中心城区的一个个大型生态补偿区。应利用其广阔的开敞空间，发挥将自然山水中的新鲜空气、风、物种与能量有效地导入城区的作用。虽然农用地不属于城市绿地，但却为城市提供了广阔的绿色空间背景，应该把它们看作是城市绿地向外围自然生态的延伸。

3）多方面的过滤作用

乡村景观因为其在伦理、美学、文化与科学、物质等方面的价值和益处具有保护的意义[77]。美国哈佛大学理查德 T.T. 福尔曼（Richard T.T. Forman）教授在其著作《城市区域：城市外的生态与规划》（*Urban regions*：*ecology and planning beyond city*）中指出郊区景观的作用：被夹在城市与周边农田 / 林地之间的郊区景观（suburban landscape）对于城市地区如何运转起着非常重要的作用。郊区是具有“源”“吸收”“过滤”（针对污染、通勤者、游客等）的作用……郊区景观的宽度是变化的，在最宽的地方具备最好的过滤效果[78]14-15。主城外围的泛遗址区应承担郊区景观具备的多方面过滤作用。

6.2.4 泛遗址区与城市绿地结构的关系

1. 作为主城区绿地结构的“外环”

“城市绿地系统空间布局结构是系统内在结构与外在表现的综合体现，是系统内外物质、能量和信息运动方式的体现。绿地系统具有 6 种最基本的形态，即星座状、环状、网状、放射状、带状、楔状等。不同城市可能由两种或两种以上基本布局形式组合出新的布局形式，可以成为组合布局形式，如放射环状、星座放射状、点网状、环网状、放射网状、复环状等”[79]23。

以环城绿带为特征的环状圈层模式是国内外城市绿化系统布局的一种常见模式，如英国伦敦、法国巴黎、德国鲁尔等城市。在城市周围建设环城绿带或绿化控制带，目的在于控制城市扩张，避免大城市与周围城市融合，保护城市和乡村景观格局，宽度多为 5~15 km 之间[79]74。泛遗址区依托城市山水格局，南侧少陵原、神禾原，与东侧铜人原、白鹿原为由秦岭发育的台原向北嵌入城市；西北沣渭冲积平原中汉长安城、阿房宫与丰镐遗址一带限制城区的连片扩张；而北侧五陵原与渭河河谷又构成了北部生态的第二层屏障。为了实现主城区

与周边组团的生态隔离，防止城市摊大饼，“西安提出了控制内外‘绿环’的方式：在主城区北部依托渭河形成长为800~1500 m的河流生态隔离廊道，在东、南、西部依托绕城高速公路形成宽度为200~400 m的带状绿地，共同构成限定主城区增长边界的内环；依托西咸大环线形成宽度为800~3000 m的带状绿地外环，有效控制城市外溢”[80]。西咸大环经过主城外围各历史台原的诸多大遗址。因此，各泛遗址区似由多层次、多类型绿色空间构成的异形“生态环”守卫着西安城市景观。

2. 作为城市的生态绿楔

绿楔（green wedge）作为不规则的楔形绿地与城市形态有效契合，可以起到缓解热岛效应、降低大气污染、引导风向等多方面的作用，在国内外的绿地系统规划与建设中有着广泛的运用。西安的主导风向为东北—西南方向，为了实现不同生态层次间的衔接过渡，有效地引风入城，可以利用大遗址的保护及秦岭北麓和周边原体的主要地区构建生态绿楔：形成窑村机场东北绿楔、丰镐遗址西南绿楔、秦岭北麓—白鹿原—洪庆原绿楔生态用地，并嵌入主城区；将东北、西南盛行风和秦岭上下山风引入城市，将新鲜空气顺着“风道”输送到主城区；并结合城市大型公园绿地、大遗址和水面等开敞空间，形成通风廊道的枢纽，发挥城市气候自身调节作用[80]。有历史价值的台原地貌在西安市第四轮总体规划中被纳入“限制建设区”，对各类建设活动应加以严格控制，且它们中的主体被纳入绿楔生态用地加以控制。同时，西安对绿楔生态涵养规划和建设用地制定了要求，要求绿楔生态绿地中的建设用地不超过总用地面积的30%[80]。

结合上述对生态职能的探讨，本书所界定的几大泛遗址区在未来西安的发展中均应保持以农林用地（包括耕地、园地、草地、林地）连片基质为主，结合局部遗址展示绿地和少量城镇建设的模式，保证其生态效益的发挥，建议均以30%作为建设用地比例控制的上限（铜人原除外，因在总体规划中被划作禁止建设区）。此外，在“西咸新区总体规划”中确定的建设用地占总用地面积的30.84%，这一数值也基本可体现五陵原泛遗址区之于城市的生态目标。

3. 作为秦岭与城市间的生态过渡

秦岭的保护一直是西安生态保护的重中之重，为了避免城市不断向南发展构成对该生态屏障的威胁，西安市于近年明确提出了城市发展的南控制线。“将秦岭北麓山脚线至环山路以北10 km范围区域确定为秦岭北麓城市发展控制区，划定城市发展南控制线”[80]。这10 km的范围内涉及泛遗址区中的神禾原、白鹿原、少陵原等诸多历史台原的部分用地，以及沣渭冲积平原靠近秦岭浅山区的地域。这一宽阔又狭长的地带作为秦岭与城市之间的过渡区应受到严格的保护与发展限制，西安市对此也做出了明确的规定：“对于南控制线以南至山脚线范围内现有城镇用地，原则上按现状规模进行控制，不再增加用地规模，并按现有用地边界划定生态控制线；禁止建设住宅类房地产开发项目，可适当点状布置文化、旅游

及生态农业类等项目”[80]。

6.2.5 泛遗址区间的生态联系

基于对泛遗址区生态职能的探讨，在沣渭冲积平原与五陵原泛遗址区之间需要延续内部的景观格局，实现大面积绿色空间的彼此连接，这对生态网络的完善、旅游体系的连续性，都城与陵寝类遗址的视线关系沟通等几方面都具备显著的意义。西安市城市规划设计研究院李琪在《西安生态城市建设目标与构建策略》一文中提出："在西安西北方向上沿丰镐、阿房宫、汉长安城遗址延伸至五陵原，形成宽为 800~3000 m 的历史文化生态廊道。历史文化生态廊道内的遗址区以生态用地为主，其他建设用地划定为限制建设区，进行建设高度和强度控制，充分发挥大遗址廊道的生态效应，使历史文化遗产保护与城市建设、城市生态协调发展”[80]。这一构想既符合西安大遗址的特征也呼应了生态城市建设的需求。

“历史文化生态廊道”在本质上属于城市“绿色廊道”① 中的“绿带廊道”。“‘绿带廊道’一般较宽，从数百米到几十千米不等。主要由较为自然、稳定的植物群落组成，生境类型多样，生物多样性高；其本底可能是自然区域，也可能是人工设计建造而成，但一般具有较好的自然属性；其位置多位于城市边缘，或城市各城区之间”[81]32。“廊道越宽，其内部物种的丰富度越高，一般而言，要创造自然化的物种丰富的景观结构，绿带廊道宽度应保证在 600~1200 m 之间”[81]67。廊道内部与遗址保护范围之间以农业用地和大规模生态林地为主，以实现对城市扩张区的隔离，并丰富内部生境与物种结构。

6.3 亚遗址区的景观格局与生态联系

6.3.1 区内及周边景观格局现状

城市边缘的大遗址与广袤的自然空间相连，还未被建成区包围，在该尺度上即作为自然

① 绿色廊道：指具备较强自然特征的线性空间，具有优良的生态功能，综合了休闲、美学、文化等多种功能。绿色廊道可以是一条两边有足够缓冲带的蓝道或是公园道，还可以是城市中的线性公园、狭长的自然保护区以及绿篱、防护林等，还可以由废弃的铁路、公路等城市线性空间改造而成[79]67。

基质的重要组成部分，对它们的保护与发展方式会影响城市整体的空间形态结构、景观功能、可持续性及生态安全。斑块—廊道—基质可以相互转变并非一成不变，上一个尺度的斑块可以变成下一个尺度的基质，基质也可以在另一尺度成为斑块，随着时空变换而变化，针对亚遗址区及周边的景观格局特点如下。

1. 斑块

（1）人工斑块：村庄聚落斑块或沿道路呈线性分布，或呈网络状分布；公司企业及新扩张的城市用地或位于交通干道附近，或与现状成规模的城镇建设结合，呈局部组团状或连片发展。

（2）自然斑块：包括生态林地、果林、树丛、灌木丛、小水面、荒地等。

（3）文物遗址：包括陵墓封土、回填保护的遗址、遗迹和被标示展示的文物遗址等。

2. 廊道

（1）自然廊道：丰京、镐京遗址分布在沣河的东西两侧，是西安大遗址中临河流廊道最近的两个，这样的自然条件也直接决定了当初建都选址的缘由。另外，台原边界是西安地景空间的显著特色，霸陵、杜陵以及渭北的 9 座汉陵的保护范围均毗邻原边廊道，除此之外，冲沟及自然地形的突变地貌也是自然廊道的组成部分。

（2）人工廊道：绿色廊道包括人工建设的绿带、水渠、道路两侧行道树、绿篱、防护林带等；灰色廊道包括公路（分地面与架空两种）、铁路、乡村道路、高压输电线走廊等。

3. 基质

（1）农田基质：农业耕地是城市边缘大遗址区最具空间广延性的基质，各级农业部门在推进新农村建设和发展都市农业方面，做了大量的卓有成效的工作，农业产业化经营规模不断扩大，农业结构调整逐步深入，农村经济持续保持良好的发展态势。

（2）城镇建设基质：如前所述，某些主城区内部或边缘的大遗址已被城镇建设区大面积覆盖与包围，遗址成了城镇建设基质上的非连续斑块，如根据新编制的阿房宫遗址的控制紫线范围，除了几处点状绿色空间外（前殿遗址、上天台遗址等）已全部被城市建设及村镇聚落覆盖。

（3）林地基质：在大规模林地种植区，林地也会作为遗址斑块、建筑斑块的背景基质存在（如杜陵）。

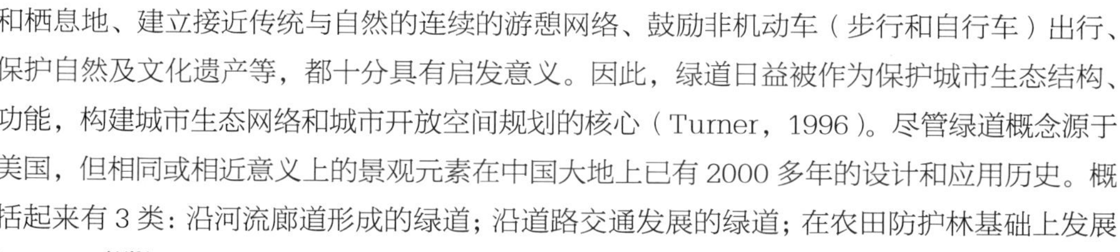

和栖息地、建立接近传统与自然的连续的游憩网络、鼓励非机动车（步行和自行车）出行、保护自然及文化遗产等，都十分具有启发意义。因此，绿道日益被作为保护城市生态结构、功能，构建城市生态网络和城市开放空间规划的核心（Turner，1996）。尽管绿道概念源于美国，但相同或相近意义上的景观元素在中国大地上已有2000多年的设计和应用历史。概括起来有3类：沿河流廊道形成的绿道；沿道路交通发展的绿道；在农田防护林基础上发展的绿道”[44]21。

当亚遗址区之间有可能被城市发展所阻断，或其周边已经被在建项目包围（如汉长安城遗址的东、北、南3个方向；阿房宫遗址的东面与南面），而无法实现较宽的“绿带廊道”衔接时，营建“绿道”可以有效沟通亚遗址区遗址绿地间的生态联系，并且实现与城市建成区的过渡。首先，应该借助于现有的大遗址外部城市交通、水系河道、地形高差等条件建设不同主题与核心目标的绿道（如生态防护主导、游憩与景观文化主导、生物走廊型等），保证各条廊道彼此相接，使距离相近的亚遗址区之间在内部或外围连接贯通，在加强生态效益的同时，也可实现与城市绿地的融合，对生物的迁徙、污染的吸收、游线的组织都能创造积极的条件。其次，绿道内部结合非机动车道与游憩设施的布置可发挥绿道生态—文化—审美—游憩的多方面功能。与此同时，在“绿带廊道”内部，也可以利用现有交通设施打造主题游线，以相同的规划手法建设多功能绿道，例如在五陵原“西汉帝陵区”可利用区内道路构建东至阳陵、西至汉武帝茂陵的帝陵主题展示型绿道，组织游线的同时进一步强化东西方向的生态联系。

6.3.4 亚遗址区间人工廊道建设的生态控制

1. 基础设施廊道布局

由于历史的原因，在西安各大遗址周边地带，形成了若干由高速公路、铁路、高压线、干线公路、灌渠等构成的基础设施廊道。由于这些廊道已存在了多年，并且走线基本避开了主要遗址区范围，因此可看作现状存在（如福银高速公路、包茂高速公路、机场高速公路、西渝高速公路、铁路北环线等）予以保留。为了保护亚遗址区之间的生态联系，在“历史遗址区域”内应该禁止规划、新建区域性交通设施，包括国道、省道等；新规划的市政设施，如市政主干网等，应尽量利用原有的廊道，不再开辟新线，以减少与遗址保护之间的矛盾。另外，新规划的城市主、次干道应减少路幅宽度，加大路网密度，并避免直接穿越主要遗址区（如沣泾大道穿越汉平陵，秦汉大道穿越汉长陵、安陵等）。

2. 轨道交通线网敷设

西安市在快速的城市化进程中于近年间进入了轨道交通的时代，其中先后开通了地铁1号线、2号线、3号线与4号线，并有数条线路正在敷设中。根据西安市第四轮总体规划，

将有多条线网经过大遗址的周边，或者延伸至主城区外围穿越在亚遗址区之间，对大遗址外部生态环境保护提出了挑战。包括轨道 5 号线支线将沿昆明路在镐京遗址与阿房宫遗址间东西向穿越；5 号线与 1 号线在汉长安城与阿房宫之间向西北方延伸；4 号线沿太华路、朱宏路分别经过大明宫与汉长安城东侧向北延伸，而向南将接近少陵原腹地。

这其中除了主城区内的线网与现状道路结合外，在周边城郊段部分线路的部分区段也利用了原有的城市交通廊道，减少了对农田等绿色基质的潜在影响。但为了进一步减少与大遗址保护之间的矛盾，以及对周边空间环境的生态威胁，还应谨慎选择轨道的敷设方式。①当轨道线路进入资源型、生态型斑块时应绕开一定距离（大于 100 m）或采取高架的形式，高架通过必须研究对周边川原景观空间的影响对策，提出环境噪声及废气污染的整治对策；②当遇到生态廊道时为保证物种的繁衍流动也应采取高架的方式，局部必须地下穿越时应提出地下文化层的保护措施；③轨道交通线经过遗址区之间非资源型廊道与斑块的地段时也可采取路堤或路堑方式敷设，但为了生态基质的连续与物种的迁徙，可人工架设生境廊道、生态桥或涵洞保持生境的联通，并采用适当的植物视觉掩饰等景观处理手法。

6.3.5 亚遗址区内部绿色空间保护

基于西安大遗址分布的特点，考古遗址公园等利用模式可以将整个亚遗址区视为对象，进行统一的规划、保护、管理和建设。因此，亚遗址区内与大遗址内部的绿色空间保护与营建方式具备相同的前提和目标，应根据文物保护规划并与遗址公园总体规划等相结合，满足以下原则。

1. 遗址保护

遗址区的绿化应以遗址的安全为前提，在遗址地面上及周边一定区域内，避免采用深根系的植物，而以浅根系的灌木、草本为主，具体种类应根据考古勘探文物埋深、遗址特点与类型的具体情况而定。农田地的灌溉施肥及经济林的生长均应与遗址本体保持一定的安全距离，并避免农林管理养护过程中化学成分对遗址的潜在破坏。

2. 格局展示

许多深埋地下的文物在经过勘探与记录之后会采用回填保护的方式进行保护，绿化材料的合理规划设计能有效地使这些地表以下的遗址及蕴含的历史信息向公众揭示。如利用草本或铺装材料覆盖于地表展示宫殿等遗址的准确位置与范围；利用乔木列植和对植勾勒城址、城门；林荫道展示轴线；划分不同的林相与季相片区以表达大遗址内部不同功能片区等方式，都是通过植被标识空间格局、景观化诠释历史的重要手法。

3. 环境营建

如前所述，大遗址在城市生态网络中应承担起相应的生态职能。除了经济林和苗圃外，在有条件的情况下应加强生态型混交林的建设，针对不同的生境条件有选择地模拟地区的自然植物群落，鼓励采取粗放型管理模式，尤其加强对人居安全、水土流失的治理，实现历史环境与生态环境共生。

4. 生产经营

大遗址具备的土地资源价值使其内部绿色空间在一定程度上需继续发挥经济价值。农田、果林是许多大遗址目前主导性的景观类型。已经成规模的林地与农田在不影响遗址安全的前提下，建议保留与维护，并将破碎化的空间整合。原则上，除了重点保护范围及探明遗址上的居民需立即搬迁外，其余的部分居民建议暂不搬离，并鼓励部分居民以社区共建等方式继续原有的生活，并参与遗址的保护与管理，保留的农用地也依然要发挥原有的作用，让生产性景观成为大遗址风貌展示的有机组成部分。

5. 文化再现

遗址类公共空间是向公众展示与传播历史文化的平台，应充分根据遗址分布的特点，结合游线的组织方式划分功能与景观片区。将遗址密集集中展示的区域作为重点打造的景区，景观规划以突显遗址沧桑、大气的风貌为目标，疏密对比突出主体空间，并挖掘史料中的文化树种，在局部地段营建内部主题性园林再现文化意境。

6.4 大遗址周边绿色空间保护与营建

6.4.1 绿道

1. 城市交通型绿道：生态防护主导

在大遗址外围的高速公路、城市干道与铁路两侧加强实施以防尘、防噪与防废气为主的防护绿带建设。“据生态专家测试，12 m 宽的乔灌木覆盖的道路可降低噪声 3~5 dB，30 m 宽的乔灌木树冠覆盖的道路可降低噪声 5~8 dB，乔灌草多层次的 40 m 宽的绿地，能降低

噪声 10~15 dB。道路林带的吸声效果还与林带的结构有关系。乔木密度高，分枝低，下层灌木较多的绿地，其降噪效果较好。因此，具有一定减噪效果的绿化林带宽度不宜小于 10 m，乔灌木应搭配密植，乔木高度不宜低于 7 m，灌木不低于 1.5 m……就绿道的净化过滤效果而言，林带宽度一般以 30~40 m 为宜，过窄的林带防护效果不显著，而过宽的林带又不如分成几条较窄的林带防护效果好”[81]67。除了吸声防尘外，利用较宽的绿地与美化结合作为城市绿道的建设组成部分，并为地段带来一定的生态价值与经济价值。因此，结合城市道路建设的交通型绿道在有条件的前提下应于单侧或两侧构建不小于 30 m 宽的林带，并加强绿化分隔带的种植，满足大于 60 m 宽的廊道种植，这样既可具备显著的防护与净化效果，又可以满足动植物迁徙与生物多样性保护的功能。

2. 城市交通型绿道：游憩与景观文化主导

昆明池是具有潜在价值的大遗址区域，未来计划打造成数千亩水面的风景区，水域与陆地交接处的空间规划是实现休闲游憩、视线组织、动植物迁徙，生物多样性保护、环境改善等功能关键性的城市线性空间。例如，杭州城西湖区的主干道以西湖为中心向周围放射，与西湖风景形成对景，环湖道路连接西湖周围景点和古迹，杭州植物园、花港观鱼、南屏晚钟等，人们在城市道路空间里能感受到杭州山水的秀美和历史文化的悠久[81]48。因此，环水面边界塑造兼具游憩、景观、健身、文化展示功能的绿色步行与非机动车道，引导与展示地区的历史文化，并保证沿线乔木覆盖的空间宽度满足生物迁徙的一般要求（大于 60 m），并连接其他临近亚遗址区（丰京与镐京）及外围绿廊，是令昆明池遗址区推进泛遗址区生态价值发挥的重要手段。

3. 滨河绿道

丰京与镐京毗邻沣河，是大遗址距离河道最近的两个遗址，河流廊道是其管理与生态边界。沣河中上游部分河段还处于自然驳岸的状态，应适当保留原有状态，扩大廊道宽度，保护水陆交汇的自然生境与复合生态系统。需要设人工堤岸的河段，要综合考虑防洪要求及驳岸的处理方式，在河道两侧留出足够的开敞空间，利用滨河绿化满足滨水生物的栖息与迁移，确保河流本身的生态价值发挥。据相关研究，“为了降低温度，提高生物多样性，增加河流中生物食物的供应，控制水土流失、河床沉积和有效过滤污染物，河流植被的宽度宜在 30 m 以上才能有效地发挥这些功能”[81]67。同时，遗址区内的生态基底需要与河流廊道有效连接和渗透，内部绿色空间（农用地为主）应与河道绿带实现开敞模式的自然连接。而对于一些与河道有一定距离的大遗址，可通过绿廊（林带）间隔连接的模式满足生物过程的要求。

4. 生物走廊型绿道

上述廊道均需按照生物走廊的绿化结构与宽度要求营建，但除了沿河岸与城市道路的绿

色廊道外，在生态敏感的地段为了物种生存、发育、繁殖、迁徙等方面的要求应沿指示物种的迁移方向建立生态连接；或在廊道与遗址区间、遗址区与城市建设区之间、遗址区与自然界面之间、廊道与廊道间建立一定宽度的生物走廊型绿道，以增加大遗址区域的生态网络价值。大西安主城区内各大遗址区的绿道建设构想如表 6–1 所示。

表 6–1　大西安主城区内各大遗址区绿道建设构想

大遗址分区	城市交通型：生态防护主导	城市交通型：游憩与景观文化主导	滨河绿道	生物走廊型绿道
沣渭冲积平原	西三环路汉长安城西侧、陇海铁路两侧、朱宏路、阿房宫南昆明路	昆明池一周、西三环路东侧规划带状绿地、昆明路北侧规划带状绿地	沣河廊道	镐京遗址南侧
少陵原	绕城高速公路、曲江大道、长鸣公路、雁引公路，利川与曲江的交通联系打造绿廊，实现向北与曲江南湖及芙蓉园的生态联系	韦鸣公路、杜陵与少陵之间的村镇道路	浐河廊道	南北向连接浐河与东侧原边的绿廊；东西向连接杜陵与曲江大道的绿廊
白鹿原	西部大通道银武线、半引公路、东绕城高速公路	水安公路	灞河、浐河廊道	连接灞河与原边的绿廊
骊山—铜人原	陇海铁路、国道主干线 GZ245	—	灞河廊道	连接原边至城市道路的绿廊

6.4.2　生态原边

与大遗址绿地毗邻的诸多黄土台原坡面正面临严重的水土流失问题。“咸阳原属于黄土高原台原亚遗址区，由洪积作用形成，上层覆盖黄土，土质疏松。整体地势由北向南缓倾，原上分布众多冲沟，水土流失严重，造成原岸滑坡、崩塌。经调研二级阶地遗址区内有沟道 9 条，这些对台原造成冲刷，其中秦咸阳一号宫殿遗址被牛羊沟冲断，在沟壁上裸露着排水管道和夯土层；刘家沟沟壁上多处秦代灰坑裸露”[85]。面对这样的现实情况，有必要加强原边生态林的固土种植，以植物群落①为单位，模拟自然生境的原生群落结构，建立功能完善的复层结构；在与原边相交的冲沟强化水土保持林的植栽密度，形成冲沟植被纵深嵌入原面的绿楔，并与原下的村落、河道建立连续的绿廊，完善整体生态网络。

① 植物群落的简单定义是：“植物群落是某一地段上全部植物的综合。它具有一定的种类组成和种间比例，一定的结构和外貌，一定的生境环境，执行着一定的功能。其中植物与植物、植物与环境之间存在着一定的相互关系，它是环境选择的结果，在空间上占有一定的分布区域，在时间上是整个植被发育过程中的某一阶段”[86]。

6.4.3 连续基质

历史遗址区域内部的大遗址（渭北汉陵及汉长安城、阿房宫、丰镐等）有条件与城市建设用地拉开充足缓冲距离，可在外部形成连续的乡土农业景观基质，延续大遗址内部绿色空间格局，并逐渐过渡到城区发展建设的地段。

许多地区虽然在长时期内建立了相对稳定的农业景观生态系统，但是近些年面临着严重破碎化的趋势，如耕地的斑块数量增加但面积减少，果林与建筑的面积大幅度增加。同时，农业用地本身作为栖息地的潜力是十分有限的，“犁地活动对植物根系、昆虫和微生物栖息地造成了极大的干扰和破坏，农药的使用进一步限制了土壤作为栖息地的功能。土壤中的腐殖质含量大量减少，蚯蚓、甲壳虫、蚂蚁以及其他一些无脊椎动物的数量急剧下降甚至消失”[87]。一些作为鸟类与昆虫栖息地的乔木、灌木生态林呈现残留的岛屿状且被缩减到农业活动的边缘，如原坡、河滩地等，形成了边缘栖息地，并随着商业活动开发及经济林用地的扩张也渐渐出现萎缩的趋势。

有条件与城市建设用地拉开充足缓冲距离的遗址地往往有较好的农业生产基础和乡村聚落文化。在大遗址内部结合文物保护营造遗址展示绿地的同时，需要尽量结合弹性的规划思想延续以农用地为主体的景观和聚落文化，以遗址农业园或林地的模式加以保护。大遗址管理范围之外的生态用地有必要从保护原有农业基质结构的角度出发，将遗址内外看作一个生态有机体，突破管理边界的范畴从生态边界着眼，在保持农林产业作为主体产业的基础上，延续和优化整体性景观生态格局。例如，沿保护范围内机耕路的林带种植可向外渗透至自然边界完善网络连通性；林地斑块可跨越管理范围增加生态效益；将破碎化的耕地斑块整合；与原坡、河滩地及滨河绿带建立连接栖息地碎片的生态走廊等。

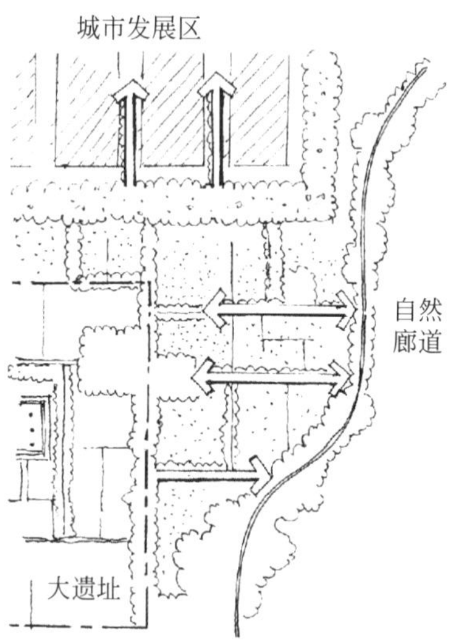

图 6-5 大遗址外基质保护示意

在完善新农田林网“点、线、面”格局的同时，靠近城市建设区的地段应加强过渡性生态林带的种植以起到隔离内外环境污染的作用，并将绿地镶嵌延伸至城市发展区腹地，实现内外生物多样性保护，动植物物种与能量流、物质流的沟通。如图 6–5 所示。

6.5 大遗址与城市功能区的生态过渡

6.5.1 被“绿道”间隔

不同的城市功能区对大遗址环境的适宜条件有所差别，在城市九大类用地中，针对各类遗址存在最大环境适宜性的用地类型主要包括：居住用地、公共设施用地（行政办公）与城市绿地，还包括道路广场用地中的城市道路系统（第 4 章已论述）。以上用地性质对大遗址的历史文化及生态环境的影响相对较小，可以布置在紧邻遗址的周边地段，并在有条件的情况下，结合外部道路以“绿道”的形式实现内外隔离，如表 6–2 所示。除了在绿道内布置相应可承担的功能设施外，还需借助绿道增加功能区内部与大遗址绿地的生态沟通。

表 6–2 城市用地被“绿道”间隔的过渡模式

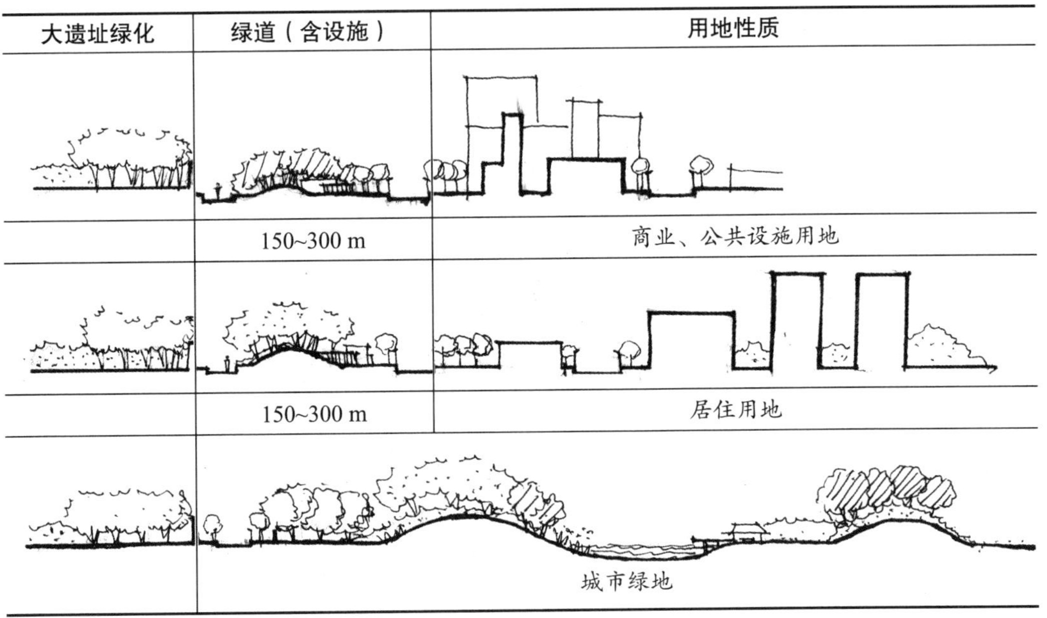

6.5.2 被农业生产用地间隔

除了居住用地、公共设施用地及城市绿地外，更多的城市功能区可以在有条件与其保留较大过渡空间的大遗址外围布置，包括工业用地（非污染性并注意满足风向要求）、对外

交通用地等不适宜紧邻的用地性质。但是距离的控制需格外加强：工业用地与大遗址距离1000 m以上；对外交通用地距离1200 m以上；而其他功能区在最窄处保留600~800 m的距离以创造自然化、物种丰富的景观结构。

在对大遗址与城区之间生产性农业景观保护的基础上，有必要将增加生境多样性、生态林木与自然群落的种植，作为获得内部生物多样性的重要手段；并且在不同功能区之外栽植不同职能、尺度与规模的过渡性林带：工业用地之外100~150 m防护林地主要以卫生隔离、污染吸收、吸声减噪为主；公共设施用地之外50~100 m的绿带主要以风貌隔离、吸声减噪为主；居住用地之外80~100 m的绿地以带状公园的形式出现，可以作为居住区的配套绿地服务当地居民，同时起到风貌隔离的作用；自然水域边界之外加强河滩地生境的保护及滨河休闲公园的建设。具体尺度控制见表6-3。

表6-3　被农业生产用地间隔的过渡模式

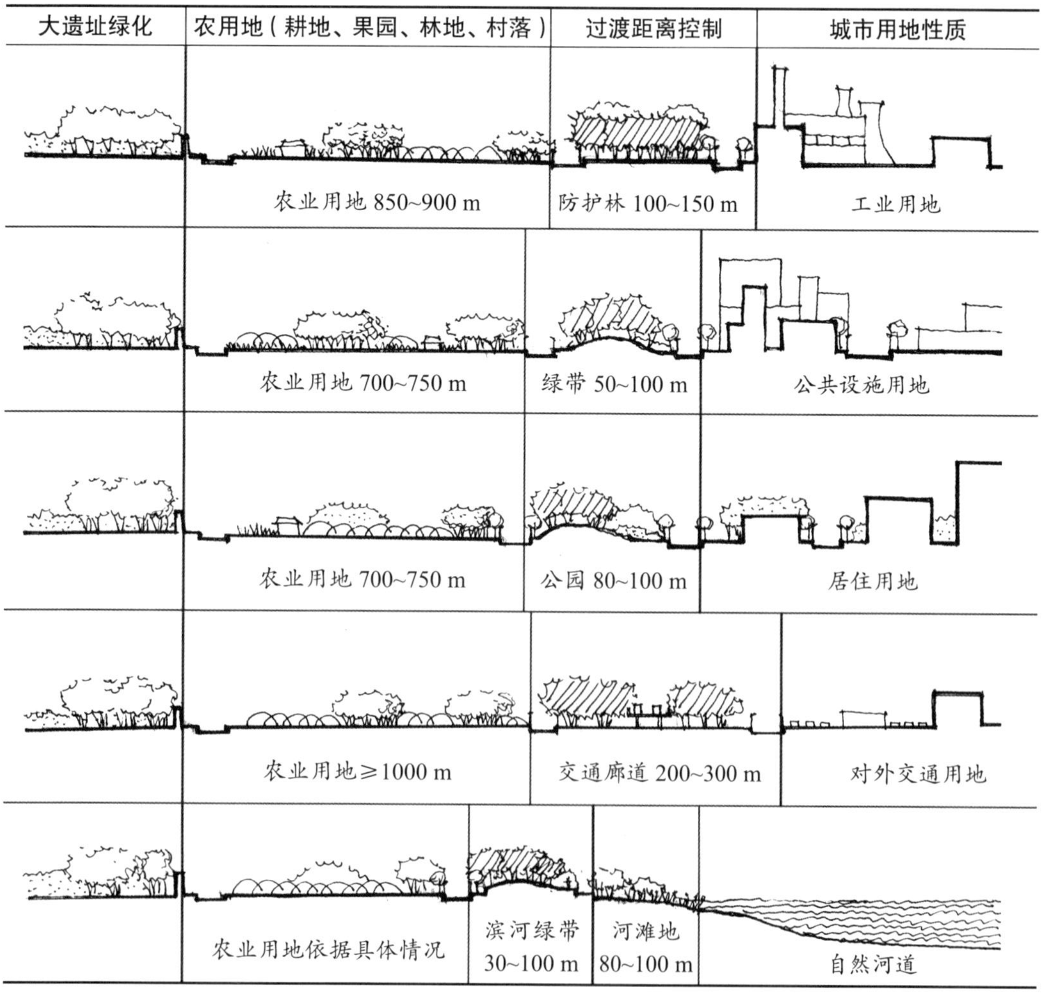

大遗址绿化	农用地（耕地、果园、林地、村落）	过渡距离控制	城市用地性质
	农业用地850~900 m	防护林100~150 m	工业用地
	农业用地700~750 m	绿带50~100 m	公共设施用地
	农业用地700~750 m	公园80~100 m	居住用地
	农业用地≥1000 m	交通廊道200~300 m	对外交通用地
	农业用地依据具体情况	滨河绿带30~100 m；河滩地80~100 m	自然河道

6.6 本章小结

大遗址外部生态环境的保护与营建方式关乎城市空间结构的特点。因其在城市不同结构发展圈层位置的区别，一定程度上决定着城市扩张对其影响的差异。西安“历史遗址区域”体系的构建有利于城市在跨越式发展中多中心组团模式的形成和城市骨架的进一步拉大，呈现出东北—西南走向的趋势，从而避免主城区过于拥堵及连片扩张，并有助于更有效地维护台原等典型地景空间的风貌。本章在分析大遗址与城市发展的生态关系时沿着“泛遗址区—亚遗址区—大遗址”3 个纵向尺度依次递进展开。首先，泛遗址区属于西安生态网络的第二层次，是自然生态系统向城市生态系统过渡的关键区域，是主城区绿地结构的外环，生态绿楔的重要组成部分，以及与秦岭之间的生态过渡带。为保证其生态效益的发挥，本书建议以 30% 作为各区建设用地比例控制的上限，并注重泛遗址区之间以绿带廊道的形式实现生态连接。其次，大部分亚遗址区范围的景观现状存在着破碎化趋势严重、景观联通性薄弱、生态基础设施缺乏等方面的问题。其彼此之间的生态关系是确保上一层级泛遗址区生态职能发挥的关键环节。在分析并诊断景观格局现状的基础上，本章提出了营建多种类型的绿道作为亚遗址区之间的联系手段。最后，针对单一大遗址周边绿色空间的 3 种类型，绿道、生态原边和连续基质，提出了各自保护的内容与方式。最后总结出大遗址与不同城市功能区生态过渡的控制方式。

7 空间维度：西安大遗址与城市建设的空间过渡

不同类型的大遗址，由于自身的文化内涵及地理空间环境特征不同，对周边城市建设的物质空间要求也存在差异。本章将针对陵寝类、都城与宫殿类、先期类和水景类，这 4 种西安主要的大遗址类型，从文化属性出发阐述其与城市建设在物质空间上的过渡问题。

7.1 陵寝类遗址

7.1.1 文化特征与周边空间建设要求

1. 风水文化

风水文化，是古代人们在选择和布局阳宅、阴宅时对自然及地理环境进行研讨和论证的学问。根据风水的观点，选择帝王陵址，首先应讲究龙势，即“平地之势，其稍高，地坦夷广阔，相牵相连”①；同时还应能藏风聚气。据《葬经》:“高垅之地天阴自上而降，生气浮露，

① 见《葬经》，又称《葬书》，乃东晋学者郭璞所著，不仅对风水及其重要性作了论述，还介绍相地的具体方法，是中国风水文化之宗。

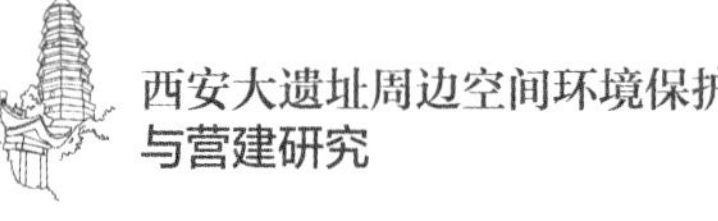

最怕风寒，易为荡散。”“气乘风则散，界水则止”照此说法，五陵原襟渭带泾、少陵原界分潏浐、白鹿原又处于灞浐之间，因此都是上佳的风水宝地。

不同时期陵寝位置的选择受到当时文化传统、哲学理念、礼法制度和精神认知的影响。西周在灵魂崇拜和祭祀需求的基础上，遵循“葬之中野、不封不树”的丧葬原则，一般将王陵选址在京畿周边的旷野之处；秦汉时期，受方士文化、事死如事生观念及堪舆学的影响，帝王陵寝多选址在京畿近郊土厚水深、地势高爽、藏风聚气之地；唐代帝陵则秉着天人相通、君权神授、点山为陵的理念，将陵址多选择在都城北侧的名山秀峰之麓，并以渭水为聚气之所南望长安。明代秦王陵则选址在具有回龙望祖形势的长安龙脉少陵原之上。

2. 美学意象

历代文人墨客咏颂、感怀帝陵及周边环境的诗词歌赋既再现了一个个鲜活的历史画面和美学意象、丰富了遗址区的文化内涵，同时也进一步提升了陵园遗址的历史价值。如“乐游原上清秋节，咸阳古道音尘绝。音尘绝，西风残照，汉家陵阙。”（李白）；“星斗同秦分，人烟接汉陵。东流清渭苦，不尽照衰兴。”（李商隐）；“晴开万井树，愁看五陵烟。”（岑参），“五陵佳气晚氛氲，霸业雄图势自分。”（李频）；还有，“山河三辅壮，烟树五陵深。”“南登杜陵上，北望五陵间。秋水明落日，流光灭远山。”

3. 周边空间建设要求

西安地区的帝王陵寝显示受命于天、高大雄浑的王气和霸气，均是在当时的丧葬文化和礼制制约下完成的，应注意陵园及周边文化环境的保护。为此，在整个遗址周边地区应严格限制开发强度及建筑物高度，在一定范围内禁止高层和超高层建设。同时，应该保证陵园区内外文化轴线及视线通廊（帝陵及后陵的、主陵与陵邑、陵区与都城、主陵与重要陪葬墓之间的通视廊道）的通达。陵寝遗址要求静谧的空间环境，为此，在其周边地区应严格禁止修建城市干道系统和高等级公路，并采取防止和减少交通及其他噪声对遗址环境产生影响的措施，杜绝各种污染对文物和环境的侵害。

7.1.2 作为“纪念性景观”的背景环境控制

1. 背景控制的必要性

从表 7–1 中可见大西安主城区各主要陵寝的保护区划面积，其中除了茂陵、顺陵、孝陵外，其他各陵的保护面积均大于或远大于建设控制地带的面积，这样的面积控制比例远小于表 7–2 中罗列的许多联合国教科文组织世界遗产地的缓冲区范围与保护范围之比。

表 7–1 大西安主城区主要陵寝保护区划面积

	文物保护单位	保护范围面积	建设控制地带面积
五陵原	长陵	906.83 hm^2	366.84 hm^2
	安陵	317.77 hm^2	230.74 hm^2
	平陵	825.67 hm^2	332.29 hm^2
	渭陵	572.02 hm^2	301.03 hm^2
	延陵	339.10 hm^2	396.87 hm^2
	义陵	525.67 hm^2	249.52 hm^2
	康陵	317.09 hm^2	102.29 hm^2
	茂陵	1308.56 hm^2	1770.99 hm^2
	阳陵	1463.75 hm^2	1056.11 hm^2
	顺陵	161.25 hm^2	335.55 hm^2
	孝陵	23.69 hm^2	47.76 hm^2
少陵原	杜陵	863.05 hm^2	438.31 hm^2
白鹿原（早期保护规划）	霸陵	墓冢中心区（3.91 hm^2）外延 100 m	一般保护范围外延 200 m
	南陵	墓冢外延 10 m	一般保护范围外延 200 m
	窦皇后陵	墓冢外延 10 m	一般保护范围外延 200 m

（资料来源：作者根据以下资料整理。陕西省文化遗产研究院（陕西省古建设计研究所）编制，《西咸新区文化遗产保护总体规划》；西北大学文化遗产保护规划中心编制，《杜陵文物保护规划（2007—2025）》；西安建筑科技大学城市规划设计研究院的"西安白鹿原城市公园规划设计"）

表 7–2 部分世界遗产地保护范围与缓冲区对照

序号	名称	文化遗产范围（property）/hm^2	缓冲区（buffer zone）/hm^2
1	亚琛大教堂（Aachen Cathedral）	0.20	67
2	阿普拉瓦西·加特地区（Aapravasi Ghat）	0.16	29
3	亚眠大教堂（Amiens Cathedral）	1.54	115
4	柏林现代住宅群（Berlin Modernism Housing Estates）	88	259
5	瓦尔帕莱索港口城市历史区）（Historic Quarter of the Seaport City of Valparaíso）	23	45
6	长城（The Great Wall）	2152	4801
7	苏州古典园林（Classical Gardens of Suzhou）	12	27
8	丽江古城（Old Town of Lijiang）	146	582
9	明清皇家陵寝（Imperial Tombs of the Ming and Qing Dynasties）	3435	23 429
10	龙门石窟（Longmen Grottoes）	331	1042
11	云冈石窟（Yungang Grottoes）	349	847
12	高句丽王城、王陵及贵族墓葬（Capital Cities and Tombs of the Ancient Koguryo Kingdom）	4165	14 142
13	开平碉楼与村落（Kaiping Diaolou and Villages）	372	2738
14	殷墟（Yin Xu）	414	720

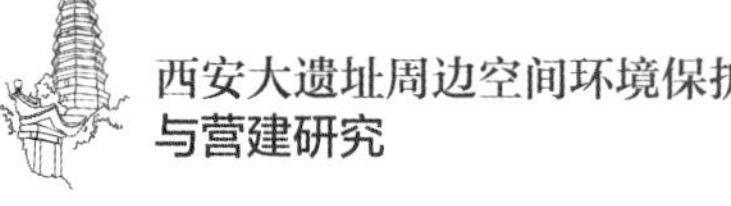

续表

序号	名称	文化遗产范围（property）/hm²	缓冲区（buffer zone）/hm²
15	福建土楼（Fujian Tulou）	153	935
16	五台山（Mount Wutai）	18 415	42 312
17	登封“天地之中”历史古迹（Historic Monuments of Dengfeng in “The Centre of Heaven and Earth”）	825	3438
18	杭州西湖文化景观（West Lake Cultural Landscape of Hangzhou）	3323	7270
19	凡尔赛宫及其园林（Palace and Park of Versailles）	1070	9467
20	巴赛的阿波罗・伊壁鸠鲁神庙（Temple of Apollo Epicurius at Bassae）	20	202
21	雅典卫城（Acropolis, Athens）	3.04	117

（资料来源：作者根据联合国教科文组织遗产委员会网站 http://whc.unesco.org/ 资料整理）

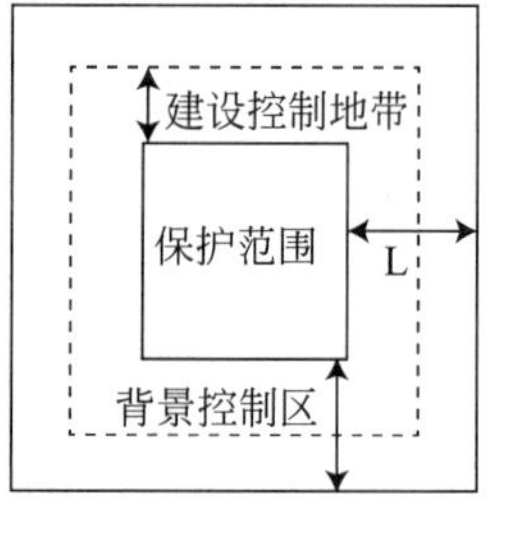

图 7-1　陵寝遗址背景控制区示意

在以上陵寝类大遗址中的主体部分，控制紫线距离保护紫线最远的距离虽超过 600 m，但最近的不足 150 m，这样的距离很难保证遗产环境的有效控制，而且一些主体周边还有大量的陪葬墓及遗存加大了环境保护的难度。由于大规模的高层建设开发在即使距离足够远的条件下依然会对遗产的视觉完整性造成破坏。如不注意研究加以限制，现代化的都市景观很容易对大遗址内部纪念性景象画面带来影响。因此，很有必要在保护范围之外划定更大范围的包括了建设控制地带的“背景控制区”（图 7–1）。

2. 背景控制范围的确定

为确保市民在城市内远距离欣赏美景的眺望权，在始于 20 世纪的英国圣保罗大教堂战略性眺望景观，划分了景观视廊、广角眺望周边景观协议区、背景协议区 3 个分区，在各分区中实行不同的高度控制管理。“景观视廊指眺望点与设定高度在 300 m 的地标之间的连接区域。眺望点标高与对象物标高所构成的楔形平面为建筑高度控制平面，划定为不同高度控制的等级，原则上禁止超过控制高度面。广角眺望周边景观协议区指在眺望点设定的眺望边界两端点与对象地标左右两端连接构成的内侧区域。圣保罗大教堂相关区域宽幅扩大至 440 m。设定广角眺望周边景观协议区的目的在于，不只是从高楼大厦的夹缝中窥见对象地标，而能有相对开阔的视野进行观赏。该区域内虽无严格的开发高度控制，但如果某项开发有可能影响景观时，一般不会得到批准。背景协议区指从眺望点所看到的对象物背景的所在区域。一般设定为 2.5~4 km。该区域也无严格的高度控制，但对超越高度阈值（上述实例

为标高 50 m）的开发一般均予以限制”[39]。

伦敦的景观控制规划在多年实施中取得了良好的效果，因此建议陵寝类遗址“背景控制区”的宽度参考圣保罗大教堂案例中背景协议区所指定的距离，并结合陵寝所处泛遗址区的整体尺度来研究确定。在此范围内，由于主要涉及原面上的游人对遗产环境的综合感知，应确保大面积开阔空旷的空间和乡土农业景观作为这一区域的主体，若必须有人工建设，其密度与高度均要做到严格控制。

帝王“封土”是陵寝类遗址的空间主角（通常高超过 20 m，如杜陵封土 29 m，少陵封土 22 m），建议背景控制区内以封土的高度作为限制“背景控制区”内部任何建设的控制线，并作为高层建筑禁建区。尤其是紧邻保护范围的建筑，更应该以人的步行尺度为宜，从低层逐渐呈阶梯状递增。背景控制区外部可以建设高层，但不宜集中连片并也应采取逐渐递增过渡的方式。

7.1.3 作为“标志性景观节点”的眺望控制

“标志物通常是一个定义简单的有形物体，例如建筑、标志、店铺或山体，是在许多可能元素中的一个突出元素”[88]。陵寝类遗址中高出地面的人工封土可作为城市或地段的标志性景观节点，保证对它们除了近距离观赏外远距离的眺望是维护其遗产价值属性的重要方面。西安的陵寝类遗址均位于南北的黄土台原，除了封土作为显著的地标外，周边的田、原、川、村落及与远山（秦岭、骊山、北山山系）的空间关系，作为内外环境的构成要素烘托出了陵寝苍茫大气的空间特质，而环境是体现遗产原真性的重要方面。因此，“望陵”必须与“望原”“望山”相结合，应体现原的平原与农田的广袤。其作为前景与背景的城市建设必须留有余地，谨慎分析，以保证此类眺望景观的品质。

与眺望对象（大遗址）相呼应的眺望点应该结合城市的山水景观特色、城市结构特色和其他标志性景物的位置来合理选取。它涉及多个尺度与层次，除了附近的道路村落可作为眺望点外，周边城市建成区中重要的古今地标性建筑（如大雁塔望杜陵），也是眺望点的核心构成，保证两者的通视关系会牵扯到大面积的城市建设纳入眺望景观的控制之中。本书将结合西安陵寝的特点对此问题做如下探讨。

借鉴英国的经验[39]，将眺望景观分为“景观视廊区”“视线协调区”“背景控制区”3 个分区。“景观视廊区”是指眺望点与设定宽度在 D 的地标之间的连接区域。“视线协调区”类似于广角眺望周边景观协议区，是指在眺望点设定的广角眺望边界的两端点与大遗址保护范围左右两端连接构成 D' 宽度与眺望点的连接区域（参考伦敦的经验值 D' 可以取 D 的 1/4），其设定的目的在于更为宽阔的视野遥望遗址和其所依托的环境。同时，为了避免大遗址后出现屏风一样的建筑群设置“背景控制区”，控制原上感知视野的同时也控制了从原

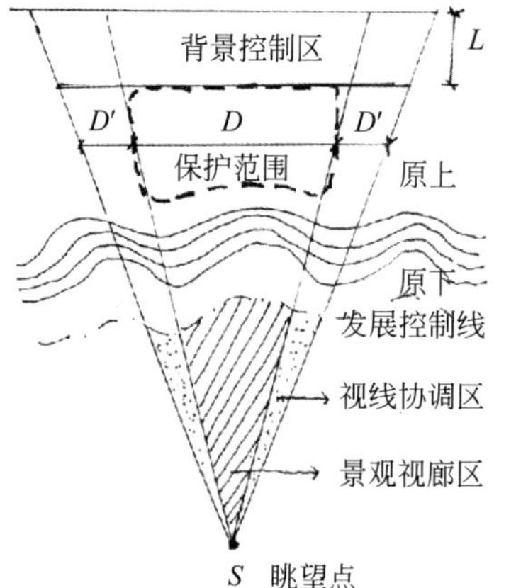

图 7-2 眺望控制分区平面示意

下眺望点所看到的对象背景，其控制方式在上小节已有论述（图 7–2）。

与此同时，为保证从眺望点可以通过视廊区眺望到原坡，建筑高度控制线应保证至少有 1/3 高度的台原部分可见，即 $h=\frac{1}{3}H$①，而通过视线协调区的可以适当放松至 1/3~1/4。

在原下的一定空间内，为了避免水土流失等自然灾害带来的人居安全隐患，应限制大规模人工建设和发展，在发展控制线一侧适当降低靠近原坡的建筑高度[90]，以形成尺度上的适当过渡[90]（图 7–3、表 7–3）。

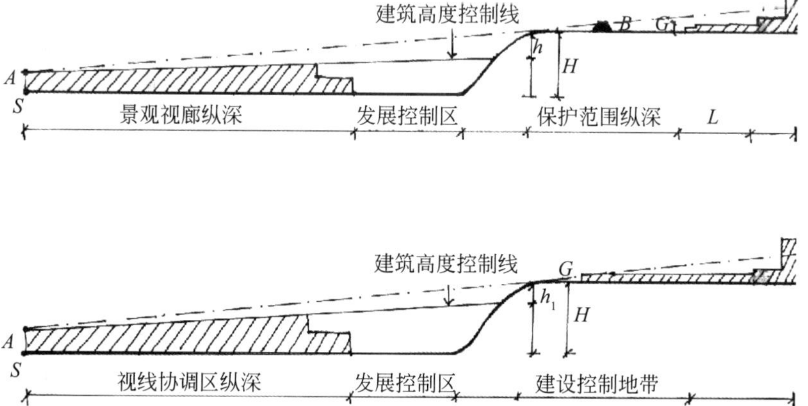

图 7-3 景观视廊区及视线协调区剖面

表 7–3 眺望控制内容及具体要求

符号	名称	要求
S	眺望点	—
A	视点高度	依不同眺望点而定
H	台原高度	—
h	眺望到的台原高度（视廊区）	1/3
B	封土高度	—
L	背景控制区纵深长度	2.5 km
G	背景控制区内建筑控高	$<B$
h_1	眺望到的台原高度（视线协调区）	（1/3~1/4）H
D	视廊设定眺望宽度	保护范围宽度
D'	视线协调区眺望宽度	$D/4$

① 该数值参考“无锡城市景观规划控制引导”[89]。

7.2 都城及宫殿类遗址

7.2.1 文化特征与周边空间建设要求

1. 文化特征

西安的都城、宫殿遗址在全国乃至世界均有重大的影响，除了著名的西安四大遗址外，尚有秦栎阳城遗址、咸阳宫、兰池宫、建章宫、华清宫、翠微宫等遗址。它们的营建受当时社会经济发展水平及文化、礼制的影响，都有着非常深厚的文化内涵，并对我国后世甚至东方世界的城市规划和建设产生过广泛而深远的影响。如《易经》以九为阳之首，天子崇阳，故城池选址以阳地为最善，秦代以咸阳为都城，就因为该地山水皆阳；宇文恺在规划隋唐长安城时，也根据龙首原及南侧的 6 个自然高岗，按《易经》乾卦六爻进行布局，体现了天人合一的思想；再如秦咸阳城的规划，体现了“渭水贯都，以象天汉，横桥南渡，以法牵牛”的思想；同时，从秦汉时期至隋唐、明清的都城营建都在大尺度自然山水层面寻求与秦岭终南山的空间关系：汉长安城安门南对子午谷；横门北对中渭桥（始建于秦，西汉时又称横桥，位于长安北三里，横跨渭水，与西渭桥、东渭桥合称渭河三桥）；阿房宫南眺秦岭主峰（表南山之巅以为阙）；隋唐长安城朝向石鳖峪，以及大明宫—大雁塔—牛背峰轴线等。历史的变迁，时光的流逝，一座座雄伟的殿堂，一个个辉煌的城阙，在经历了千百年的洗礼后，都变成了掩映在荒草疏林和田野村落中的断壁残垣，唐人诗句：“川原缭绕浮云外，宫阙参差落照间”“败垣惊变相，残碣绣苔痕”就是对这种景象的最好写照。

2. 周边空间建设要求

在西安的每一座都城遗址和宫殿遗址都有着说不完的故事和丰富深厚的历史文化积淀。该类型的大遗址占地面积往往很大，普遍在几平方千米至几十平方千米之间，但是由于是土遗址，长期遭受着自然侵蚀和人为破坏，其地面部分已经基本破坏殆尽、荡然无存，很多已经踪迹难寻，现大部分被农田及村落占据。在大遗址周边地区应结合城乡统筹、新农村建设进行产业结构调整及土地资源整合；严格限制会产生各种污染的产业项目建设和生产；禁止距离大遗址太近且破坏遗址环境风貌的重大基础设施和市政设施项目。同时，用地性质及种植结构调整应保证有利于遗址区的保护与利用；对于已经消失的城墙遗址段落用适当的景观设计手法予以阐释；边界范畴重要的遗址、出土文物应给予妥当的保护和展示。

7.2.2　线性缓冲过渡空间的提出

历史遗址区域内的该类大遗址在区域整体性保护的前提下，受产业发展限制和生态保护要求，其周边建筑的高度应以低层和多层为主，色彩、风格、形式应与遗址风貌相协调。而主城区内的该类大遗址作为城市重要的文化生态区，应当成为一个个嵌入城市内部具有独特生态功能的巨大绿地斑块。基于该类大遗址的文化特征，建议在其与城市建设区之间规划出一定宽度的以绿化为主的缓冲隔离带，作为大遗址与建设区的过渡空间。隔离带的宽度既取决于遗址的规模、性质、保存程度及其与城市的相对关系，也取决于隔离带内部生境营造的要求。在此将该类遗址分为 3 种类型，各自对缓冲空间的宽度要求与作用见表 7–4。

表 7–4　不同类型缓冲空间的宽度要求与作用

	规模	保存程度	区位	宽度要求	过渡空间的作用	典型代表
1	规模较大	保存完整	城市边缘区	D =150~300 m，构建较宽的复合廊道	既可以减少对遗址风貌的视觉冲击，也可形成“生态廊道”，有助于促进城市生态网络的构建	汉长安城周边、秦阿房宫遗址周边等
2	中、小型规模	保存完整	城市中心区	$D > 3H$①	满足对边界遗址要素连同背景的观赏，拉开与城市界面的距离	兴庆宫、大明宫等
3	无要求	局部保存	城市中心区	可与城市交通直接毗邻	可不需要过渡缓冲空间	唐城墙遗址等

注：D—线性过渡缓冲空间的宽度（与城市交通毗邻）；H—边界遗址要素的高度（如城墙、宫墙）。

7.2.3　周边建筑高度控制区划

“关于视觉的分析表明：在晴天无眩光的自然天光下，空气中含悬浮物不超过三级，观察对象非发光体，视力不低于 1.0，距离小于 30 m 时，可以看见人的面部表情，当然也可以看清楚建筑的几乎一切细部和颜色；视距小于 300 m 时可以看见人的轮廓和动态，当然也可以看清楚建筑的几乎一切轮廓变化和门窗（中国古代风水理论有‘千尺为势，百尺为形’之说，与此相似）；视距近于 600 m 时，尚能看清建筑的大轮廓和门窗洞口；再远则只能看

① 芦原义信在《外部空间设计》一书中指出，根据海吉曼与匹兹的《美国维特鲁威城市规划建筑师手册》，如果相距不到建筑高度（H）2 倍的距离（D）就不能看到建筑整体，即仰角 27°。若从看单幢建筑进而看一群建筑时，一般认为距离约为 $D=3H$，仰角 18°。这些数字也曾在兹卡的《城市与广场》中出现过。在实际建筑总平面规划中，D/H=1,2,3 为最广泛应用的数值，当 D/H>4 时，相互间的影响已经薄弱了。

清建筑的天际线（在天空背景的衬托下）”[46]。

根据笔者对汉长安城汉城湖周边的建成环境进行的调研分析（表 7–5），遗址边界（宫墙、城墙）空间往往结合景观环境的建设成为感知遗产环境的重要场所，当周边高层建设与其边界的距离在 500 m 以内时，对遗产环境风貌存在明显压迫；而在 500~1000 m 的范围内这种压迫感依然存在，尤其是针对连续的建筑界面，只有当此距离超过 1000 m 时这种不良的视觉影响才会有所减少。

根据 GB 50352—2019《民用建筑设计统一标准》3.1.2 条，民用建筑按地上建筑高度或层数进行分类应符合：建筑高度不大于 27.0 m 的住宅建筑、建筑高度不大于 24.0 m 的公共建筑及建筑高度大于 24.0 m 的单层公共建筑为低层或多层民用建筑；建筑高度大于 27.0 m 的住宅建筑和建筑高度大于 24.0 m 的非单层公共建筑，且高度不大于 100.0 m 的，为高层民用建筑；建筑高度大于 100.0 m 为超高层建筑。

表 7–5　汉长安城周边的建成环境调研分析

汉风音乐喷泉站节点	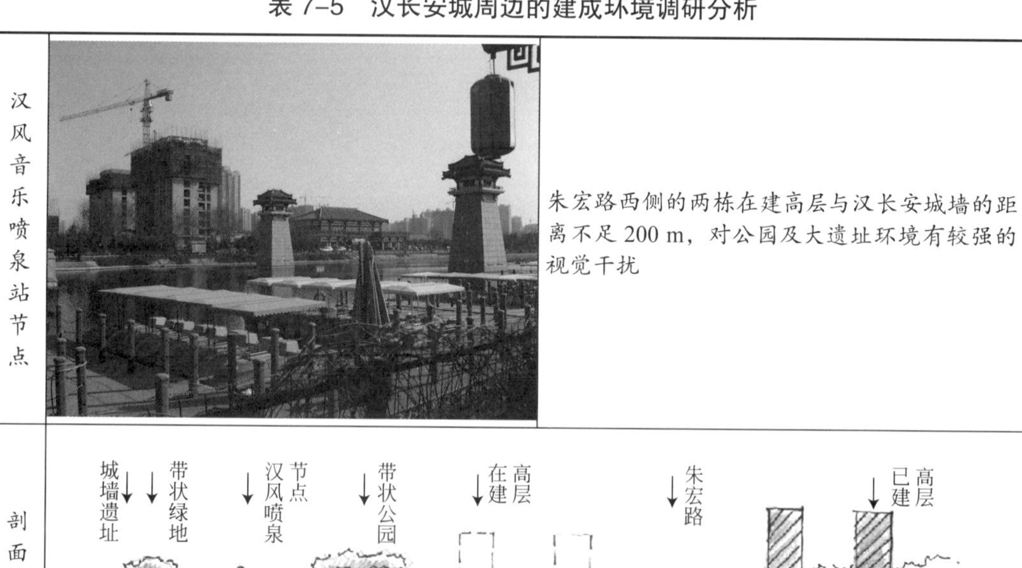	朱宏路西侧的两栋在建高层与汉长安城墙的距离不足 200 m，对公园及大遗址环境有较强的视觉干扰
剖面	城墙遗址 带状绿地 汉风喷泉 节点 带状公园 在建高层 朱宏路 已建高层 35 90 50 68 50 单位：m	
霸城门节点		霸城门对面明光路与文景路之间的已建高层与汉长安城墙的距离超过 1000 m，影响减弱（明光路西侧在建住宅于 1000 m 之内）

续表

<table>
<tr><td>剖面</td><td colspan="2">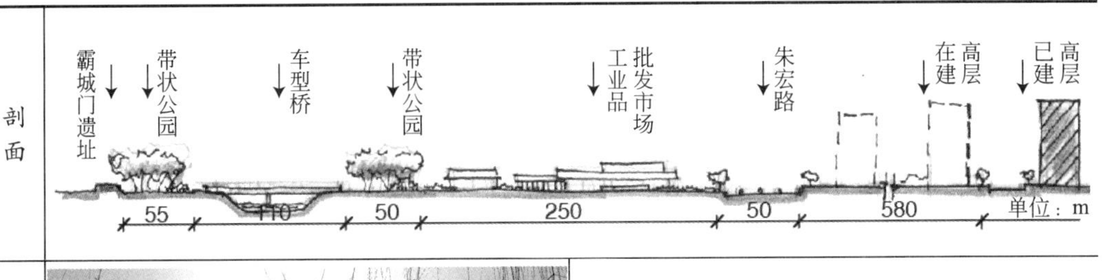</td></tr>
<tr><td>北二环路以南</td><td></td><td>北二环路以南已建高层住宅区与汉长安城墙的距离约 600 m，且界面连续。对遗产环境风貌存在压迫。同时，公园内的大型游乐设施与遗产环境不相匹配</td></tr>
<tr><td>剖面</td><td colspan="2">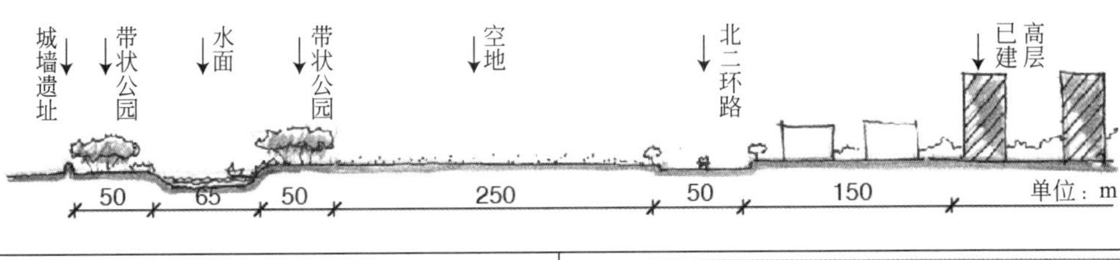</td></tr>
<tr><td></td><td>照片中：在建住宅项目距离视点约 300 m，压迫感明显；远处建筑群距离约 1000 m，影响较弱</td><td>
照片中：该独栋建筑距离视点约 500 m，对公园环境造成干扰</td></tr>
</table>

为保护大遗址周边的视域空间，建议将距离该类大遗址边界 300 m 以内的土地作为隔离绿带的控制范围（以绿地及水域为主，严格控制相关建筑及设施的高度和体量，并且在建筑形式上与遗址的时代特征相呼应）；同时，将 500 m 以内的土地作为部分多层及所有高层和超高层建筑的禁建区（高度宜≤ 18 m）；将 1000 m 以内的地段，即两条城市主干道间距

宽度的区域作为大部分高层与所有超高层建筑的禁建区（高度宜≤ 27 m）；1000 m 以外的区域原则上将不受控制（图 7–4）。

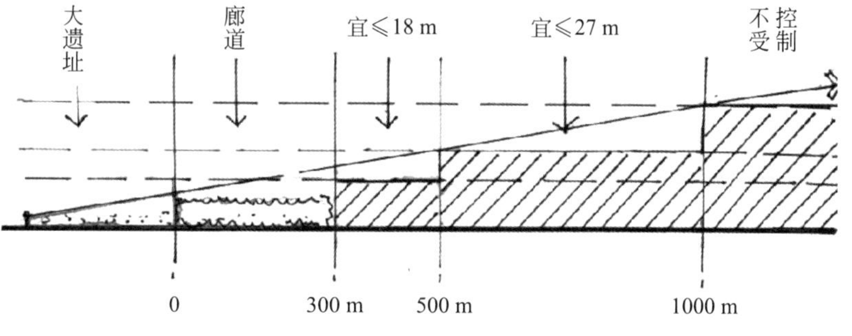

图 7-4　大遗址外建筑高度控制区划示意

7.2.4　历史轴线的延伸与保护性控制

数条与秦岭终南山的历史轴线体系是西安古代城市设计的珍贵遗产，在当代的城市规划中应十分重视它的继承和发扬，制定保护措施并在规划建设中予以展示。不过，“随着城市的快速发展，加上土地资源的紧缺，新的高层建筑不断增加。无序分布的高层建筑破坏了古都与终南山的文化脉络。例如对大明宫与终南山之间的历史视廊上的高层建筑越来越多，从含元殿基址上向南望去，高层建筑侵蚀着大明宫与南山之间的视线联系。对于西安这样地位十分重要的文化古都，其高层建筑的分布应有科学合理且严格的控制规划，从更大的范围寻找城市建筑高度控制的依据，使今天的建设与古都保护相统一。这种高度的控制除了从城市本身寻找依据外，应从更大的范围去认知，更好地处理城市建设与自然环境、文化环境的关系”[91]。

当都城、宫殿遗址与重要城市轴线相关时（雁塔路、朱雀大街等），外围的城市建设应主动与其呼应，让开重要的城市文化线索，形成虚轴，并将其纳入城市的整体结构框架之中（图 7–5）。若由于现实原因无法完全避让，可在考古及文献研究的基础上，于轴线上有条件的地段开辟公共空间，合理展示原有道路轴线的位置与宽度，让公众了解历史街道的尺度、方向，文化意义等重要历史信息。如果仅仅是视觉轴线（如表南山之巅以为阙），视线延伸方向上的整体建筑高度控制是最重要的议题，并应建立在总体城市设计层面上来研究解决。

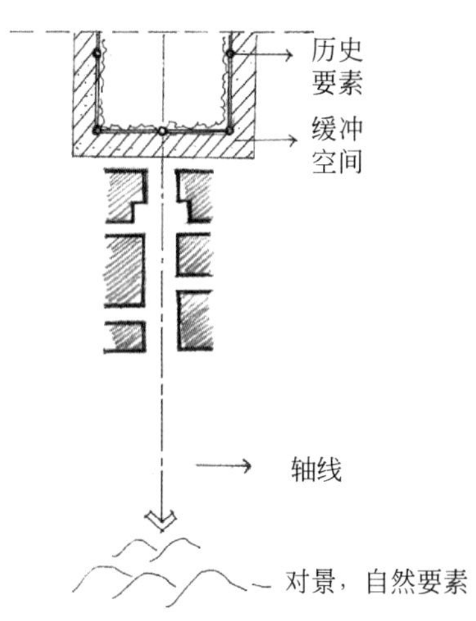

图 7-5　历史轴线关系保护示意

7.2.5　边界遗址要素的展示

都城、宫殿遗址的宫城和城墙遗址，既是重要的历史边界、文化遗产的有机组成，又往往处于与城市界面毗邻的内外结合地带。有意识地对它们进行科学保护与有效展示，对于形成明确的视觉印象，展示大遗址的整体形象有着十分重要的意义。对于这类大遗址，应结合文物保存的状态确定合理的展示方案。若边界有考古遗存且保存状态较好，可通过对文物本体的保护、修缮与加固，进行原貌展示；若遗存较少或只剩余夯土基础，可在考古和文献研究的基础上进行意向性阐释，即采用时代特征明显的新材料、技术、工艺、色彩与结构展示原本的体量与形式，同时保护了内部的文物遗迹本体；其他情况下可以通过绿化、铺装、构筑设施等隐喻手法进行标识性展示。在任何情况下，都应秉承原真性与完整性原则，不能出现有意混淆视听的仿古复建。

大明宫国家考古遗址公园的南宫墙，“总体采用跨度 10.5 m、高度 4.5 m 的可逆性钢结构进行宫城墙整体标识展示。以标识出宫城墙的位置与墙底边宽度，示意残破后的宫墙高度，同时采用切角设计以表现墙体的残缺。宫城墙西南转角、南宫墙东端及丹凤门两侧，根据复原研究成果采用 8 m 高可逆钢结构进行宫墙足尺寸标识展示。钢结构外挂混凝土装饰板，意向性表现夯土肌理”[92]。宫城墙与宫门展示工程也同时承担了公园较多的管理、服务设施功能，纾解了内部建设的压力（图 7–6）。但城市中还有很多的边界遗址还处在相对杂乱的环境中，例如汉长安城的夯土城墙遗址和霸城门等重要的城门节点被杂草覆盖，等待着进一步的考古发现与科学展示（图 7–7）。

图 7-6　大明宫遗址公园南宫墙

图 7-7　汉长安城霸城门遗址现状

对于历史边界的外部缓冲过渡空间而言，城市道路与边界的距离应该控制在其高度的至少 3 倍以上，以满足连同背景一体观赏的要求；若外围还有城壕或水系，距离可进一步加大构建生态廊道。其景观环境的塑造从色彩、风格、园林要素的形式几方面均应以烘托、协调遗址的视觉形象为目标；临城市道路一侧的建筑体型、体量、风格、色彩应与展示边界构筑

物的体量呼应，以共同构成与外围街区协调的过渡空间。并在外部的城市空间组织中将重要的边界节点作为街巷“端景”进行形象渗透。

7.3 先期文化类遗址

7.3.1 文化特征

西安地区是我国文明的发祥地之一，各类早期人类文化遗存非常丰富，包括旧石器文化遗址、新石器时代仰韶文化遗址、新石器时代龙山文化遗址、商文化遗址等。既有曾出土蓝田人头骨的公王岭遗址和陈家窝遗址，新石器时代仰韶文化典型代表的半坡遗址和姜寨遗址，新石器时代龙山文化典型代表的客省庄遗址，又有老牛坡、怀珍坊等遗址。由于当时耕作、渔猎等生活方式的需要，新石器时代的人类聚落遗址，多选址在河流支流的二级阶地上，这样既便于汲水、渔猎，又有利于防洪避险。新石器时代农业开始从牧业、渔猎中分离出来，逐渐形成以农耕、养殖为主的生产方式，聚落分工日益复杂，这就在遗址内形成了不同的功能分区，如以巢居、屋居、穴居为主，面向大小公共中心，众星拱月式的居住生活区；为生产及生活需要而形成的作坊区，其中包括制陶的窑址，制作石器、玉器、角器、骨器的作坊，埋葬死者的墓葬区，圈养牲畜的围栏区。在居住区周边，多设有宽阔的壕沟以进行卫护。另外，在龙山文化晚期及商文化遗址内（如客省庄、怀珍坊、老牛坡遗址），还安排有制作青铜器的作坊。

虽然遗址中储存着丰富的文化传承信息和人类发展密码，具有极高的历史文化和科学价值，但是由于遗存分散、埋藏较浅且可视性较差，非常容易被忽视而受到自然和人为的破坏。目前，由于受社会经济快速发展及城市规模迅猛扩张的影响，有的已被占压、破坏；有的已被高楼大厦包围；有的正受到城市开发建设的不断侵蚀和威胁，如半坡遗址（50 000 m^2）、杨官寨遗址、米家崖遗址、鱼化寨遗址等。甚至有些遗址和文物点已在土地开发大潮中，逐渐被遗忘、消失，如长安王曲遗址、五楼村遗址等。如此多的重要遗址（且多为国家级文物保护单位）受到城市发展建设的影响和威胁在全国也是不多见的，这也构成了西安地区早期文化遗址的一大特点。

7.3.2 周边空间建设要求

在该类遗址的保护与利用实践中，往往发掘面积只占勘察面积的一小部分，今后的环境保护应首先建立在加大考古工作的力度，彻底搞清各类文化遗存和文物分布的情况，并及时编制文物保护规划。比较而言，先期文化遗址既不同于内部有文物性质标志性景观的陵寝区，也不同于受营国制度影响的都城区。因此，它对周边环境的要求没有前两者严格，周边的城市建设与遗址区之间可保留一定的绿化缓冲带以阻止城市的连片建设；同时，对于面积不大并靠近主城区的遗址，其缓冲区的范围也可相对缩小，在遗址区旁毗邻的地带即展开与遗址风貌形成直接对比的城市景观建设。

史前时代的遗址必定应反映环境的原始性与自然性，为了保证遗址区适当的清静和自然，在其周边应该避免建设容易产生污染源的项目，其中包括：容易产生噪声污染的城市交通干道、铁路、大型游乐设施和喧哗街市；容易造成水污染、大气污染的工业项目等。对于远离城区且容易受到自然灾害威胁的重要遗址，如白鹿原的怀珍坊遗址等，则应加强小流域治理及地质灾害防治的力度，以确保遗址区的安全。

史前遗址的整体性空间结构相比前两类而言规则与约束较少，遗址边界可采取局部围合，利用绿化或现代风格的建构筑物形成与周边街区和谐的风貌。

7.4 水景类遗址

7.4.1 文化特征与周边空间建设要求

1. 长安宫苑水体的功能价值

长安宫苑水体在历史的长河中发展、变迁，并对长安城各个历史时期的生产、生活与环境发挥了重大而广泛的作用，多功能性是它的一大特色。

首先，游赏价值：池沼是许多宫苑的布景中心，宫室、亭廊、林木皆环水而建。从周文王的灵沼，到明秦王府的莲花池；从皇家禁苑，到供公众游览的曲江池，曾留下无数王公贵族、文人墨客观赏、泛舟时的诗作，更留下了“曲江流饮”等影响至今的文化活动。

其次，社会与经济价值：除运输和灌溉外，水还可为人居生活提供源源不断的生产资料。

“有学者认为汉代上林苑中昆明、镐池、牛首诸池，所产鱼类等水产品除用于祭祀外，有余则供皇家饮食宴会，有时还送到长安市场上出售”[60]。至唐代，除了郊区的池沼外，城中的不少池沼也多有养鱼作为水产品来供应饮食。

再次，生态价值：宫苑水体与城市的整体生活供水、排水系统密切关联，是城市复杂“活”水网中的有机组成部分，它们往往为城内外引水渠道所串联，景观连通性很强。长安在千年的建都史中始终维持着河网纵横、潭池环布的环境，这极大地调节了城市小气候，改善空气、减少疾病。有的水体还利用其本身地势低洼的现状，作为周边宫殿建筑排水解涝的设施（如唐大明宫太液池[93]），具有极高的生态效益。

最后，精神价值：水与古人的精神寄托密不可分。秦汉时期，“方士文化”与“神仙思想”对长安宫苑的水景营造产生了重要影响。从史书记载中可探出一些端倪，如《类编长安志》卷二引《三秦记》载“始皇引渭水为长池，东西二百里，南北三十里，筑为蓬莱山，刻石为鲸鱼，长二百丈。亦曰兰池陂”[94]。《三辅故事》载“昆明池中有豫章台及石鲸。刻石为鲸鱼，长三丈，每至雷雨，常鸣吼，鬣尾皆动。……关辅古语曰：昆明池中有二石人，立牵牛、织女于池之东西以象天河”[95]。《汉书・郊祀志》颜师古注引《三辅故事》曰“太液池北岸有石鱼长三丈，高五尺”[96]。可见，兰池、太液池、昆明池中都有“石鲸”的记载，且部分遗物还存留至今，这是古人将池苑作为通天、祈雨、求仙等精神活动之媒介的见证，它与在池中筑岛、筑台属于同一宇宙观影响下的产物。立于昆明池中的石人还被称作牛郎和织女传说的起源，使它承载了作为水利工程之外更深一层次的文化内涵。与此同时，园林池沼也是历代文人雅士抒发情愫、吟诗作赋的源地。

2. 长安宫苑水体的历史意义

长安地区的苑囿、沼池遗址是我国历史上最早的园林胜地，它们有的看似旷野之湫，有的看似随其自然的就势之作，其中不乏对中国造园和城市发展起着划时代意义的历史杰作。如兰池宫是首见于史载的园林筑山、理水之并举，开启了西汉宫苑中求仙活动之先河，在生成期的园林发展史中占有重要地位。建章宫的园林则是中国历史上第一座具有完整三仙山的仙苑式皇家园林，此后“一池三山”遂成为历来皇家园林的主要模式，一直沿袭到清代[97]。汉昆明池及其引水渠道的修建，依靠恰到好处的闸坝设置和渠道布设，第一次成功地解决了中国都城供水问题，是亘古以来的重大事件[60]。这些开山之作，为走向成熟期的中国造园与城市发展奠定了坚实的根基。

3. 长安宫苑水体的营建特色

首先，在规模方面：从历史的变迁中，可以看出长安宫苑水体有逐渐缩小的趋势。秦代主要是在自然水体的基础上施加人工雕琢，除了上林苑中星罗棋布的大型池沼外，就连宫中水体也有“笼山川为苑”的记载，如《阿房宫赋》中的“二川溶溶，流入宫墙”。汉代

之后，随着城市与古代工程技术的发展，人工建设的痕迹与比重加大，开渠引终南之水并进行人工梳理逐渐成为主导。至隋唐，为了给当时世界上最大的都城供水，发展出数条萦回曲折的供水河渠，形成了“五渠八水”的新水网格局。这不仅解决了百万人口的生活用水，也为向宫殿和贵族宅邸引水注池提供了机会。由于城市用地不比自然山川广袤，尽管唐长安城内水池广布且水面在园苑中多占据空间的主体，但面积与秦汉时期已不可同日而语。宋以后至明清，政治中心的转移令城市规模缩小，虽然引水注池的传统还存在，但其规模与影响力却渐渐消退。

其次，在艺术方面：汉代宫苑中的山水造景，具有空间上辽阔，艺术上粗犷的特点，山水造景不要求近观静赏，精致和幽深[98]。至唐代，这种美学特点也得以延续，这从部分考古资料中可窥见一般。如从大明宫太液池的考古勘察来看：蓬莱山在整体形制上显得厚重安详而具磅礴之势，并无玲珑之感，理石不注重精微，与后世园林掇山手法有一定差异[93]。可见，长安园池作为汉唐时期的代表不似江南园林“小中见大”的特点，而是追求气势博人的壮丽之美、远景构图的平远之美，具有犹如“初凿之璞”般的气韵。

最后，在空间方面：汉唐时期在苑中引水构池多选址于自然景观资源丰富、形胜之处，水面的形成多借地理空间的川原走势，引至地貌低洼处汇聚。如《曲江池记》中“修原北峙，回冈旁转，圆环四匝，中成窞坎”说明这里重岗环绕，地势起伏，是一处毗连帝都的幽奥之区。又如昆明池位于沣、潏、滈诸河的汇流处，南对子午道、牛背梁，在凿穿细柳原并在细柳、毕原、高阳诸原环抱的洼地中形成，至今行迹仍历历在目。这种因势利导的手法体现了人工建设与自然环境唇齿相依的关系。同时，长安很多重要苑囿的选址均注重与秦岭各主要山峰保持视线上的遥相呼应。如《哀二世赋》中“临曲江之隑州兮，望南山之参差”，充分说明了池与山的关系。即便是私家园林也会注意与山的呼应，如王维《欹湖》中“湖上一回首，青山卷白云”，这均是早期山水美学观及借景手法的体现。

4. 周边空间建设要求

对于上述有重大意义的历史水景，可作为城市水文化的核心，积极地予以恢复和利用，而不可一拥而上地只求发展。同时，需充分结合地域水文化的特质，从历史诗词与画作中理解它的精髓，展示它凝烟吐蔼、泛羽游鳞般的雄浑，而非矫揉造作的粉饰。此外，新营建的水体应注重对其周边场地雨水的收集和利用，减少排水管网的铺设，承担排涝、调蓄功能，并在传达历史信息的同时，使它们成为满足当代休闲文化生活与城市发展的精神乐土。

由于长安遗址类水景具有博大、磅礴、质朴的壮丽之美，为了内部开阔的空间与外围城市的自然与人工风貌相得益彰，这就要求作为“背景”或“远景”的城市环境需与水景空间的特质充分融合。正如美国风景园林大师约翰・O. 西蒙兹（John O. Simonds）在其著作中所言：“视景必须与人和为人所用的区域及空间相关联，我们必须确保功能使用与视景相和谐。例如，大型活动或令人兴奋的场景很难从视觉上介入安静的区域……视景具有景观特

征，这必然会决定那些与它相结合的空间或功能”[99]。同样，如果作为“前景”空间的品质具备显著的特征，也会决定与它相结合的外部的视景，因此，为了与这种质朴自然之美协调，在遗址类水景周边城市空间应从尺度、高度、密度、功能几方面加以控制。

7.4.2 保护周边典型景物及环境作为“空间延伸”的对象

对于水景类遗址中有文物遗存的一类，除了对有限的遗存本着“保护为先、合理展示”的原则为大众传递完整与真实的历史信息，还需保证考古工作进一步开展的可能。同时，对于没有或较少文物遗存的一类，可结合项目的定位，保护并结合依稀尚存的地貌条件重塑旷奥相间的景观空间，再现往日水体的文化“意境”而无须刻意追求与历史水体形式的相似，如曲江的水体恢复与建设就很好地保护了周边起伏的地形。“在中国人心目中，不包含情感的风景没有存在的价值，因为意境的产生是由风景和情感两方面共同决定的，而意境，乃是园林艺术的根本目的所在”[100]。长安宫苑水景作为中国早期“借景”手法运用的物质载体之一，空间构思常常突破场地的物质条件，注重对周边山原环境的因借，使内部空间获得视觉上的延伸，同时获得更为丰富的层次感与意境的升华。因此，对于恢复重塑的水景遗产，首先要保护周边与其空间“构景”有关的典型景物及环境，这既包括近距离的地形与纪念物，也包括视线所及的川原地貌，对它们周边的城市建设应该给予应有的控制。如大雁塔作为芙蓉园周边最为重要的历史纪念物，从园内的多个视角都可被“框入”园中。而从芙蓉园内紫云楼眺望大雁塔的风貌现状（图 7–8），周边建筑环境明显对塔体产生挤压，影响了这种对景关系。根据笔者观察，针对纪念物性质的典型景观，若以其高度为半径画圆的水平范围内，建筑高度控制在小于其 1/3 的高度范围内，可基本保证视线廊道的空间质量。

图 7-8 芙蓉园内眺望大雁塔的风貌现状

7.4.3 水际边界处理及外围建筑环境

在长安水景类遗址的景观结构中，大面积水体往往作为“虚”的观赏空间；边缘地带结合丰富的园林要素作为“实”的景物空间。对边缘及外部空间给予更多关注可以获得更为完善的内部环境。从已经实施的芙蓉园及曲江池遗址公园周边的地产开发来看，由于环绕公园的建设强度过大，且与水面间的过渡空间有限，只注重了由外围高处向内的观湖品质，而影响了由内向外的空间感受和水体原本应具有的开阔尺度感。因此，如果外围已规划为城市建设用地而非农田等开敞空间，以水作为空间主体的景观边界处理往往显得至关重要，首先，水际边界可以利用地形（结合现状或人工堆坡）加乔木种植的方式拉大空间骨架，在视点较低处一定程度屏蔽周边建筑对园内的视觉影响；其次，在理想状态下，可尽量在外围构建一定宽度的多功能绿色廊道拉远园内与城市建设用地的距离，并注重建筑尺度、体量、风貌的协调。周边建筑高度本着靠近园内方向逐渐降低的退台式控制，具体控制区划可借鉴 7.2.3 节的要求。

7.5 本章小结

本章从遗址文化的视角探讨了陵寝类、都城及宫殿类、先期文化类和水景类大遗址与周边城市建设在物质空间上的过渡问题。分别对各自类型的遗址文化特征做了深入剖析，归纳了对周边空间建设的一般要求，并在此基础上以图文并茂的方式提出了具体保护、营建的内容、原则和手段。对于陵寝类大遗址，有必要在保护范围之外划定更大范围的包括建设控制地带的“背景控制区”，注重将望陵与望原、望山相结合，控制视廊内与背景范围的建设高度；对于都城及宫殿类遗址，要注重线性缓冲过渡空间的隔离和外围建筑高度的梯度控制，并对边界的视觉形象和历史轴线做出回应；对于先期文化遗址，要突出与原始性和自然性的环境相协调；而对于水景类遗址，对周边景物资源的因借、水际边界的处理和外围的城市建设控制应是其空间协调的重心。

8 西安大遗址周边环境的适宜性空间模式研究

8.1 适宜性空间模式的提出

西安的各类大遗址在各种有形、无形的历史文化因素的综合作用下，已形成一个有机的系统。这个系统对城市的用地布局、空间形态、绿地系统、游憩网络、基础设施分布等有着重大的影响。本书在剖析西安大遗址所依托环境价值与特征的基础上，提出了在主城区以外构建“历史遗址区域”体系的思路，并在 5、6、7 三章分别从社会功能、生态、空间 3 个维度进行了环境保护与营建研究。在上述综合因素的影响和作用下，不同大遗址因自身遗址特征、文化属性、自然条件、区位条件和发展要求等方面的差异，其保护范围以外与周边城市环境之间应适合不同的过渡衔接方式。本节力求在总结大遗址周边空间环境保护与营建方针的基础上，对大西安主城区范围内的各个大遗址归纳出几类适宜性空间格局。

8.1.1 大遗址周边空间环境保护与营建方针

大遗址周边空间环境保护与营建的方针是基于“真实性”与“完整性”原则和《西安宣言》

中环境含义界定的基础之上所做的探讨。

1. 大遗址周边空间环境保护的核心内容

历史遗址周边的环境在历史朝代的更迭中发生着连续的改变，就周边的自然空间而言，部分还有所留存，而人工建设最初的状况均只能从历史文献与考古资料中窥探端倪。同时，生态与社会环境也在逐年发生着改变，环境的恶化与混乱可以说是城市化进程中大部分遗址周边环境变迁的总体写照。遗址周边的空间环境是个动态发展的过程，随着社会经济状况的演变需要给予积极与合理的引导，并对反映环境真实性和有助于城市可持续发展的信息给予长久的保护。本节就保护的指导思想和保护内容的有关思考分述如下。

1）山水空间环境的保护

历史遗址的选址布局是古代山水文化与哲学思想长期熏陶的结果。就西安而言，除了金城千里、天府之国、南山北原、四塞之国的宏观环境外，九原拱卫、六岗涌海、八水环绕、回龙望祖，又构成了隋唐长安城遗址中的中观环境。而水深土厚、地旷原阔、旁近京畿、双水夹流则构成了五陵原、白鹿原等帝陵区的微观环境。大遗址所依托的城市山水空间环境具备着深厚的文化底蕴，与其形成了彼此共生的一体关系。因此，除了对城市大的山水空间关系保护之外，对于大遗址分布的重要的地景空间，应视为遗产对象谨慎分析和审视，从用地布局、开发强度、风貌形象，到社会经济发展模式，更多地考虑历史文化因素的影响。

2）与扩展环境空间关系的保护

在绪论中已有所述及，真实性可以存在于一个基地与其环境之间有形或无形的重要关系能被界定的程度中，研究与识别大遗址与其紧邻周边和更大尺度范围环境在有形和无形方面的“关系”，保护与维系这些关系是周边空间环境保护的目标。与近距离的空间环境相比，许多远距离的扩展环境也是大遗址赖以生存的土壤，反映了其本体产生及选址的社会与文化背景，具备深厚的非物质文化价值。例如，五陵原上的长陵选址与长安城隔渭河相对峙，南北相距 27 里①，晴天丽日如果站在未央宫前殿遗址的高台上，巍峨的“长陵山”清晰可见[67]7。使城址成为陵寝遗址扩展环境的组成，陵与城的空间关系成为周边环境真实性保护的目标；又如慈恩寺大雁塔因与大明宫丹凤门同处一条指向秦岭牛背峰的历史轴线，使这种对视关系成为其扩展环境保护的核心。因此，无论城市景观如何随时代发展演变，对于大遗址周边环境保护而言，规划建设一是应极力避免使这种扩展环境受高强度开发的影响；二是应留有余地，限制割裂与其之间的视线关系，守住真实性保护的底线。

3）对环境演变过程的保护

大遗址周边在不同时期形成的人工建设与农林景观改变了遗址存在的环境条件。部分企

① 27 里 = 13.5 千米

业、住宅等甚至压占了大遗址的重要边界，影响了考古的开展。对于这些环境演变过程的态度，必须以遗产保护真实性和完整性原则作为重要的衡量标准。对影响文物安全的部分必须积极采取抢救性的保护措施；而对未压占遗址本体或对其保护产生负面影响的聚落、建构筑物、植栽与产业发展，应在综合评估的基础上采取更为“弹性”的态度，结合遗址区域整体保护与发展的方向，将满足目前城乡生活和经济发展的部分视为有价值的历史过程给予充分尊重及合理保护。

4）相邻历史要素与非物质文化的保护

对于大遗址周边与之相关联的历史要素，如历史渠系、文物点、历史文化名村、古镇等，应在谨慎分析的基础上，将其划入“历史遗址区域”作为城市的限建区实施整体性保护。对区内的历史建筑、古树名木等遗产要素应采取积极的保护措施；并结合遗址所在地域古村镇的保护，为民风、民俗、社会活动、传统认知等非物质文化遗产的延续提供机遇。

2. 大遗址周边空间环境营建的指导思想

1）分层次进行梯度控制

传统设置缓冲区（建设控制地带与环境协调区）的方式不能囊括遗址环境的全部范围，遗址周边环境的辐射范围因遗址类型、特征不同也存在很大的差异，不同案例有不同的情况。本书提出对不同距离的环境建立不同强弱等级的梯度控制。参考建筑场，将大遗址场的强弱及范围划分为强场、均衡场、弱场和虚场 4 个层级［图 8-1（a）］，将对不同层次环境营建的要求贯彻到城市规划与建设的每一个阶段当中。对各个层级环境的营建要求分述如下。

首先，强场，即建设控制地带内部，应严格遵照《文物保护法》中对建设控制地带的要求，包括建设活动不得破坏文物保护单位的历史风貌，不得建设污染其环境的设施，不得进行可能影响其安全及环境的活动等。同时，该范围作为受大遗址辐射影响最为强烈的地区，应以延续与烘托大遗址的景观特色为目标，形成以植物要素为主体的绿色空间，严格控制内部建筑物的数量和规模，高度、色彩、风格、形式应与遗址风貌相协调；此外，该范围从功能上与大遗址有着最为密切的互动关系，其功能设置应紧密结合遗址的保护与利用模式，以及内部居民搬迁的实际情况，从内部需求视角出发，适量安排与旅游服务相关的职能。

其次，均衡场，即毗邻建设控制地带的第一层环境，作为城市空间与遗址环境的过渡带，在功能上应进一步延续与遗址内部保护、利用模式相关的产业，将文化产业的链条扩展至城市空间，并严格限制对遗址环境有潜在影响的用地性质；在有条件的情况下，进一步扩大、延续绿色空间的范围，将绿地延伸至城市发展区腹地；建筑高度本着靠近大遗址方向逐渐降低的退台式控制原则，禁止高层与超高层的建设。

再次，弱场因与大遗址的距离进一步远离，影响范围应结合具体的情况分析确定。在该

范围内应结合大的地理环境的生态保护，在城市建设过程中注意：建设高度控制与均衡场的衔接，并限制高层与超高层的建设；同时在距离充足的状况下，用地性质与功能设施的确定可不受遗址因素的影响。

最后，虚场的范围因指向城市领域，主要涉及与大遗址所处空间在意境方面的关联（如前述的汉陵与汉长安城的对视关系，大雁塔与大明宫丹凤门的轴线关系等），应从城市总体规划设计层面入手，注重对远距离的扩展环境的视觉关系的保护。

2）以“整体性保护”为前提

对于主城区外的大遗址，应以地景空间整体价值的保护和遗址群整体价值的保护为目标，合理构建“历史遗址区域”体系实施整体性保护。该范围涉及前述的弱场（泛遗址区）、均衡场（亚遗址区）和强场（紧邻周边）3 个层次 [图 8–1（b）]。区域的发展过程应以其作为城市建设限建区为前提，避免成为新区发展的腹地；并通过规划、管理等手段引导它的动态发展过程。泛遗址区内部严格禁止各种与遗址环境不相融的（如污染性）产业，同时，鼓励发展都市农业与观光农业；亚遗址区内部则结合考古遗址公园的建设有选择地发展旅游服务业，休闲与文化等产业。在空间风貌方面，对各个环境层次内的人工建设进行统一要求，建筑高度、色彩、风格、形式应与遗址环境相协调，维护地景空间整体以开敞、空旷为主的绿色空间环境品质。

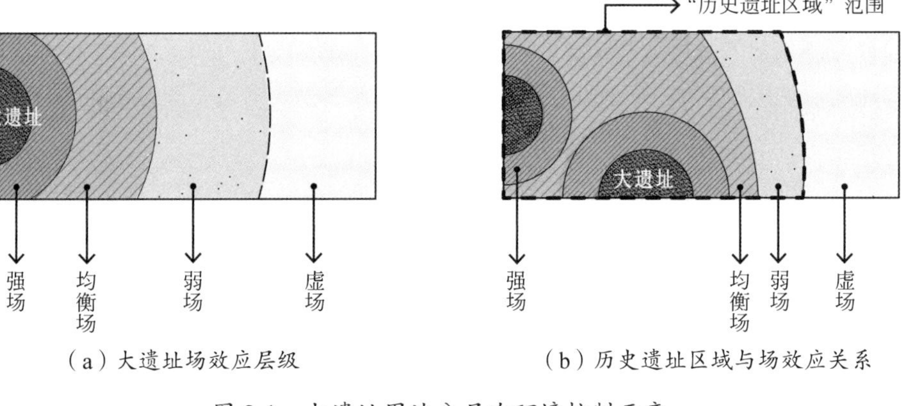

（a）大遗址场效应层级　（b）历史遗址区域与场效应关系

图 8-1　大遗址周边分层次环境控制示意

3）多维度环境内涵并重

环境对人的教化作用越来越多地取决于它非物质层面的内容，因此大遗址周边环境的改善不能仅仅重视物质空间的塑造，它与地方社会经济发展、城乡统筹、生态环境保护等方面的目标息息相关。本书将大遗址周边环境的内涵归纳为自然生态、物质空间和社会功能这 3 个主要方面，只有建立在对地域文化深层挖掘与理解的基础上，协调好大遗址与城市建设在多个环境维度的和谐过渡，才能实现真正的完整性保护。

4）文化遗产真实信息的阐释

“阐释与展示”是文化遗产保护和管理过程的重要组成部分。为了缓解城市空间的特色危机；促进公众对其本体和相关知识的理解，提高他们对文化遗产地的尊重和理解，城市建设作为城市形体空间及物质环境塑造的过程，如同各类出版物、公众讲座、教育项目、社区活动等一样应承担起对遗产历史文化信息阐释的职能。同时根据《阐释与展示宪章》的精神，阐释与展示必须遵守《奈良真实性文件》中关于真实性的基本原则。一方面，在保护与发展的博弈中，大遗址周边的城乡环境在面临更新改造时，应对其中的历史、社会、文化等信息（如对尺度、布局、要素、意境等内容），通过规划设计手段有所呼应和提示（如汉城湖公园对汉长安城历史水系的再现，唐城墙遗址公园中通过景观环境的设计对里坊尺度的阐释等）；另一方面，在大遗址周边的旅游开发和街区建设中，应尽可能挖掘文化遗产的历史信息，在要素布局与环境设计中有所体现。这包括建筑、小品、雕塑、环境设施等物质要素，也包括民俗活动项目等非物质文化内容。应以真实的历史信息为依托，不能擅自“杜撰”，也不能以文化艺术资源作为谋利的工具。

8.1.2　适宜性空间模式的类型

西安大遗址周边适宜性空间模式的提出，是在结合西安各个大遗址的特点与现状和上述方针及整体理论框架的基础上，针对“两个区域”，从“两个角度”和“两种状况”出发进行的探讨。两个区域是指对目前主城区以内和主城区以外的大遗址周边环境分别进行归纳；两个角度是指从理想状况和底线控制两方面提出；两种状况包括将现状已有且具备存在必要性和从构建体系中所提出的模式均作为适宜性空间模式的类型。

1. 主城区内部

1）底线控制——“对比包围模式”

对比包围模式是指大遗址外围没有形成缓冲空间，或缓冲过渡范围较小未能构成廊道，城市的发展与遗址区形成了直接对比的土地空间格局。在历史文化资源十分丰富且密集的遗产城市，该模式是城市发展中的一种无奈之举，在现实中已经存在并十分普遍。面对曾经连文物本体保护都举步维艰的城市化进程，其存在也具有一定的意义，包括扩大遗址要素对周边城区的影响与辐射效应，使历史文化更便捷地融入市民生活等。但周边城市建设需满足不同环境维度的要求，避免陷入对土地经济利益过度追求的误区（图 8–2）。

2）理想状况——“廊道隔离模式”

廊道隔离模式是指大遗址外围由自然或人工水系，或较宽的绿带与连片的城市发展相隔离的土地空间格局。在用地较为紧张的城区，该模式对于阻隔城市发展对遗址安全的影响，使遗址区内外的功能属性相互渗透，再现历史上的线性遗产要素和保护自然廊道等方面具有广泛的价值与作用（图 8–3）。

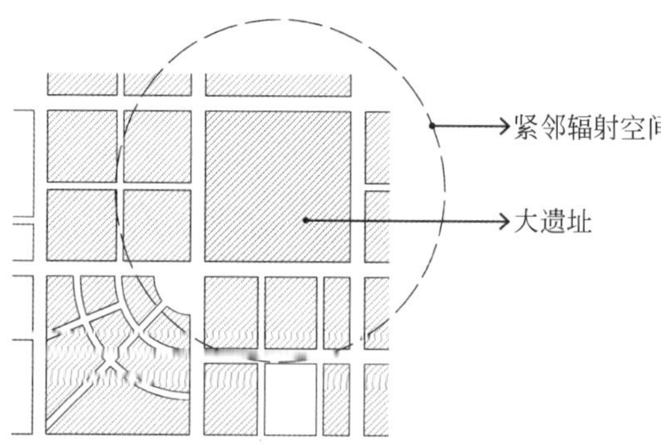

图 8-2　对比包围模式示意

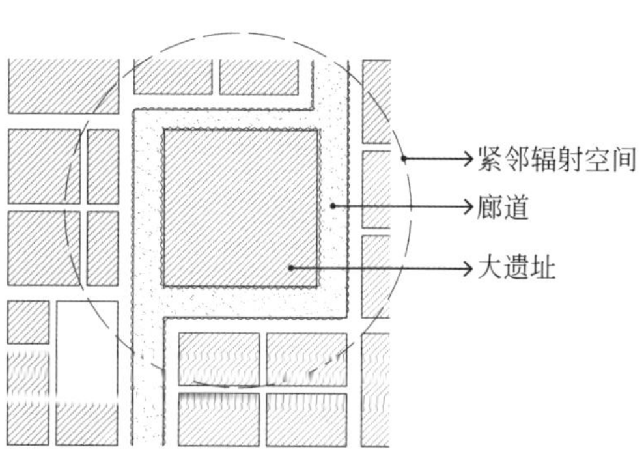

图 8-3　廊道隔离模式示意

2. 主城区外“历史遗址区域”内部

1）底线控制（强场）——“咬合过渡模式”

咬合过渡模式是指大遗址外围数条较宽的绿色廊道与城镇发展斑块相互嵌套，再逐渐过渡到连片发展的土地空间格局。理想状况下，主城区以外的大遗址应尽量保证大范围的开敞空间与城市过渡，但如果在其周边城镇建设的决策已经制定且势在必行的背景下，该模式力求积极面对遗址周边文化、地形等较为复杂的情况，将大遗址“强场”的各项影响因素作为控制其周边空间环境保护的基本底线。强场外部的城市建设需满足不同环境维度的要求（图 8–4）。

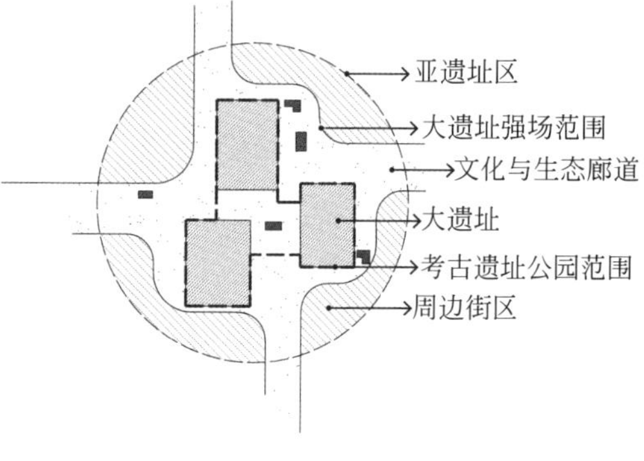

图 8-4　咬合过渡模式示意

2）理想状况（弱场）——“开敞过渡模式”

开敞过渡模式是指大遗址外围由大范围开敞的绿色空间，包括农田、果林、生态林等，逐渐过渡到城镇集中发展的土地空间格局。这是主城区外大遗址环境保护最理想的情况，对于与大遗址相融共生的泛遗址区（即弱场）之生态环境、历史环境与美学意境的保护，以及地景空间整体价值的凸显具备最为积极的意义（图 8–5）。

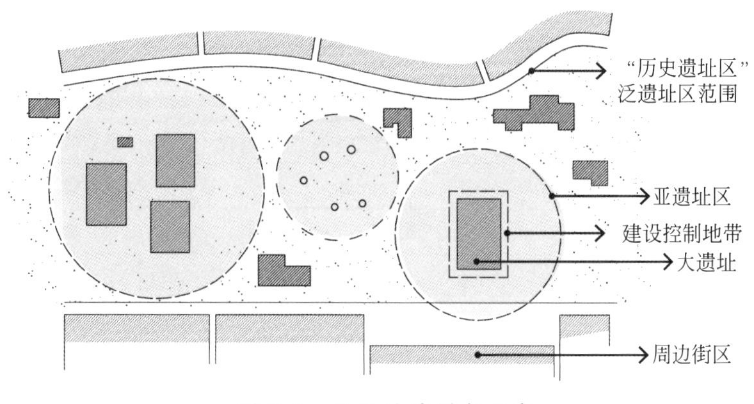

图 8-5　开敞过渡模式示意

8.1.3　模式选取的综合评价

合理的模式选取应符合城市生态保护、规划建设与社会发展的多方面要求，是保护与营建大遗址周边空间环境的基础，也是平衡城市发展与遗产保护矛盾的前提。对于周边情况相对复杂，与城市空间过渡模式较难判定的大遗址，本书尝试从前文 3 个维度给出影响大遗址周边空间格局的条件因子，建立模式选取评价表（表 8–1），以期为被城市扩张包围中的大遗址提供合理化的环境保护建议。

表 8–1　西安大遗址周边空间环境模式选取评价

评价维度	评价因子		空间模式			
			对比包围模式（A）	廊道隔离模式（B）	咬合过渡模式（C）	开敞过渡模式（D）
生态维度	与城市生态层次的关系	第一层次				●
		第二层次			●	●
		第三层次	●	●		
	与规划生态绿楔的关系	内部				●
		外部	●	●	●	●
	位于城市发展南控线以南					●
	与物种（潜在）栖息地关联					●
	临自然廊道（河流、原坡）			●	●	●

续表

评价维度	评价因子		空间模式			
			对比包围模式（A）	廊道隔离模式（B）	咬合过渡模式（C）	开敞过渡模式（D）
社会发展与城市建设维度	与城市人口聚集区的关系	紧密	●	●	●	
		疏远			●	●
	被规划新区包围				●	●
	被城市改造区包围		●	●	●	
	附近有相关遗址				●	●
	临城市重要交通干线			●	●	●
空间建设维度（基于不同文化类型）	陵寝类大遗址				●	●
	都城与宫殿类大遗址	规模大且保存完整		●	●	●
		中、小规模，保存完整		●	●	●
		局部保存	●	●	●	
	水景类大遗址	文物遗存与地貌条件保留好		●	●	●
		无考古遗存，原地貌消失	●	●		
	先期文化遗址	规模大且保存完整		●	●	●
		规模小或局部保存	●	●	●	
合计（$C=\max C_i$）			$C_A=\Sigma C_{Ai}$	$C_B=\Sigma C_{Bi}$	$C_C=\Sigma C_{Ci}$	$C_D=\Sigma C_{Di}$

在具体评估过程中，可对应表 8–1 中的内容选取大遗址在每个维度符合的相关条件（一个因子可以匹配多项），并将相应条件下适宜的每种模式类型的匹配次数纵向相加，即 $C_A=\Sigma C_{Ai}$，$C_B=\Sigma C_{Bi}$，$C_C=\Sigma C_{Ci}$，$C_D=\Sigma C_{Di}$，最后比较 A、B、C、D 4 种模式的评分，最高分的（$C=\max C_i$）即为适宜的模式类型（若出现某两种模式分数相同，可再进一步做具体问题具体分析）。举例说明，如白鹿原的汉文帝霸陵遗址符合以下条件：属于城市生态层次的第二层次；位于城市规划绿楔形的内部；与物种栖息的潜在景观格局相关；临近自然河道；远离城市人口聚集区；附近有相关遗址；属于陵寝类大遗址。在研究后得分为 $C_A=0$，$C_B=1$，$C_C=5$，$C_D=7$，则说明 D 即开敞过渡模式是符合多角度利益的适合类型。

本章选取了每一模式的典型代表，分别是对比包围模式：唐长安城明德门遗址；廊道隔离模式：汉长安城遗址；咬合过渡模式：少陵原杜陵遗址；开敞过渡模式：白鹿原汉陵遗址区。对这些案例的详细描述，每个模式适宜的特征与条件总结，以及在周边空间环境规划设计时需注意的问题将分述于下文。

8.2 对比包围模式

8.2.1 典型代表——唐长安城明德门遗址

1. 明德门遗址概况

明德门是唐长安外郭城的正南门，与皇城之“朱雀门”和宫城之“承天门”同处于唐长安城的南北中轴线上。明德门遗址在今西安南郊杨家村村南，中国科学院考古研究所于 1972 年 10 月开始对明德门进行发掘，至 1973 年 1 月发掘结束，发掘面积约 1750 m²。明德门共有 5 个门道，平面呈长方形，城门墩东西长 55.5 m、南北宽 17.5 m。5 个门道的建筑形式相同，门道宽 5 m，进深 18.5 m，各门道之间的夯土隔墙厚 2.9 m。除上述发掘情况外，在城门外侧还发现壕沟一道、石龟一个及房址等 [101]（图 8–6）。在此之后的很长时间内，由于缺乏有效的遗址展示和宣传，西安的很多普通市民仅仅知道明德门这一地名而缺乏对遗址文化的了解。随后在该地区建设了明德门社区广场，可在紧急时刻作为应急避难场所。但长时间以来，由于疏于管理，遗址周围也曾变成附近居民的垃圾场，石碑旁荒草丛生。近两年随着杨家村拆迁改造工作的展开，沉睡的遗址有望结合遗址公园的建设和周边环境的营建重新走入公众视线，获得更科学合理的保护与展示，焕发出崭新的生机。

图 8-6　明德门遗址

（资料来源：百度）

2. 周边发展现状

明德门所在的城市片区早在多年前已处于主城内的密集建设区，随着城市发展步伐的加快，当下明德门遗址附近也面临着城市改造带来的机遇和挑战，杨家村的拆迁使其周边即将被新的城市功能所包围。以下将结合中国建筑西北设计研究院（华夏所）所做的明德门杨家村片区改造规划来阐释在大遗址外围形成对比包围模式的案例。图 8–7 项目中不涉及遗址的保护工程及景观手法对其位置、体量、尺度等的展示，主要针对遗址南侧和北侧拟建的城市环境展开。项目用地以杨家村拆迁后的土地为主，西侧紧邻现在的朱雀路（作为城市主干道），横跨明德门遗址内外，被划分为 7 个地块，周边多为已建成的高层住宅区。

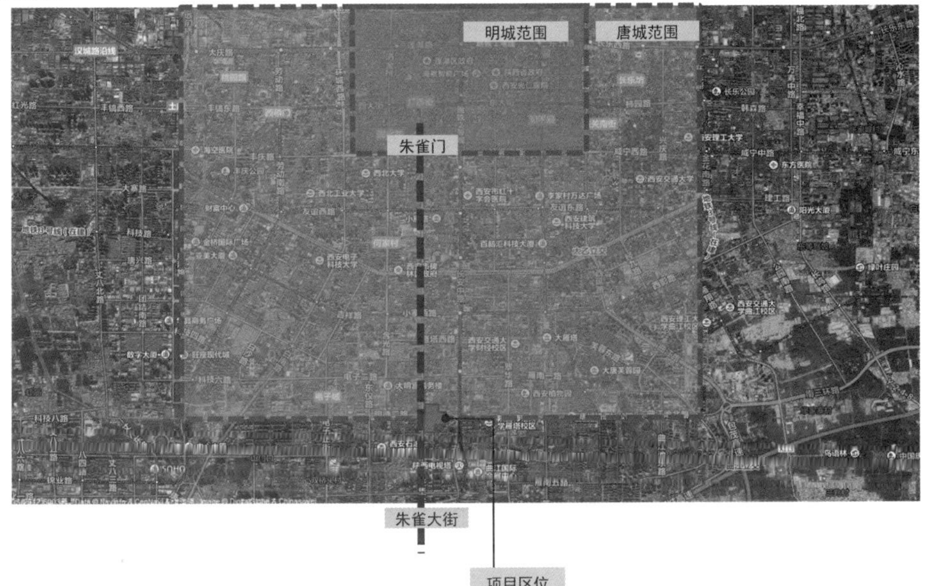

图 8-7　项目区位

（图片来源：中国建筑西北设计研究院华夏所）

3. 功能定位

用地的发展定位既受到现状城市环境的影响，要求承载商业、办公和居住（需解决杨家村村民的就地安置）等职能；同时也受到遗产环境的影响，需考虑如何让历史文化更好地融入现代都市生活。最终在业态上确定了以小企业办公、中小型精品商业为主，打造集合创业基地、科技、创意园区、时尚艺术展示的综合体，使这里成为拥有时尚和历史元素的城市新的功能片区，以及充满活力的市民聚集场所。

4. 用地布局与城市设计

1）历史轴线的保护与延伸

由于用地跨越遗址南北，唐代原朱雀大街位于遗址以北（城内），因此规划前期就有意将其北部的完整地块辟为绿地，以增强对历史轴线方向上的视觉和心理感知，其开阔的空间尺度也足以令人联想原先朱雀大街 155 m 宽的气魄。同时，遗址南部用地规划中有意依托原朱雀大街中轴线打造 40 m 宽的内街，并将里坊布局的商业建筑沿两侧布置，使历史轴线在现代城市肌理的组织中得到了有效的尊重和再现。

2）建筑高度控制

针对周边拟建建筑高度控制这一问题，规划首先将遗址北部绿地地块做高低错落的台地式变化处理，设下沉广场，将人流引入地下一层商业区；在局部线性的景观台地中设置 2~3 层商业空间，之所以采取线性的形态是对与城门相应的“城墙”这一场地文脉要素的活化。其次在商业北侧及东侧将建筑体量打散，控制高度在 7~12 层之间，并以圈层退让的方式将高层住宅安排在外围，最大化地弱化高层可能带来的视觉压迫（图 8–8）。

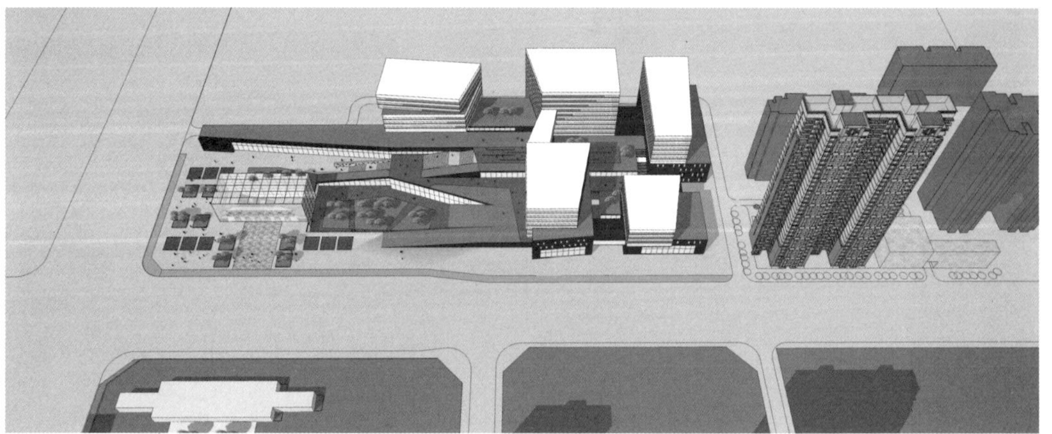

图 8-8　遗址周边建筑高度控制

（图片来源：中国建筑西北设计研究院华夏所）

3）历史遗址的空间感知

由于绿地中将商业空间安排在地下一层，于地面设置玻璃体构筑物既可以作为地下空间的入口，也因其通透性不影响视线穿越对轴线方向的感知。设计中用将明德门的复原影像投影在玻璃幕墙上的方法①，配合夜景的灯光设计，使玻璃体构筑成为一面现代手法演绎下的历史记忆展示墙。尤其是从遗址以南地块的中轴线内街行进时，视线可追随原历史轴线的轨迹，穿过真实的被保护的遗址，并眺望到投射的复原影像，完成历史与现代跨越时空的对话（图 8–9）。

遗址要素是对周边城市改造影响最大的文脉要素，只有在严格保护的前提下挖掘其内部蕴含的文脉基因，并给予充分地阐释、活化与利用，将其完全融入现代化的城市生活之中，才能呈现出它最大的价值。

① 采取了傅熹年先生对明德门的复原设计[102]。

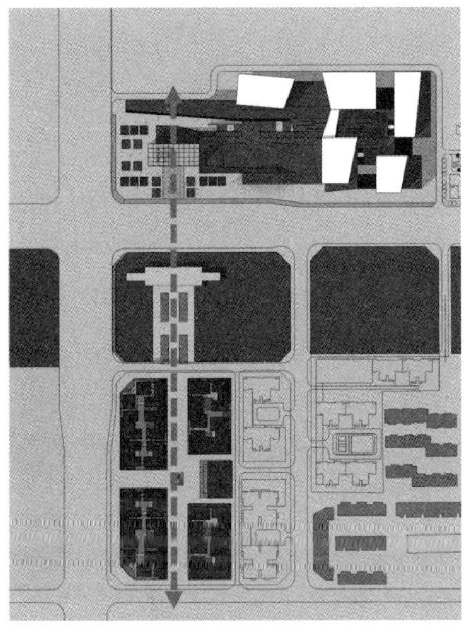

图 8-9 遗址的轴线保护及空间感知

（图片来源：中国建筑西北设计研究院华夏所）

8.2.2 适宜特征与条件

对比包围模式的适宜特征与条件见表 8–2。

表 8–2 对比包围模式的适宜特征与条件

遗址特征	遗址价值重大但周边大多已被建成区侵占；或当大遗址的价值不大、文物遗存较少，其自身的文化属性对所处环境要求不高时（如史前遗址），周边的城市建设在满足不对遗址安全构成威胁的基础上，从风貌的角度可与其形成直接对比
文化属性	大遗址与其他亚遗址区之间不一定存在文化上的紧密联系，适宜于结合自身历史文化特征打造独立的遗址类城市公共绿地
自然条件	大遗址周边的自然要素与生态资源并不十分丰富，生态保护的要求对大遗址周边土地利用的影响与限制相对较小，且地形条件相对平坦，适宜于城市建设
区位条件	位于主城区内部，经济区位优越，交通及旅游区位便利；大遗址周边土地经济价值较高，开发潜力大；可以借助该遗址的保护与利用作为带动周边及区域发展的引擎
发展要求	处于城市更新改造地段，通常位于主城区高强度开发的地段
适宜于西安的大遗址：半坡、唐城林带、兴庆宫等。这是目前大遗址周边最常见到的一种空间模式	

注：在具备以上部分条件时可通过综合研究采用。

8.2.3 周边空间环境保护与营建策略

1. 合理定位地段功能

大遗址与周边环境应形成良好的互动影响关系，外部烘托内部，内部辐射周边。结合遗址保护的城市绿地为周边城市片区提供了从文化、历史、生态到视觉艺术多重意义的休闲空间，而合理的外部功能定位也会为突出大遗址的历史文化价值及公众影响力带来积极意义。

为满足居民故土难移的情愫，并使他们生活在更为完善的城市环境中，西安目前遗址地的拆迁改造工作多以就地安置为主，结合这一目的在遗址外围多形成了以居住为主要类型的用地属性，但这并不能发掘和传递遗址最大的潜在价值。从国外城市公园的发展历程看，很多都采用了城市绿地与重要城市公共设施相结合的方式，提升了地段的价值，带来更多人气并获得了良好的影响（例如巴黎拉维莱特公园的音乐厅等建筑）。因此，如果要丰富遗址周边用地的功能类型，植入与遗址要素相关的艺术、商业、文化等业态和产业触媒，则可与遗址绿地共同打造新的城市功能片区，利用遗址的文化基因激活地段的更新建设，并使这种互动影响关系走上良性发展的轨道，从而扩大历史文化遗产对周边居民和城市的影响力，最大化它们的价值。

2. 现状肌理的编织

原先静态保护下的大遗址大多处在城市衰败地段，环境杂乱，在获得积极保护与利用的同时往往随着城乡统筹的过程或周边街区的整体整治，城市功能和基础设施均面临着更新，这为大遗址周边获得良好的城市环境带来契机。由建筑群、街道、广场等公共空间所构成的城市肌理是人工肌理的典型代表，它是在相对漫长的历史时期中，在地域文化及自然因素影响下逐步形成的，是城市弥足珍贵的发展印记。

正如德国建筑师、城市设计师弗里茨·舒马赫（Fritz Schumacher）所言："一座城市……如同一个构成物，一半像源自造型外观的艺术品，而另一半像一棵植物，从其外界环境中获得它的生长法则"。"规划应从已有周边环境空间'逻辑'和功能格局出发来进行形式探求，形式要考虑周边环境的显著结构特征并将此反映在规划区中（结构性特征包括建筑形式、道路、广场、用地划分、道路走向等方面）"[103]。有些大遗址所处的城市地段肌理特征明显，遗产资源周边的人工环境规划应在空间组织方式、尺度、建筑风格等方面努力维护，并在必要的时候编织已经破碎的现状肌理，使之与周边形成和谐统一的整体。

3. 空间体量的过渡

为了不给遗址造成压迫感，其周边地段应进行基于视线分析及场所感研究的建筑高度控制，理想情况下应是由中心向四面的圈层退台式过渡。如果因现实情况无法满足，则最起码

要保证大遗址内重要空间辐射区域，或文化轴线方向上的有效控制。对周边土地开发强度的限制可能给村民的集中安置在实施层面带来一定的困难，这样的遗址地应在城市范畴内由政府统一协调拆迁安置问题。

4. 心理尺度的对比

大遗址内部空间开阔，往往给人神秘苍茫的感受，是城市中独具人文意义的绿色空间。为了使游人进入遗址地后能突显这种心理感受，紧邻外围街区的公共空间尺度宜小不宜大，宜怡人不宜雄伟；在图底关系的研究中应注重建筑物覆盖的密度大于公共空间，使公共空间获得“完形”，这有助于形成豁然开朗的尺度转换，创造从周边积极的外部空间至大遗址内部的场景序列。

5. 历史格局的挖掘和展示

环绕大遗址周边的城市建设需要充分研究与挖掘原有格局的历史信息，并在空间建设中予以尊重。首先，城市建设从线性空间的位置、风貌，到周边建筑高度控制，以及街巷“对景”的场景展现，都应采取适宜的规划手法以呼应、保护及延伸城市的历史轴线；其次，可结合局部场地开辟公共空间（如城市广场），并在环境设计中融入原有的历史文化信息展示曾经的格局；最后，对于如上述案例中明德门遗址这样重要历史景观，可采用现代的技术、手法给予意向性的阐释。

6. 合理定位环境设计理念

一般城市公园的边界可分为开敞型、封闭型和作为功能活动区的带状空间，其中开敞和封闭又可从视觉与行为两个角度来衡量。其开放或封闭既与大遗址的类型相关，也和遗址边界遗址要素的展示需求、考古情况、生态建设需求相关。对比包围模式下大遗址主要为先期文化遗址和都城、宫殿遗址，其边界空间处理应结合遗址边界的考古状况，借鉴一般城市公园绿地的手法，在科学保护文物遗迹的基础上有效展示，形成明确的与遗址文化特征呼应的视觉印象，并结合管理的需求确定不同界面开放的程度和方式。

大遗址管理边界以外的环境保护与规划需建立明确适宜的理念。而在遗产本体周边建筑空间环境总体规划设计理念的定位可包括：①模拟再现：就是对于某种曾经在历史上存在过的，或者与文化遗产的保留与延续有关系的古代建筑空间环境模式或建筑形态的模拟建造；②历史演绎：根据对文化遗产的历史记载以及结合现代的科学考古结论，以保护文化遗产本体为前提，在遗产的周边环境选取合适的地址，采取历史演绎的理念来进行遗产周边环境的塑造和营建；③文化表达：是将历史文化遗产和周边环境在形成、发展与变迁的过程中，所记载的物质要素（如空间环境和建筑的逻辑、细部、装饰），以及文化遗产中的各种非物质要素（如历史人物、历史传说等精神文化内涵）经过浓缩和提炼，通过物质空间的

反映而表达为可被视觉感知的实体空间环境；④气韵塑造：通过空间和时间的两个维度，将延续文化遗产的历史文脉和地域文脉作为设计的指导思想，需要通过营造场所环境的历史精神内涵来表达传统文化的内在含义。同时，在遗产环境中建构筑物等物质要素的详细规划设计手法包括：模仿借鉴与变异重构；界面延续与消解弱化；形式隐喻与内涵外延；空间演绎与情景再现[104]。以上理念与手法在国内外众多历史遗产周边的建筑环境中均有着广泛的应用，在具体的规划中应结合大遗址的类型和特征，因地制宜地选取合适的设计理念与详细规划设计手法。

8.3 廊道隔离模式

8.3.1 典型代表——汉长安城遗址

1. 大遗址保护区划

汉长安城遗址是西安的四大遗址之一，全国重点文物保护单位，面积约 36 km²，是我国现存规模最大、保存最完整、遗迹最为丰富的都城遗址。根据《汉长安城遗址保护总体规划》，保护区划分为汉长安城城址区、建章宫遗址区和礼制建筑遗址区三部分。“其中汉长安城城址区的重点保护范围是：地上、地下遗迹本体及其周边外延 50 m 以内的区域范围和重要遗迹集中分布的未央宫遗址区，总面积 17.56 km²。保护范围：汉长安城城墙外延 100 m 以内的区域范围，总面积 37.47 km²。

Ⅰ类建设控制地带：北城墙西北城角至洛城门段以北保护范围以外、东西向规划道路以南的区域范围，该区域面积 1.02 km²。

Ⅱ类建设控制地带：保护范围和Ⅰ类建设控制地带范围以外，绕城高速公路北段以南、朱宏路以西、二环路以北和以西、大兴路以北、西三环路以东的区域范围，该区域实际面积 6.99 km²。

遗址景观协调区：绕城高速公路北段以南、明光路以西、大兴路以北、朱宏路以东的区域范围，总面积 9.33 km²”[26]100（图 8–10）。

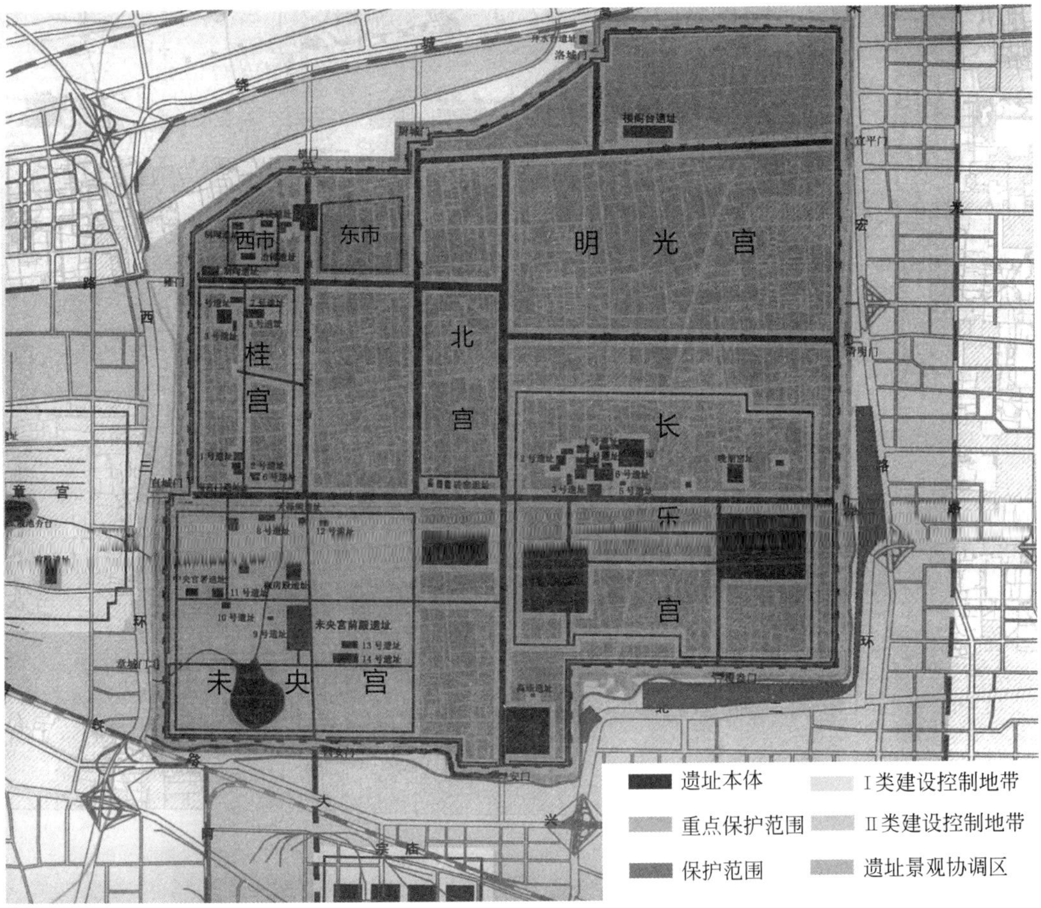

图 8-10　汉长安城遗址保护区划（彩图附后）

（资料来源：西安市城市规划设计研究院，《汉城湖周边储备土地规划设计》）

2. 发展现状——汉城湖公园（临汉长安城）

2011 年，沿着古汉城墙遗址东侧及南侧建成并对外开放了汉城湖公园。这里曾是汉代的漕渠与汉长安城南城壕（引自泬水及昆明池水），是防御和通船运输，向关中运输粮食的重要渠道。20 世纪 70 年代建有团结水库，长期承担着城市排污、雨洪排泄任务，近 30 年来，由于设施老化，污泥淤积，库水变为发臭的生活、工业污水。随着西安市政建设的加快，近年来，引沣河清水入库，改名汉城湖，形成水面 57 hm^2 的汉文化主题景区。以满足旅游休闲、改善生态环境、保护城墙遗址、提高防洪能力为主要目标。并建有“大风阁”“汉风水韵”音乐喷泉等工程（图 8–11）。目前，汉长安城四周已被城市干道所包围：北侧的绕城高速公路、南侧的北二环路与大兴路、西侧的西三环路及东侧的朱宏路。外围除了村镇、企业外，还有不少已建成的大规模住宅区。

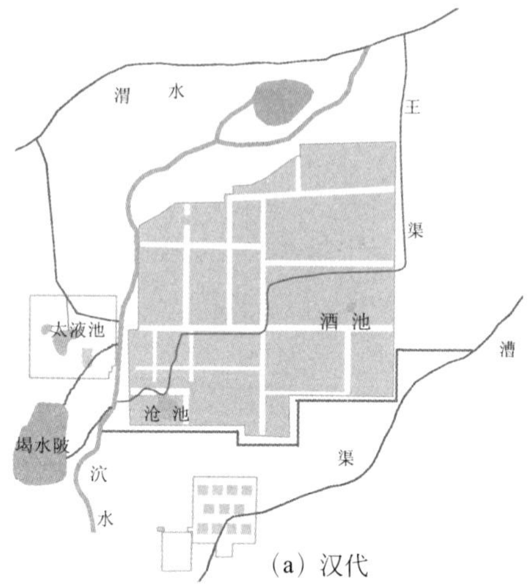

（a）汉代

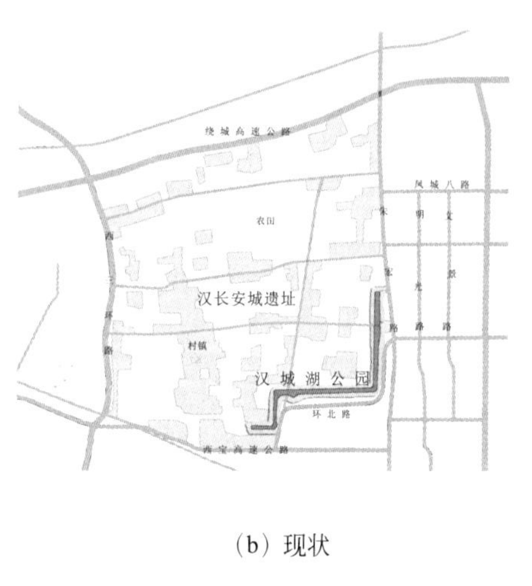

（b）现状

图 8-11　汉漕渠古今水体对比

3. 廊道营建的建议

虽然汉城湖公园的修建对于历史水系的再现、汉文化展示、市民的休闲游憩生活都起到了积极的作用，其内部水系及两侧的绿化带也较好地协调了大遗址内外的环境风貌。但城市建设对遗产环境的破坏与割裂及潜在的发展威胁依然不容小觑：周边的高层建筑已鳞次栉比；汉长安城西侧与建章宫之间被西三环路分割；南侧的大兴城正在紧锣密鼓的建设；同时，朱宏路以西、北二环路以北还有部分的储备用地，该储备土地中除了已建有批发市场、汽车贸易等商业设施外，还存在大量的空地，是未来协调汉长安城遗址与西安城市核心区风貌过渡的重点控制地段，在保护区划中属于Ⅱ类建设控制地带。因此，很有必要及时探讨未来汉长安城周边空间环境如何能更有效地协调大遗址与中心城区的关系，同时满足生态、审美、游憩、文化等多方面的需求（图 8–12）。

首先，生态防护型绿道的建设：有条件的情况下，在西三环路、大兴路及绕城高速公路两侧分别建设不小于 30 m 宽的绿带，构建乔、灌、草多个层次的种植结构，既满足动植物迁徙的需求，又具备一定的吸尘减噪效果。在绿带与大遗址之间的Ⅰ类和Ⅱ类建设控制地带可作为未来村民安置、文化产业和旅游服务的基地，在控制开发强度的前提下，形成与大遗址及城区在功能和风貌上的合理过渡。

其次，游憩与景观型绿道的建设：朱宏路与北二环路作为重要的交通干道与城墙遗址的距离较近，并且担负着串接其他亚遗址区的作用（包括礼制建筑区、丰京、镐京、阿房宫）。因此，建议将北二环路以北、朱宏路以西至城墙遗址之间 200~500 m 不等的土地，包含汉城湖公园及部分储备土地整体纳入绿道的建设中，并作为未来汉长安城考古遗址公园的管理范围的组成部分。沿此两条交通干线营建以游憩、文化景观为主题，以非机动车为主要交通出行方式的绿带，并在保障绿带与汉城湖之间区域大面积绿色基底的前提下，适当引入以旅

游服务及文化产业相关的功能节点，形成生态—游憩—景观一体化的“内侧水廊、外侧绿廊、中间串珠式节点”的开发模式。具体空间营造中，在该绿道的最窄处，湖面外侧驳岸与干道界面的距离约 110 m，在满足相关游憩设施的前提下可实现此空间的全部林下覆盖，并保障林下的视线通透性，强化从城市干道及绿带内对大遗址的感知。在该绿道较宽处可考虑新的功能植入，即以旅游服务为主的节点，包括餐饮、休闲、住宿等配套功能，并保证临近干道不小于 60 m 宽的连续绿带。

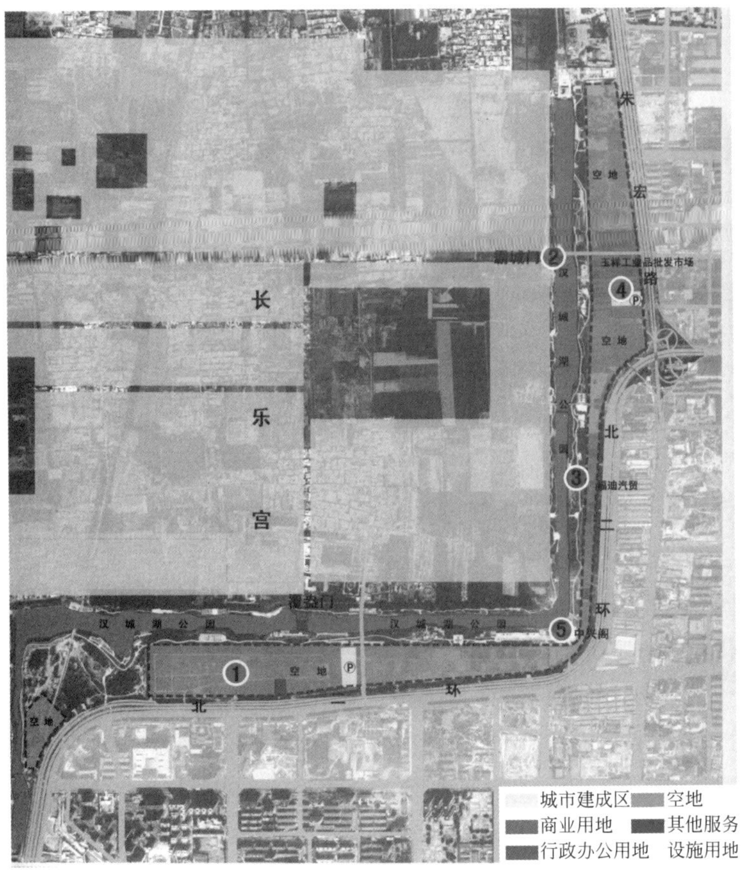

图 8-12　汉城湖周边储备土地用地现状（彩图附后）

（资料来源：西安市城市规划设计研究院，《汉城湖周边储备土地规划设计》）

最后，廊道的整体风貌：整体风貌的打造是景观规划设计综合结果的呈现，其中建筑高度应该受到严格的控制，体型、色彩、风格以汉风为主，注重将汉代建筑的神韵、符号通过提炼、抽象整合到现代建筑及小品中。与此同时，建议未得到合理展示的现状夯土城墙遗址和城门节点，借鉴大明宫遗址公园的手法对它们采用意向性阐释以突出其重要地位，并保留几个城门节点处视线通廊的开敞性，更好地向公众传达汉长安城的文化内涵。

8.3.2 适宜特征与条件

廊道隔离模式的适宜特征与条件见表 8–3 所示。

表 8–3 廊道隔离模式的适宜特征与条件

遗址特征	大遗址自身意义重大、空间格局特征显著、需要周边环境的协调呼应来保证公众在大遗址内部对整体历史氛围的感知（如宫殿、礼制建筑），外围的城市发展应预留出足够的缓冲空间
文化属性	大遗址外围往往存在可挖掘与展示的文化要素，如古人工渠系、古道等；可借助人工廊道的建设恢复与展示原有的文化要素，与城市建设形成良好的缓冲过渡，同时实现大遗址与其他亚遗址区之间的连接
自然条件	地形相对平坦，大遗址边界存在天然的河流或其他生态廊道，可结合该天然廊道的保护实现与城市发展的隔离
区位条件	位于主城区内部或毗邻边缘，作为城市化已经扩展到的区域，周围有城市交通干线的包围，或有新规划的交通线网从附近穿越；或有自然廊道如河流水系作为边界
发展要求	处于城市更新改造地段
适宜于西安的大遗址：大明宫遗址、曲江池、汉长安城（东、南侧）等	

注：在具备以上部分条件时可通过综合研究采用。

8.3.3 周边空间环境保护与营建策略

1. 对人工历史渠系的再现

汉城湖的实践，作为汉文化展示与市民游憩生活的绿色空间，在一定程度上实现了汉长安城南城壕的再现。西安自古有诸多历史渠系分布在各历史遗址区的内部及其周边，它们是城市“水文化”的重要组成部分。历史渠系的变迁是基于每个时期城市供水与农业灌溉的需求，能留存至今的实物已经寥寥无几，但传统智慧对后世的影响则延续了 2000 余年，如郑国渠开创了引泾灌溉之先河，秦以后的历代继续在这里完善渠系设施，建于 20 世纪初的泾惠渠至今还在渭北平原发挥作用。对待该类文化遗产，应在对文物本体严格保护的基础上，从当代的发展要求和机遇出发，在有条件的情况下于大遗址外围恢复曾经的历史水系，改善环境的同时使其作为大遗址与城市过渡空间的景观构成。同时，面对将要实施的“引汉济渭”调水工程，可根据目前城市的地形、供水、排水条件和生产生活需求，增修新的渠系，在尊重历史的前提下营造新时代“活”的水域景观。

2. 结合自然廊道的保护

部分大遗址在当初选址营建时即临水而设，沣河作为丰京与镐京的分界是其中最为著名的实例，其文物保护范围紧邻沣河河道。这些大遗址外围的空间环境需要结合自然廊道的保

护，而非城市环境的营建。“八水”是长安水文化之根基，不仅是众多宫苑水体的水源，也孕育出了“灞柳风雪”“咸阳古渡”等延续千年的风景佳话。但随着岁月更迭，有些历史水系屡有改道，且城市的不断发展令它们沧桑巨变。城市的规划建设应该尊重历史水系的变迁，并能够从流域的全局出发，系统地对流域的水质污染防治、防洪减灾、水资源优化配置、生态环境建设等方面进行统一规划。在大遗址外围的自然河道可增加和完善湿地修复项目，使其成为沿线串珠式的生态廊道，并力争再现文人辞赋、画境中的景致。

3. 营建“生态—游憩—景观”复合型廊道

对于规模较大的都城和宫殿类遗址，其外部的人工廊道建设作为与城市发展的隔离缓冲带应保证不少于 150~300 m 的宽度（7.2.2 节中已有论述），并承担“生态—游憩—景观”三重职能。首先，在生态方面，应按照一般城市综合公园的标准控制廊道内游览、服务、公共及管理建筑所占的用地比例；保证足够的绿量和乔木郁闭度，丰富植物配置的层次与结构，有效起到吸尘、减噪和空气净化的作用；并打造连续的宽阔林带以满足生物栖息和迁徙的要求；同时，对场地自然条件的改变应控制到最小的程度，尊重土地的生态本底和多样化的生境条件，从生境的角度考虑植物群落配置与构成组合。其次，在游憩方面，廊道内的空间作为大遗址内部功能的延伸，除配套为旅游服务的综合设施外，也应承担日常市民休闲游憩的职能；内部的交通组织应以自行车和步行所构成的慢行方式为主；游憩项目以安静的游览和文化娱乐为主，限制发展与遗产环境不相匹配的喧闹项目和大型游乐设施。最后，从景观层面考虑，廊道的整体风貌需与大遗址质朴大气的环境特征相适应，植物配置与地形塑造应加强对外部现代城市景观（尤其是高层建筑）的视觉规避；保留与控制对大遗址内部及边界重要文物节点的视线通廊与观赏视距；内部建筑及小品设施的风格应反映遗址所处的时代特征。

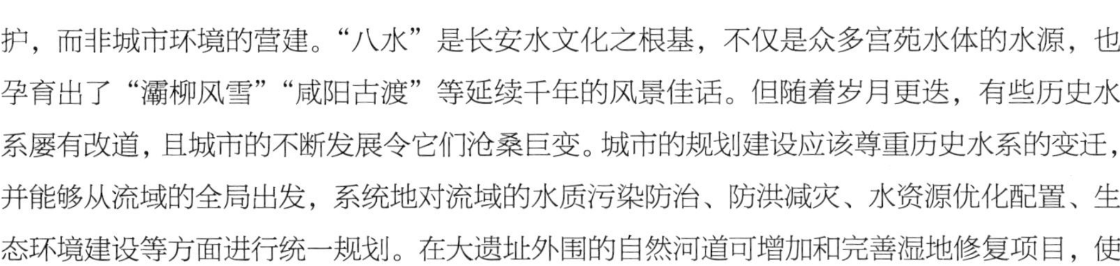

8.4 咬合过渡模式

8.4.1 典型代表——少陵原杜陵

1. 大遗址特征

杜陵在今西安市雁塔路曲江乡三兆村南杜陵原北端，杜陵原为黄土台原地貌，由第四纪风成黄土堆积而成，海拔 450~590.8 m，高出浐河河床 65~150 m。杜陵为汉宣帝刘询（公

元前 90—前 49 年）的陵墓，1956 年被公布为第一批省级重点文物保护单位，1988 年被国务院公布为第三批全国重点文物保护单位，1994 年成立西安市杜陵保管所。

经考古勘察，杜陵的主要文物遗址要素包括：帝陵陵墓封土、陵垣，帝陵陵园东门、北门遗址（二、三号遗址）和陵园的寝殿、便殿遗址（一、五号遗址）；孝宣王皇后陵陵墓封土、陵垣，后陵陵园东门遗址（四号遗址）和寝园的寝殿遗址（六号遗址）；杜陵一、四号从葬坑及陵庙遗址等，九、十号遗址；陪葬墓，有保存封土的 62 座，封土已被平掉的 46 座，共 108 座，由东南陪葬墓区、东北陪葬墓区、北部陪葬墓区构成；陵邑，东西长 2100 m，南北宽约 500 m；出土文物（建筑构件、铜器、金饼、陶俑、漆盒、车马器等）和历代石碑等。遗址空间构成特点：其一，陵园遗址以封土为核心，由城垣、寝园、陵庙、陪葬坑等已知遗址构成较为完整的陵园空间结构。其二，较为完整的祭祀建筑遗址体系。陵园祭祀建筑由位于陵园东北部陵庙和位于陵园东南的寝园构成。其三，东门为陵园正门。其四，陪葬墓数量多，排列有序。总体上陵园与陪葬墓在空间的相对位置形成“事死如事生，事亡如事存”。杜陵的整体陪葬方式，充分体现了封建皇权思想，也反映了封建社会森严的等级制度。其五，杜陵是西汉最后一个有陵邑的陵墓，在此之后的西汉帝陵不再实行陵邑制度，大量的富豪、官宦也就此落根，使杜陵成为西汉时期最为繁荣的陵邑之一。（图 8–13）

根据西北大学文化遗产保护规划中心编制的《杜陵文物保护规划（2007—2025）》，保护范围划定如下：北以绕城高速公路为界，东以原畔为界，南以连接东伍村与甘寨村的规划道路外延 200 m 为界，西以西榨高速公路、规划的司马道北轴线道路西外延 150 m，规划和已有的雁引路为界。保护面积：863.05 hm^2。

为了更有效地对保护范围实施管理，依据《全国重点文物保护单位保护规划编制办法》的有关精神，规划将保护范围又划分为重点保护范围和一般保护范围。

（1）重点保护范围：东以原畔，北以陵园北轴线东侧绕城高速公路为界，西以司马道北轴线道路、现有沥青路和经过现管理所东墙南北延伸段为界，南以连接东伍村与甘寨村的规划道路为界。

（2）一般保护范围：重点保护范围以外，东以原畔为界，北以绕城高速公路为界，西以绕城高速公路、规划的北轴线道路向西延伸 150 m，已有雁引路为界，南以连接东伍村与甘寨村的规划道路外延 200 m 为界。

建设控制地带范围：为了保护杜陵文物保护单位的安全、环境、历史风貌，结合实际地形和地势，在保护范围以外再划定一定的区域为建设控制地带。保护范围以外，东以马鸣路为界，北以规划范围为界，西以规划的雁引路外延 150 m 为界，南以保护范围外延 150 m 为界。面积共 438.31 hm^2。

图 8-13　杜陵周边用地现状（彩图附后）

（资料来源：西北大学文化遗产保护规划中心编制，《杜陵文物保护规划（2007—2025）》）

环境协调区：旨在为汉宣帝杜陵文物保护创造良好环境背景。通过对此区域的景观类型、视觉质量等加以控制，协调好陵园周围环境，为杜陵文物资源的永续利用奠定基础。面积共 888.54 hm^2（图 8–14）。

在杜陵东南部约 6.5 km 处的大兆乡司马村附近，还埋葬着汉宣帝的第一位皇后许皇后，她的陵墓被称为“小陵”“少陵”或杜陵南园，其封土呈三层台，通高 22 m。此外，宣帝陵园在隋唐时期还曾作为城南风景园林胜地的组成部分。“南登杜陵上，北望五陵间。秋水明落日，流光灭远山。”这是诗人李白描述登上杜陵所见到的景观。但在唐之后，原面渐渐变为农田，至明朝，在西南距离杜陵封土 1~2 km 的地带，又作为十三位秦王的主要墓葬区域。不论是“少陵”还是明秦王十三陵，均未被纳入杜陵大遗址的保护范围，但前者从文化渊源、

后者从地理空间的角度都和杜陵保持着紧密的关系，未来周边的空间发展和土地利用需充分考虑这种关联性。

图 8-14　杜陵保护区划（彩图附后）

（资料来源：西北大学文化遗产保护规划中心编制，《杜陵文物保护规划（2007—2025）》）

2. 发展现状

在十余年前，杜陵原上虽然保持着大规模的传统农业耕作，但环境保护不容乐观，区域内分布有多个砖瓦厂和垃圾填埋场，以及市内的一座火葬场，造成了历史环境与生态环境的恶化。为改变这一局面，至 2003 年年底，雁塔区政府在杜陵原上栽植各类林木 11 000 亩（约 7.33 km^2），其中生态林 5600 亩（约 3.73 km^2）、果林 5200 亩（约 3.47 km^2），成了千亩

示范生态园、千亩银杏林、千亩柿子林等，现成为西安市重要的绿肺之一，大大改善了原面的环境，也为西安的生态体系做出了贡献。

但是，城市的快速发展给遗产历史环境与生态关系的割裂也带来了不可小觑的问题。在道路交通方面，西柞高速公路及西康铁路在原区东西两侧南北穿过，并在南端引镇附近设置了引镇火车站（西安铁路枢纽南货运站）；在杜陵保护区北侧，修建了西安绕城高速公路南段及南三环路，道路不仅割裂了原面与城市的生态关系，还将历史上著名的杜陵陵邑一分为二。

根据《西安曲江国家级文化产业示范区总体规划（2009—2020）》，杜陵遗址保护区将是其发展重点，除建设大量的休闲娱乐、商务会议、购物餐饮等设施外，还将在杜陵邑南侧及明秦王十三陵周边建设总面积达 1000 亩（约 0.67 km^2）左右的水面。

3. 周边空间格局控制

大遗址周边的空间环境应尽量烘托其历史氛围，并承担起遗址与城市建设在生态、空间、社会功能等方面的和谐过渡。因此，外部空间的保护与营建离不开对内部空间的研究。杜陵作为西汉帝陵的典型代表，有着极具代表性的严谨的结构与布局。现今除了封土外，曾经的历史风貌已几乎消失殆尽。万亩林地的建设虽然改变了该地区以往的双差形象，显现了一定的经济与生态效益，但是林相相对单一，人工群落风貌单调，且与杜陵的历史格局不相匹配，未能体现出历史环境应具备的特色。在日后的发展中，可以结合考古发掘和历史文献等资料，通过景观规划设计的手段，对陵区内重要的遗址遗迹进行保护性展示、意向性阐释或复原性阐释；对陵区的整体格局，陵邑的区域、道路、节点等进行标识（包括植被标识与铺装标识），在一定程度上再现杜陵的形制风貌和文化特色。

由于杜陵位于西安生态圈层的第二层次即台原地貌与大遗址区域，作为主城区生活资料的来源地和生态补偿区应该尽量限制其作为城市发展的腹地。在保护范围之外，适宜延续对陵寝文化风貌的烘托，以开阔的林地和农用地为主体。在绕城高速公路以南，西柞高速公路以东，限制城市新区的扩张，并采用较宽的防护绿地为地段提高生态效益；同时，丰富东侧原坡的植被层次，模拟自然生态群落的层次结构，减少水土流失与自然灾害的压力，对存在人居安全隐患的村庄进行搬迁，并加强与浐河自然廊道的渗透。

但是，目前的发展现实往往滞后于大遗址保护的需要，在遗址本体的价值及其保护展示的意义终于被得到广泛重视的现时局面下，周边空间环境保护与营建的重要性却还未引起各方充分的关注，大遗址作为特殊绿色空间的景观价值使其周边很快会被高楼所环绕。如果少陵原上的城市建设势在必行，对“大遗址强场”范围内的环境保护将作为其外环境保护的底线控制，即建立在评估视线感知、场所精神、人工与自然条件、相邻文物点的分布、文化联系等几项综合因素影响的基础上，确保保护范围以外必须预留并加以严格控制的土地空间

（在 4.3.4 节已论述）。

对于杜陵而言，如上述曲江二期规划在保护范围外形成全面包围或半包围的城市发展是不适宜的。以下分析对杜陵“强场”影响较大的因素，包括：①明秦王十三陵：由于文物的特殊历史与科学价值，其全部陵寝的覆盖范围应结合文物保护及展示打造相应的绿色空间。鉴于和杜陵在地理空间上的密切关系，会形成西北走向较宽的绿带与之相连接，一端连接大遗址内部并沟通了浐河廊道，而另一端可连接至潏河川道即樊川，实现生态与文化的对话。②许皇后陵寝：许皇后与汉宣帝的爱情故事曾作为一段千古佳话流传至今。位于杜陵南 6.5 km 的“少陵”被称为杜陵南园，两者属于同一陵茔。对于彼此文化关联性的呈现将会完善杜陵的遗产环境价值。因此，构建结合游憩、慢行与标识系统的“遗产廊道”即可保障杜陵与少陵在视线、行为、生态和文化上的沟通。③视觉因素：根据文物保护规划，杜陵封土及部分陪葬墓靠近南部保护范围的边界，但封土作为纪念意义的标志性景观，其视觉影响范围可远远超过这一界限，应有足够观赏视距的预留，并以此为半径确定视域空间的保护范畴。④地形：除了左岸原畔的生态营建和西、北边交通性绿道的建设外，沿原面二道原处也应构建西北方向的保育林地。

这样，在观赏视距、文化因素和自然条件等因素影响下打造的不同方向的数条绿带、绿廊，将协同构成杜陵大遗址外部的强场范围，确保遗址与外环境在多维度的联系。城市建设需控制在它们之间呈现组团状，再与连片城区发展相接，形成咬合过渡的空间模式，以作为主城区周边大遗址外环境保护反映在土地格局上最基本的控制界限，并在此范围内结合现状生态本底维持大面积的绿色开敞空间（图 8–15~ 图 8–16）。

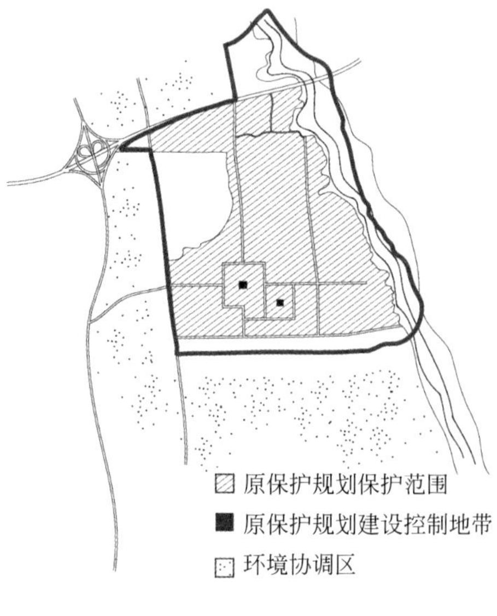

图 8-15　根据保护规划的建设控制

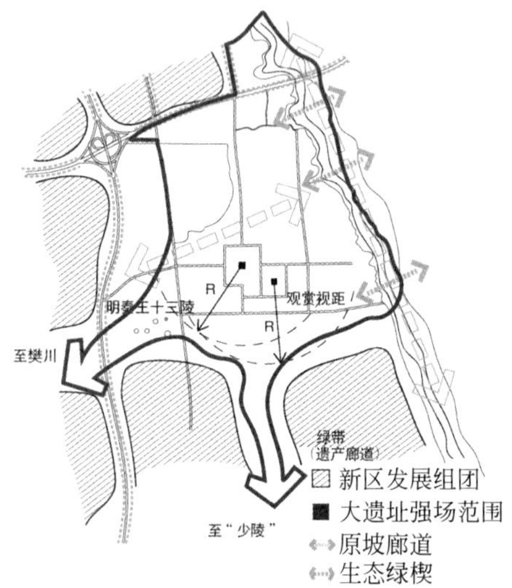

图 8-16　咬合过渡模式下的建设控制

8.4.2　适宜特征与条件

咬合过渡模式的适宜特征与条件见表 8–4。

表 8–4　咬合过渡模式的适宜特征与条件

遗址特征	大遗址规模大、档次高，外围需要比较大范围的缓冲空间来烘托其场所的内涵和与之匹配的历史景象。外围存在次一级的文物密集分布点，可与大遗址构成整体性保护的空间
文化属性	大遗址与其他亚遗址区之间存在文化上的紧密联系，需要充足的开敞空间来维系彼此在视线、游览方面的关系。因此，文化廊道的连接既可保证这种关联性，也可促进外围城镇建设呈组团式发展，有利于外部环境空间的保护
自然条件	地势较为复杂，有变化较为丰富的地形（如二道原），需要绿色廊道的营建以维护人居安全及水土保持；或者非地形因素，场地外界存在重要的物种迁徙廊道需要城镇发展空间给予避让
区位条件	位于主城区外部，作为城市化即将扩展到的区域，与近郊同时保持着密切的关系，需要实现城市与乡村郊野在绿色空间上的衔接与渗透
发展要求	已纳入城市新区扩展的版图中
适宜于西安的大遗址：杜陵等	

注：在具备以上部分条件时可通过综合研究采用。

8.4.3　周边空间环境保护与营建策略

1. 对格局控制性因素的识别

如前所述，咬合过渡模式是在周边因素复杂，近距离的城镇建设决策已制定，而无法保证大范围过渡缓冲局面下提出的环境保护底线控制，是建立在分析大遗址“强场”影响因素基础上的范围界定。除了判定需保证观赏视距的遗址标识物外，由于带有明确指向性的绿色廊道是该模式构成的控制性结构，因此，对于周边绿廊建立影响性因素的识别是异常重要的工作。这就包括地形地物分析、与附近自然要素生态关系的判别、近距离和远距离文化遗产因素的判别，等等。因为这些将是建立文化和生态绿色廊道的前提，也在一定程度上决定了大遗址外围与城区组团的空间形态。值得注意的是，并非所有的因素都对该空间模式的形成起作用，需分层次、等级、重要性来识别和提取，从宏观视野出发，保护最需要控制的核心因素。

2. 与城市及自然生态系统渗透

大遗址外围的自然生态环境面临着退化、人工设施的割裂与城市建设的压迫。因此，利

用乡土植物构成的绿廊、绿楔、绿带等连接方式增强大遗址与城市绿地系统、自然生态系统的渗透，对于治理台原阶地流失，促进城市、大遗址和自然生境及物种间的沟通，建立有效的生态网络，以及改善地区的整体生态环境等方面有着重要的现实意义。

3. 遗产廊道的建立

“遗产廊道”这一术语用于描述与其相关资源紧密结合的线性景观，跟随延伸的文化走廊展开，例如铁路、运河、河流与道路，以及相似的延伸型景观[105]。这种线性的遗产区域，具备环境保护、文化教育、经济、游憩等功能，强调线性文化遗产的价值，是将历史文化保护置于首要位置的线性景观。毗邻大遗址的相关遗产资源是咬合过渡模式形成的因素之一，它们既可能与某大遗址距离紧密但处于不同的历史时期；也可能相隔数千米但有着深厚的文化渊源。无论何种形式，都应该考虑与大遗址结合打造整体性的绿色空间环境：借鉴遗产廊道的理念，以线性区域的形式覆盖近距离的文物点，并延伸至邻近的城市绿地或自然生态系统，同时与远距离的同类遗址资源在空间上衔接。形成历史文化资源集中、方向性明确的数条绿廊，以限定城市发展可嵌入（形成咬合）的区域。在廊道内部的设计上，需突出对场地原生植被生境的保护与利用，在强调生态功能的同时与游憩、教育、审美、启智相结合，并在廊道内对文化遗产做合理科学的保护、展示和标识。

4. 内部格局的延续

咬合过渡模式所涉及的保护因素与覆盖缓冲范围大于传统意义上的建设控制地带。相比前两种空间类型（对比包围模式和廊道隔离模式），在保护范围与城区建设之间会在局部或整体上有更宽一些的过渡距离。在目前许多大遗址历史与生态环境日渐衰退的现实背景下，其环境保护、营建不仅仅要解决生态问题，还要面对社会经济发展、文化传承等交叉性议题。因此，大遗址内外应摆脱防御性的保护观念，增进彼此的互动与共生关系，进行统一的城乡统筹、社会调控和生态景观规划。如今，在大遗址内部利用景观手法（如植被标示、林相季相划分等）对历史格局进行展示，能有效地揭示地下蕴藏的历史信息，也是今后大遗址环境营造的重要内容。在其保护范围与城镇组团间的缓冲地带，除了遵从对现有农林用地的保护外，应以烘托大遗址内的历史风貌为目标指向，突出内外环境的和谐共荣。可通过延续内部的文化格局、空间形式与肌理（如轴线的延伸、同类种植片区的扩大等），更好地烘托内部的历史文化环境。

8.5 开敞过渡模式

8.5.1 典型代表——白鹿原汉陵遗址区（霸陵、南陵、窦皇后陵）

咬合过渡模式是对大遗址紧邻周边空间的保护，其前提是遗址区周边已作为城市新区的规划范围。而理想的大遗址环境保护应与其依托的地景空间保护相结合，尤其对于由几个毗邻的遗址构成了整体“遗址文化区”的情况下，更应站在地景空间保护的视角看待下一层级亚遗址区的周边环境问题。以下将结合笔者参与的项目[①]“白鹿原城市公园规划设计”来阐释在大遗址外围形成开敞过渡模式的案例。

1. 白鹿原的资源与现状

白鹿原在长安诸多“原”中最为高大，形态也最完整，以雄浑壮阔而著称。白鹿原长 25 km，宽 6~9 km，面积 263 km^2，发端于秦岭，是西安境内最大的黄土台原。原面自东南向西北倾斜，海拔 680~780 m，东北侧高出灞河 240~320 m，西南侧高出浐河 150~200 m。一条鲸鱼沟将其一分为二，北原名狄寨，南原名炮里。原面高亢，落差最大，且较少受到城市建设的侵占，保留较为完好。在大西安九宫城市发展格局中，白鹿原既是绿色开敞区，又是宏观城市结构的绿色腹地，处于秦岭北坡农业生态带与秦岭通向渭河廊道的交汇点，形成了“土”“水”“林”“田”交相辉映的，雄阔、高亢、深厚的美学形象。

白鹿原也是文化大原，从蓝田始有人类聚居至今的数千年来，各种物质及非物质遗产存留十分丰富，在多种文化叠压的共同影响下，见证着自然的演进，俯瞰着社会的变迁。可被概括为农耕文化、遗址文化、苑囿文化和非物质文化这四大类。遗址文化类型包括：①早期聚落遗址（大量原始文化遗址分布及商代重要的怀珍坊遗址等）；②陵寝遗址（汉文帝霸陵、薄太后南陵，窦皇后陵及其他众多墓葬遗址）；③宗教文化遗址（唐代的云经寺）。目前白鹿原的文物保护单位均是历史遗址：包括国家级文物保护单位 1 个（汉文帝霸陵），省级文物保护单位 3 个（南陵、窦皇后陵、怀珍坊遗址），以及其他市级文物保护单位（图 8–17）。

汉陵遗址区所依托的狄寨原，总面积 83 km^2，与灞河相对高差可超过 300 m。原面大部分区域坡度在 10° 以下，地势平坦；原面北坡、鲸鱼沟与冲沟两侧坡度较大。高程最高点

① 由西安建大城市规划设计研究院完成的 2012 年国际招标项目。

为 781.4 m，最低点为 413.8 m，高差 377.6 m。原区发育沟谷主要有高家沟、神裕寺沟以及鲸鱼沟。前两条沟长度均在 5 km 左右，而鲸鱼沟长度在 25 km 以上。目前区内产业主要包括农业、工业及大学城科教产业。农业作为目前的主导产业，已形成以樱桃、葡萄、核桃为主的果品生产基地。目前的发展趋势为耕地逐步减少，樱桃园地快速增加，果业发展势头迅猛。本区整体工业不太发达，以中、小型为主。大学城园区占地 5 km²，现已建成西安思源学院、西安海棠专修学院、西安汽车科技学院等 7 所院校。狄寨原内共包含 4 个街道办事处、64 个行政村，总人口 122 621 人，其中农业人口 52 621 人（图 8–18）。

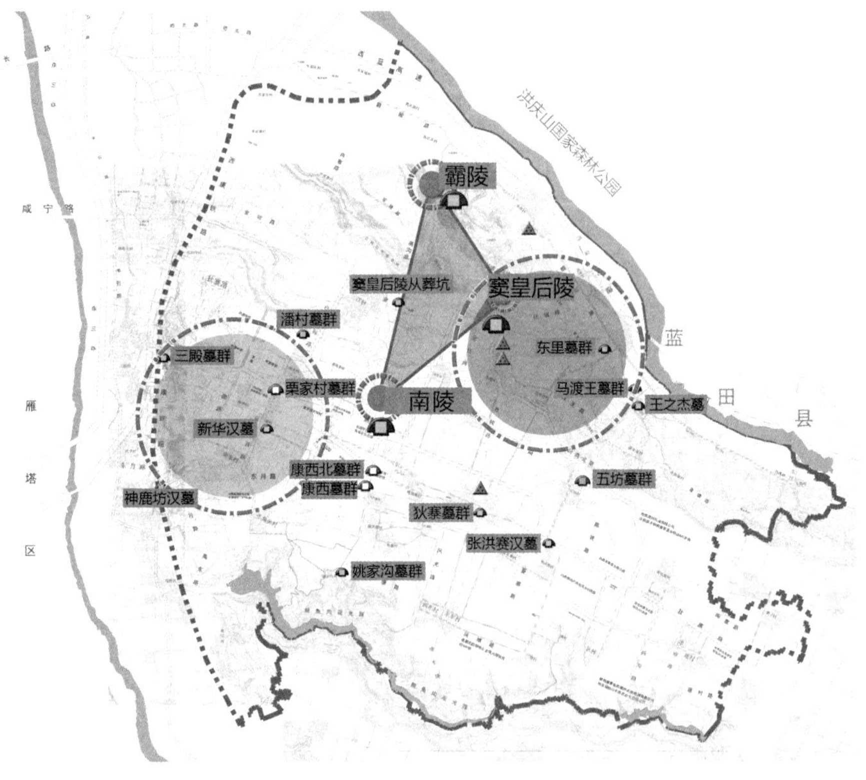

图 8-17　狄寨原文物保护单位分布图

（资料来源：西安建大城市规划设计研究院，作者参与绘制）

现状发展问题包括：①交通、设施等因素使得白鹿原与大西安主城区相隔离，发展滞后，独有的资源价值尚未得到认知和提升。②现状村镇建设不断侵占农业景观和生态用地，生态保护与景观破碎问题逐渐加重，白鹿原雄浑壮阔的气质特征正在慢慢失去，亟待整治。③交通瓶颈突出，樱桃采摘季节道路堵塞严重，垃圾运输车辆对沿途环境影响严重。④服务设施严重缺失，旅游项目季节性特征明显。旅游等优势资源利用有限，社会经济发展相对滞后。

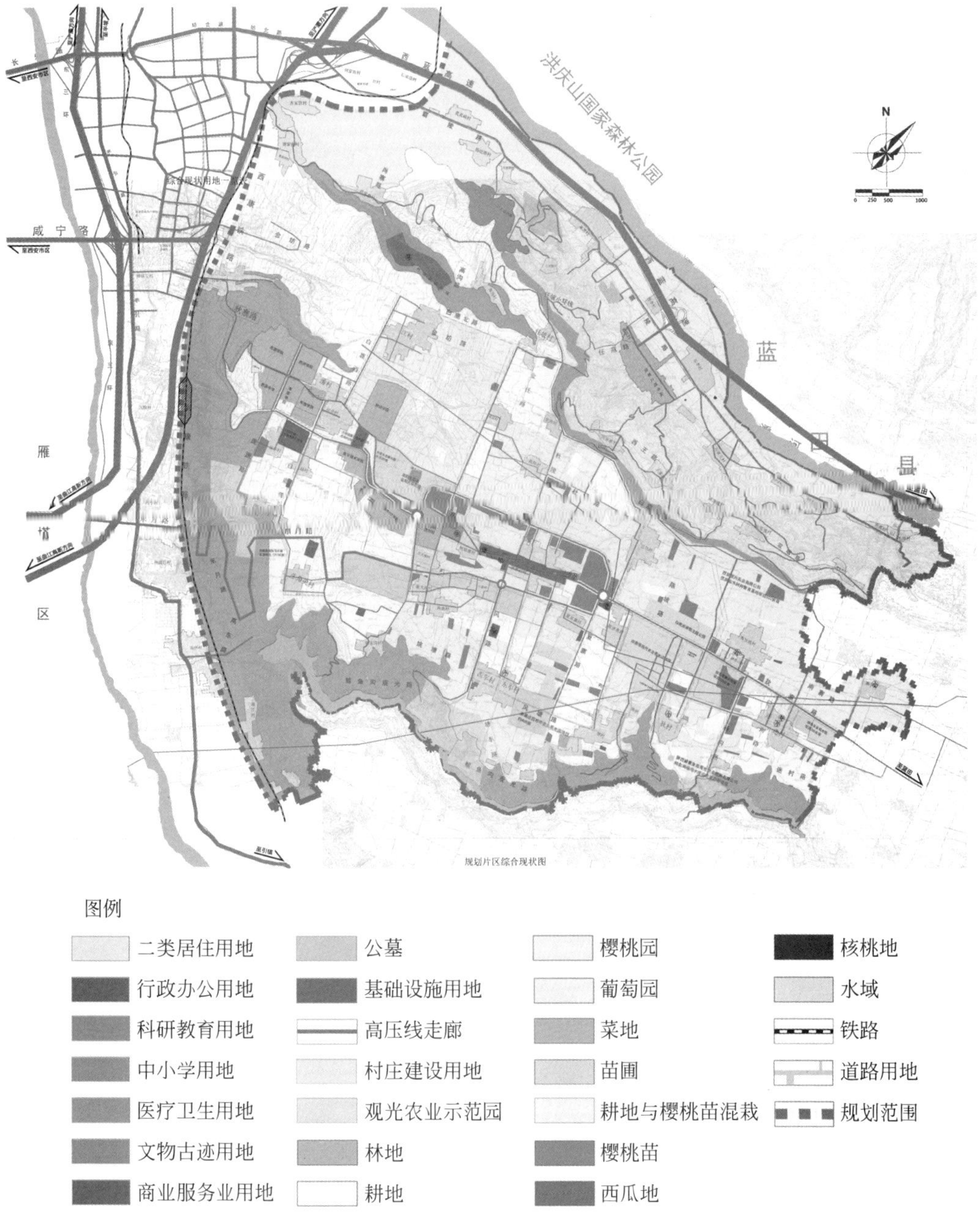

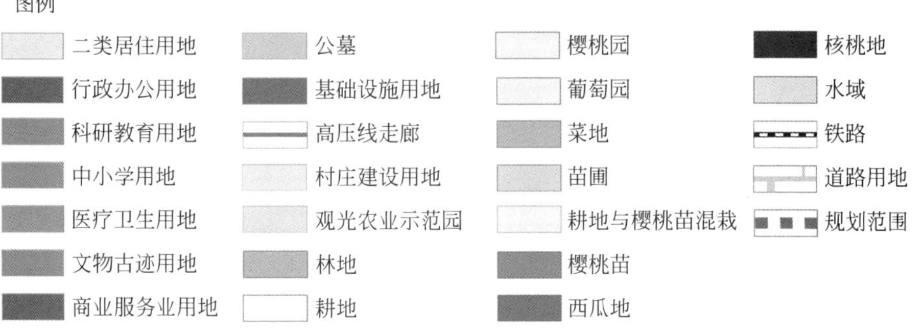

图 8-18 狄寨原土地利用现状（彩图附后）

（资料来源：西安建大城市规划设计研究院，作者参与绘制）

2. 汉陵遗址区的历史价值、空间特色及存在问题

白鹿原的三座汉陵位于狄寨原的西北侧，分别是汉文帝的霸陵、文帝之妻窦皇后陵和

文帝之母薄姬的南陵，彼此间呈三角形的空间布局关系，也被称为“负母携妻（顶妻背母）”的空间格局，形成了独具特色的汉陵遗址区。其中，霸陵（“凤凰嘴”）位于北侧的原坡，有“头枕白鹿原，脚蹬灞河滩，迎面是骊山”的说法，它是中国历史上第一个依山凿穴为玄宫的帝陵，对六朝及唐代的建制影响极大。同时，文帝作为帝王薄葬的代表人物被史书记载。《史记·孝文本纪》载：文帝“治霸陵皆以瓦器，不得以金银铜锡为饰，不治坟，欲为省，毋烦民。”又载，文帝临终前，下遗诏曰：“朕闻盖天下万物之萌生，靡不有死。死者天地之理，物之自然者，奚可甚哀。当今之时，世咸嘉生而恶死，厚葬以破业，重服以伤生，吾甚不取。且朕既不德，无以佐百姓；今崩，又使重服久临，以离寒暑之数，……以重吾不德也，谓天下何！……”《汉书·王莽传》：赤眉攻入长安，“烧长安宫室市里，……宗庙园陵皆发掘，唯霸陵、杜陵（宣帝陵）完”。《后汉书·光武帝纪》：刘秀初作寿陵，将作大臣窦融询问建陵的规格，刘秀答曰：“古者帝王之葬，皆陶人瓦器，木车茅马，使后世之人不知其处。太宗（即文帝）识终始之义，景帝能述遵孝道，遭天下反覆（指赤眉军入长安），而霸陵独完受其福，岂不美哉！……”据此，可以顺理成章地推出文帝薄葬的结论。南陵位于霸陵西南，陵冢高 29.5 m，相传有“东望吾子，西望吾夫”的说法，当地人称为“望子冢”（图 8–19）。

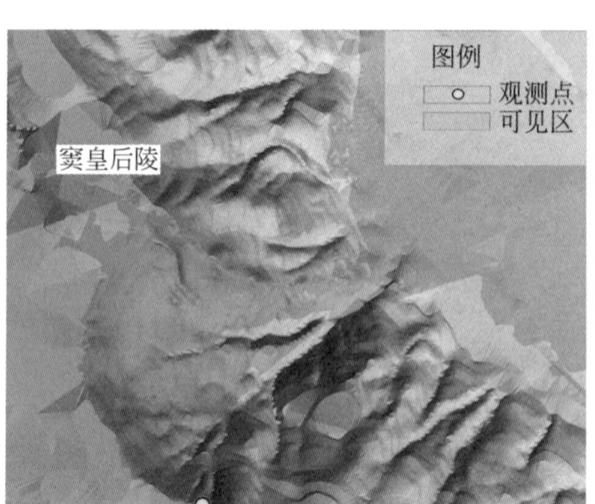

（a）南陵现状照片　（b）窦皇后陵可见区域分析

图 8-19　南陵空间分析（彩图附后）

（资料来源：西安建大城市规划设计研究院，作者参与绘制）

目前，对该大遗址环境最大的威胁来自人工建设对周边空间环境的破坏。比如南陵入口正对大学城建筑群，与遗产风貌不相匹配，造成了视觉冲击。同时，汉陵间缺乏游线的组织，整体的历史文化价值未得到体现（图 8–20）。

图 8-20 窦皇后陵序列视景（彩图附后）

（资料来源：西安建大城市规划设计研究院，作者参与绘制）

3. 基于“景观安全格局”的建设用地适宜性分析

景观安全格局（security pattern，SP）是判别和建立生态基础设施的一种途径，该途径以景观生态学理论和方法为基础。它克服了麦氏模式中的两个弱点：第一，不能有效地处理景观的水平过程，如城市的空间扩张，物种的水平空间运动；第二，把规划当作一个自然决定论的过程，而无法将决策过程中人的行为考虑进去 [44]27–29。景观中存在某些关键性的局部、元素和空间位置及联系，它们对维护景观中某种过程（包括生态过程、社会文化过程、空间体验、城市扩张等）的健康和安全具有关键性的意义，这些具有战略意义的景观局部、元素、空间位置和空间联系构成景观安全格局。通过判别、保护和建立景观安全格局，可以更有效地维护或阻止某种景观过程。不同安全水平上的安全格局为城乡建设决策者的景观改变提供了辩护策略。这种通过尽量少的土地和景观空间的控制来实现对景观过程最可能大的调控的规划途径，就是景观安全格局途径。景观安全格局的理论和方法在生态保护与恢复、城市空间研究、遗产保护及旅游规划等不同领域都有一些探索和应用 [106]。

如前所述，理想的大遗址环境保护应站在地景空间保护的视角看待下一层级亚遗址区的周边环境问题。尤其是汉陵遗址区由三座毗邻的陵寝构成，其环境影响区除了各自紧邻周边

的“强场”之外，其作为一个整体的影响空间（均衡场），向北可延伸至原边灞河廊道，向西、东、南可波及二道原下，鲸鱼沟北的视线可达的范围。其影响范围内所依托的土地空间是由文物、农田、果林、村落、大学城等地物覆盖的复杂有机体。因此，它们的环境保护应首先基于狄寨原的整体保护，其稳定、安全与可持续发展（包括自然与文化两方面）需要维护人居安全、生物多样性、生态地质安全、遗产及环境安全等多方面的生态功能与人文意义。

基于“景观安全格局”的理论和思想方法，通过判别对保障各种景观过程和功能具有关键意义的景观局部、元素、空间位置和联系，从“水土保持”“原边生态保护”“文物与遗产环境保护”“乡土农业景观”“游憩廊道”5 个维度分别构建高、中、低 3 种不同水平的“单一景观安全格局”。有针对性地选取不同安全等级并将各维度叠加，形成“综合景观安全格局”作为限制城镇建设的区域和规划设计的前提①，从而遵循生态优先原则，提出适合建设的地段。同时，经过与现状地物比对，找出与“综合景观安全格局”相冲突的现状建设区。建议拆除与一级冲突点叠压的建设区，对二、三级冲突点进行必要的整理（图 8–21）。

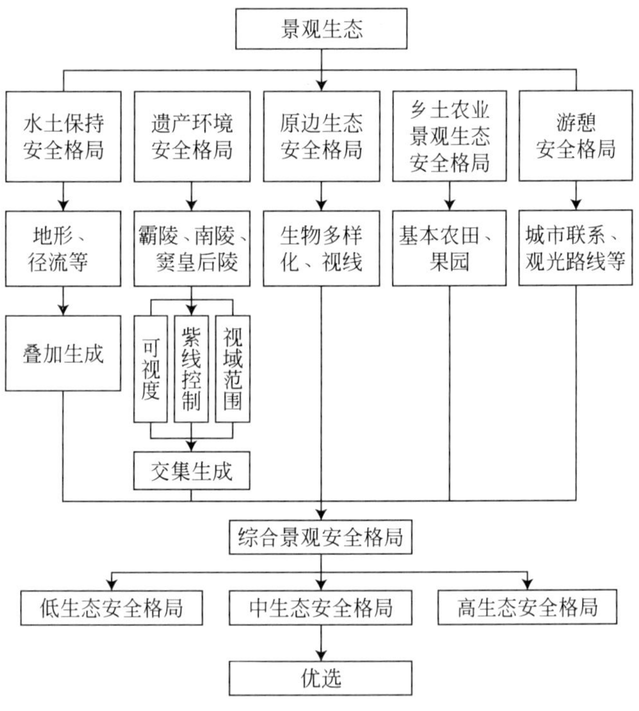

图 8-21　景观安全格局技术路线

（资料来源：西安建大城市规划设计研究院，作者参与绘制）

A. 水土保持地质安全格局（坡面地质安全 + 地表水文过程安全）

应用 GIS 软件分析得出不同等级的地表径流汇水线。为了保护现状的水文过程，减少土壤侵蚀、水土流失的可能，增加雨水的下渗并营造丰富的生境，拟对汇水线周边一定范围

① 此方法参考文献 [106]。

建立绿化缓冲区，形成高、中、低不同等级的安全范围。与此同时，黄土台原地貌存在一定的不稳定性，尤其是陡坡处除了水土流失严重外，还易在极端天气条件下造成滑坡、塌方等自然灾害。因此，在对现状地形分析，以及西北地区黄土台原地质安全的坡度条件进行研究的基础上，拟对存在潜在地质威胁的坡度区域采取（或维持）以林地为主的植被覆盖措施，根据威胁的大小差异形成高、中、低不同等级的安全范围。通过对坡面地质与地表水文安全格局的叠加，得出了白鹿原汉陵周边环境“水土保持地质安全格局”（图 8–22）。

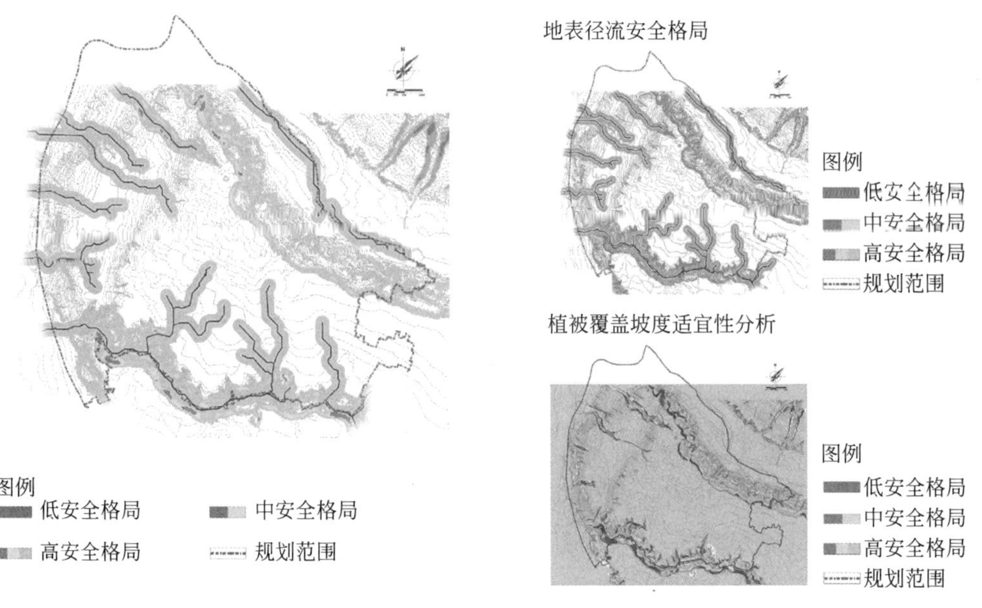

农田、果园和林地对坡度的适应性逐渐升高，植被覆盖坡度适宜性分析为农业与林业土地利用提供理性依据。地表径流与植被覆盖坡度适宜性两个生态因子叠加，生成水土保持安全格局。

图 8-22　水土保持地质安全格局（彩图附后）

（资料来源：西安建大城市规划设计研究院，作者参与绘制）

B. 原边生态保护安全格局

霸陵“凤凰嘴”作为原北坡的组成部分，而窦皇后陵也紧邻原北边界，台原坡面的生态稳定成了陵墓本体安全的重要保障。 除了对文物的影响外，对于一些即使本身处于原坡局部平坦用地上的村落与农田，也因周边尤其是高海拔处的坡度影响存在人居安全隐患。尤其是白鹿原在近年也由于人为与自然因素发生过滑坡，就更有必要把原坡及靠近原边地带的村庄、农地等逐步改造成生态林以减小灾害的威胁。同时，原坡作为重要的生态廊道，建立与维护高郁闭度的林地也有利于增强历史文化环境生态价值和地区的生物多样性。现状北原坡已形成了大规模种植的樱桃林，毗邻的原面以农田生态系统为主，处于两者交接的原边具有明显的“边缘效应”①。“边缘具有多种重要意义，在规划设计中利用好两种生境类型间的这

① 边缘效应是指在两个或两个以上不同性质的生态系统交互作用处，由于某些生态因子或系统属性的差异或协和作用而引起系统某些组成部分及行为的较大变化[107]。

种关键的生态过渡带，可为我们提供丰富的机遇”[45]27。边缘物种丰富度与植被的水平与垂直结构有关，而建立结构丰富的植被群落需保证该过渡带具备适当的宽度。因此，拟根据边缘宽度对生态效益的影响建立高、中、低不同等级的“原边生态保护安全格局”，与一道原、二道原原坡共同构成高连续性的绿色廊道。它与“水土保持地质安全格局”可共同作为研究范围内的“生态用地”①（A + B作为“生态用地”）(图 8–23)。

图例

低安全格局 中安全格局 高安全格局 规划范围

图 8-23　原边生态保护安全格局（彩图附后）

（资料来源：西安建大城市规划设计研究院，作者参与绘制）

C. 遗产环境保护安全格局——（可视范围与领域感的交集）

由于多维度内容参与景观安全格局的叠加，可保障陵寝间的对视空间、与遗址环境相关的生态及人居安全问题得以解决。因此，三座汉陵紧邻周边的影响范围主要在保护与控制紫线、场所感知、视觉可视度三方面综合作用下决定。正所谓“百尺为形，千尺为势”。对历史纪念物艺术魅力与人文气韵的感知除了近观它的细节外，更为重要的是远观它气势带来的震撼。因此，应在一定地理空间中突出其作为“图”的视觉焦点作用，营造开敞、空旷、纯净，并与之协调匹配的“底”是遗址周边环境规划的关键。所有视线可达的区域都应作为汉陵的

① 生态用地：在不同空间尺度上，对维护关键生态过程具有重要意义的生态系统（土地单元）及空间部位[108]。

影响区域，但受气候和纪念物体量的大小影响，人只能在一定的范围内感受它的存在，具体范围的确定则需借鉴相关视觉规律的理论。同济大学刘滨谊教授在《现代景观规划设计》中指出：一旦超过 390 m，就是视力极佳的人也看不清东西了，如果要创造一种深远、宏伟的感觉，就可以运用这一尺寸，这是形成景观领域感的尺度[109]。首先，要保证陵墓墓冢庄严的气氛，最起码要满足景观领域感这一基本尺度，作为墓冢周边最小的开阔空间范围；同时，将与视点距离在600 m之外的建筑场虚场范围作为更理想的控制区域（见4.3.1 节相关内容），从而建立 3 个不同等级的受视觉与心理感知影响的场。其次，在此基础上，应用 GIS 技术模拟受现状地形条件影响下，3 座汉陵的可见范围与不可见范围，即景观视觉可视度研究。再次，文物保护规划中划定的重点保护范围与一般保护范围具有法律意义，应遵循《文物保护法》的要求，严格保护文物安全。最后，将可视度研究中的可见范围与感知“场”的交集，与文物保护范围叠加，绘制出“遗产环境保护安全格局”（图 8-24）。

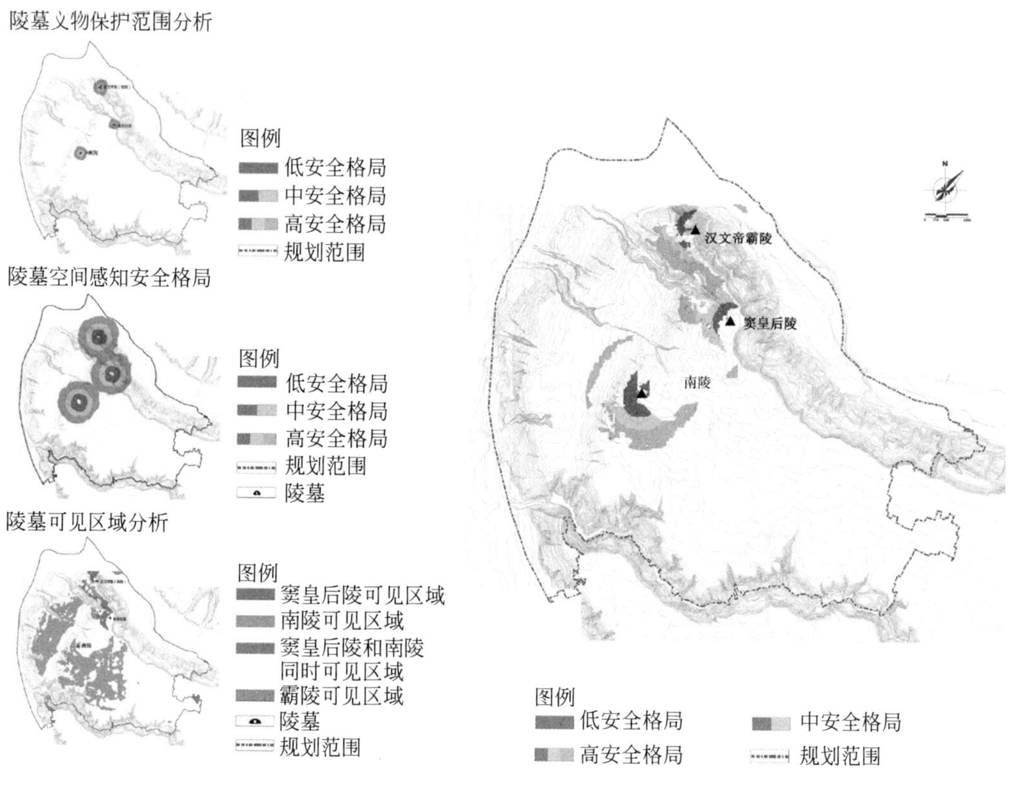

图 8-24　遗产环境保护安全格局（彩图附后）

（资料来源：西安建大城市规划设计研究院，作者参与绘制）

D. 乡土农业景观保护安全格局

自人类于此定居之时，白鹿原便开始积淀、发展着深厚的关中农业文明，直到今日。其在岁月的更迭中俯视着城市的发展变迁。连绵起伏的麦浪，不仅在文学与影视作品中屡有体

现，也成为白鹿原的深刻印记和代表形象。除了必须保留固定规模的基本农田外，还应结合现状农田的保护保证三座汉陵之间开敞的空间环境，因为它们彼此之间的对视关系是当初陵寝布局人文内涵的重要体现，必须避免人工建设对视域环境的影响。在此基础上，从规模度、完整度、连续性保护的角度出发，绘制出白鹿原最有价值的乡土农业景观区域，形成“乡土农业景观保护安全格局”（图 8–25）。

E. 游憩安全格局

为保护现有居民的行为习惯，对使用频率较高的道路建议保留。基于地图叠加，绘制出研究范围内最有价值的道路，并根据保留的必要性差异形成高、中、低 3 个等级的“游憩安全格局”（图 8–26）。

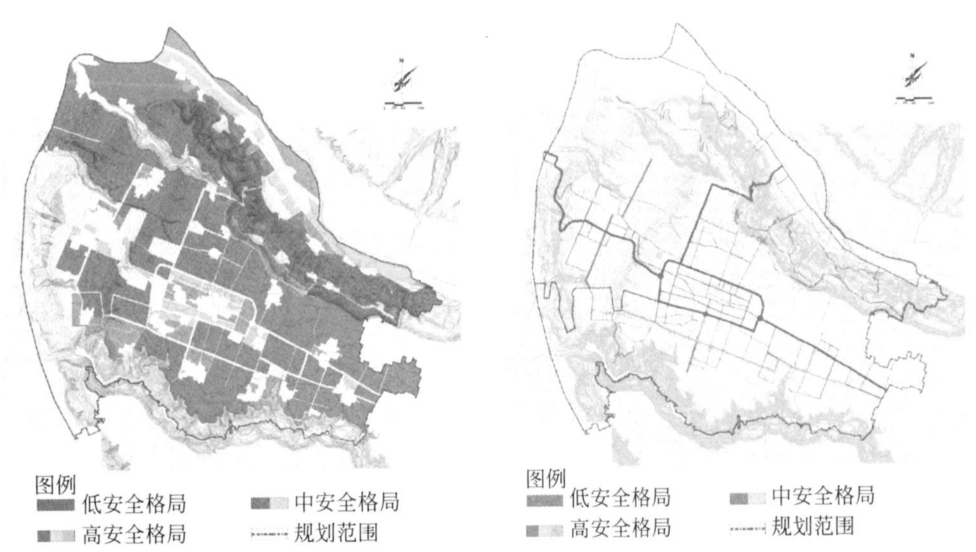

图 8-25 乡土农业景观保护安全格局（彩图附后） 图 8-26 游憩安全格局（彩图附后）

（资料来源：西安建大城市规划设计研究院，作者参与绘制）

A+B+C+D+E 综合景观安全格局（取不同安全等级）决定的不可建设区域

有针对性地选取不同安全等级并将各维度叠加，形成“综合景观安全格局”（绿色范围）作为限制城镇建设的区域和规划设计的前提；其他地段（白色范围）作为城镇建设的适宜用地（图 8–27）。

冲突点（拆除与生态安全格局相矛盾的建设）

经过与现状地物比对，找出与“综合景观安全格局”相冲突的现状建设区（图 8–28），如高沟村、金星村等。建议拆除和进行必要的整理。同时加大生态保育力度，在保护基本农田粮食种植区主体的前提下，结合鲸鱼沟水土保持等需求，把原边等地带的村庄、农地逐步改造成生态林地和经济林苗圃等，与沟壑绿色网络、果林等共同构成绿色廊道体系，辅以其他小的绿色斑块，共同构成农业景观绿色基质—林地绿色廊道—群落绿色斑块构成的生态格局。

图 8-27　基于综合景观安全格局的不可建设区（彩图附后）

（资料来源：西安建大城市规划设计研究院，作者参与绘制）

图 8-28　与综合景观安全格局相冲突的现状建设区（彩图附后）

（资料来源：西安建大城市规划设计研究院，作者参与绘制）

4. 基于“景观安全格局”的汉陵遗址区环境规划

霸陵以骊山为视觉轴线，是中国历史上第一个因山为陵的帝陵，对六朝及唐代的建制影响极大。文帝治陵皆以瓦器的薄葬作风和孝顺的传统也被传为历史佳话。同时，霸陵、南陵与窦皇后陵在空间上呈负母携妻的空间格局，极具人文意义。因此，规划将三者视为一个整体，基于综合景观安全格局构建遗址文化区（汉陵历史文化公园），力求在保护文物安全的基础上，挖掘并展示汉代陵寝文化的完整空间形象，同时保护与营造质朴、雄浑的遗产环境氛围（图 8–29）。

这样，每一个陵寝遗址周边的空间环境与汉陵历史文化公园的内部环境息息相关，在该区域内部及周边进一步优化“廊道—斑块—基质”的景观结构，结合遗产展示进行景点的设计和游线组织，在亚遗址区范围营建大面积多样化的绿色空间，以及更具弹性与可持续的整体环境，作为与城镇建设适宜地段远距离过渡的“开敞过渡模式”。具体规划设计重点见表 8–5。

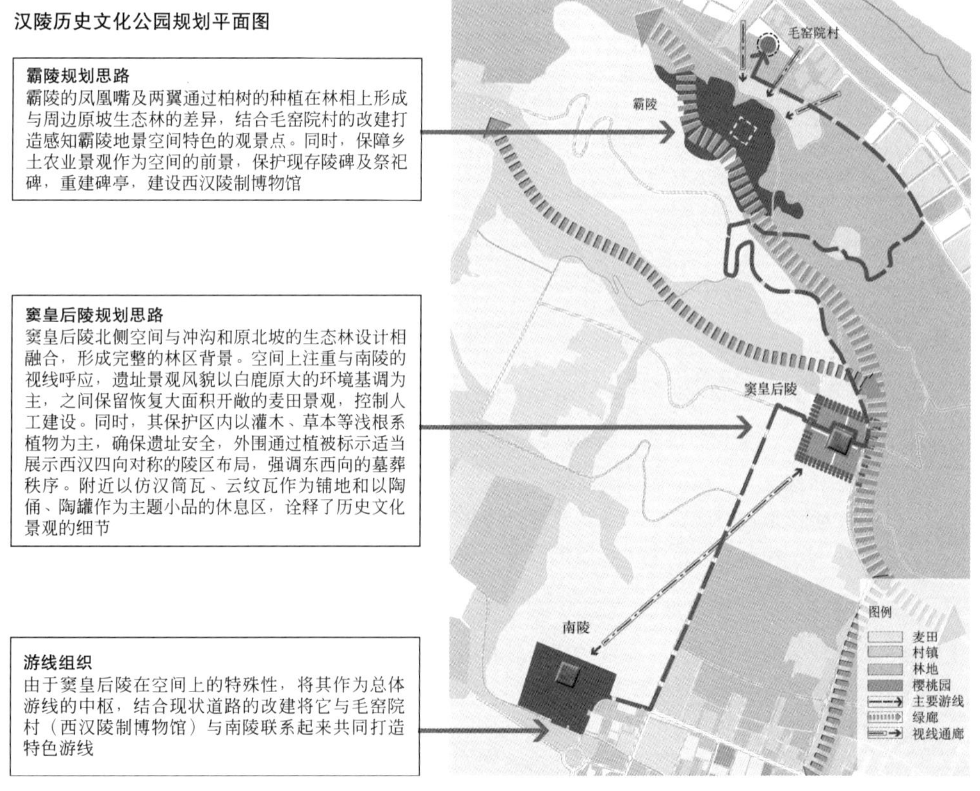

图 8-29　汉陵遗址区周边空间规划（彩图附后）

（资料来源：西安建筑科技大学城市规划设计研究院，作者参与绘制）

表 8–5　汉陵遗址区周边环境规划重点内容

名称	规划重点
汉陵历史文化公园	主题：帝陵主题公园；基本功能：文化遗产环境展示、西汉陵制科普教育、汉文化体验、大地景观风貌展示；整体风貌：苍茫大气、纯净质朴的历史文化景观风貌；游憩活动：汉陵风貌观光、博物馆参观、麦田观光、制陶体验、清明踏青祭祖；景点：凤鸣霸陵、南陵古寨、柏城窦陵、阡陌绿浓
霸陵	陵墓整体格局、地理景象的感知——利用霸陵路与原坡下村庄（毛窑院村）作为感知霸陵地景空间特色的场所。 文帝霸陵历史文化的挖掘与展示——利用毛窑院村的聚落改造建设西汉陵制博物馆、文景之治展览馆、陶艺文化体验馆、民宿酒店。 生态保育结合地景空间的突显——与原北坡的生态林设计相融合，在霸陵的凤凰嘴及两翼通过常绿植物柏树的种植在林相上形成与周边原坡生态林的差异；同时，保障乡土农业景观麦田、油菜花作为前景；保护现存陵碑及祭祀碑，重建碑亭
窦皇后陵	窦皇后陵北侧空间与冲沟和原北坡的生态林设计相融合，形成完整的林区背景，空间上注重与南陵的视线呼应。 与南陵的视线呼应；遗址景观风貌以白鹿原大的环境基调为主，之间保留恢复大面积开敞的麦田景观，控制人工建设。 保护区内以灌木、草本等浅根系植物为主，确保遗址安全，外围通过植被标示适当展示西汉四向对称的陵区布局，强调东西向的墓葬秩序。附近以仿汉筒瓦、云纹瓦作为铺地和以陶俑、陶罐作为主题小品的休息区，诠释了历史文化景观的细节。 由于窦皇后陵在空间上的特殊性，将其作为总体游线的中枢，结合现状道路的改建将它与毛窑院村（西汉陵制博物馆）以及南陵联系起来共同打造特色游线
南陵	结合现有项目“西园”的建设，整治周边的遗产环境，高大乔木密植屏蔽现代建筑造成的不良视觉影响

8.5.2　适宜特征与条件

开敞过渡模式的适宜特征与条件见表 8–6。

表 8–6　开敞过渡模式的适宜特征与条件

遗址特征	大遗址规模大、档次高、意义重大，且在一定空间范围内数量众多。数座毗邻且历史文化关联性很强的遗址可构成泛遗址区下一层级的亚遗址区，并适于打造整体性的“遗址文化区（公园）”；需要周边环境的协调统一来保证自身整体价值的原真性和完整性（尤其针对陵寝类）
文化属性	大遗址所依托的地景空间文化价值重大，应首先从地景空间的保护入手。针对存在多个亚遗址区的泛遗址区，亚遗址区间往往存在文化上的紧密联系，需要充足的开敞空间来维系彼此在视线、游览方面的关联性
自然条件	自然地貌较为复杂且特点鲜明，地形变化丰富，需要绿色廊道的营建以维护人居安全及水土保持；自然资源十分丰富；地景空间内农业、林业等相关产业发达
区位条件	位于主城区外部，作为城市化还未全面扩展到的区域，与郊区同时保持着密切的关系，作为城市的生态补偿区和生活资料的源地
发展要求	已经及暂未纳入城市新区扩展的版图中
适宜于西安的大遗址：霸陵、五陵原西汉帝陵、汉长安城（西侧）、丰镐遗址等	

注：在具备以上部分条件时可通过综合研究采用。

8.5.3 周边空间环境保护与营建策略

1. 综合景观安全格局的建立——从地景空间整体保护入手

景观是一个系统，其格局可反映系统的功能与效率，并且决定了景观的功能（包括各种能量流与物质流）和过程。调整与优化这一格局使其更具备生态合理性是该地区可持续发展的前提与保障，但这是建立在综合考虑产业定位、人居安全、生态保育、遗产保护等多方面基础之上的整合结论。通过从多维度构建生态安全区域叠加形成的综合景观生态安全格局，作为限制城镇建设的区域和规划设计的前提。

2. 完善景观结构性格局

在“综合景观生态安全格局”的基础上进一步完善景观的结构性格局。“一个景观或区域的结构性格局可以完全认为由斑块、廊道和基质 3 种类型的要素构成。事实上，这 3 种普适性的要素是比较高度差异性景观以及提出一般性原理的基本工具”[45]14。而景观生态学的有关原理是风景园林学科中对于引导景观格局改变易于操作的有效工具。

首先，植入环境资源斑块：哈佛大学理查德 T.T. 福尔曼教授在《城市区域：城市外的生态与规划》一书中总结塑造“土地镶嵌体”的基本原理，他指出：“依附于自然廊道和网络的小型斑块可作为野生物种运动的踏脚石，尤其是长线路，可提高物种到达目的地的机会”[78]231。并在《景观设计学和土地利用规划中的景观生态原理》中指出：在同样面积大小的情况下，与一个廊道网络隔离的斑块相比，与该网络相联系的小型斑块或节点，可能含有稍多一些的物种和更低的本地物种灭绝速度[45]43。可见新植入的资源斑块与廊道的高关联性可使它具备更好的生态效益。其次，引导人工斑块的发展，根据不同地区的发展条件和对经济社会整体发展的影响程度，结合综合景观安全格局的结论明确地景空间的城镇化引导地区和生态控制区，划定需要永久性禁止或限制开发的地区。积极引导农村居民向城镇化引导地区和中心村集聚。从村民数、有无历史遗存、生态因素、规划布局以及与镇区距离几个方面综合考虑撤村或合并。再次，绿色廊道的完善与构建：完善已存在自然廊道的功能与安全性；同时，汇水区与冲沟是潜在的水土流失发生区，可结合水土保持格局构建新的绿色网络，从廊道的景观规划出发改善这里的生态可持续性：“网络的连通性（即廊道连接节点的程度）与网络的回路（即网络可提供的环路和可选择性路径的程度）一起，反映了一个网络的复杂程度，同时是评价物种迁移的连接有效性的一个总体指标”[45]43。因此，在历史遗址区域的动态发展中逐步形成完整连通的林网具有多方面的生态效益。最后，农业景观基质的调整：农业、林业与生态种植可与产业调整、市场影响、小气候环境等相适应。保留已成规模、高产量的农田与林地，整合景观破碎化的种植，在保障基础景观氛围的前提下，形成多样化与可变化的植被群落。

3. 保护与塑造“遗址文化区”整体环境

对于如白鹿原及五陵原上的诸多汉陵而言，大遗址彼此毗邻，且相互之间的影响与文化关联性强，单个大遗址的影响辐射空间有可能会相互叠加，因而需要形成整体性的“遗址文化区”。在“遗址文化区”内应拆除或整理与综合景观安全格局冲突的建设，搬迁工业企业；除了可保留的现状城镇、村落外，避免大型基础设施、新居民点等与文物保护无关的建设行为；同时，禁止规划新建区域性交通设施，如国道、省道等；并控制内部建筑的高度、形式与体量。

鉴于多个遗址之间的近距离分布，除了维持大面积开敞空间来保障彼此间的对视关系外，对于已经给遗址风貌及完整性造成视觉干扰的现代建筑群及道路、管线等，应采取改线处理或景观手法（如密植高大乔木）尽量削弱这种不良影响。同时，结合现状的村落、场地等打造适宜的观景点，突出对历史信息在不同视角的视觉感知，注重前景—中景—背景的画面构成，并通过对它们进行有效的串联形成有序列场景变化的特色游线。

8.6 适宜性空间模式的应用总结

结合前述研究，将几类大遗址周边适宜性空间模式下的环境保护与营建原则总结如下（表 8–7~ 表 8–10）。

表 8–7　对比包围模式下大遗址周边空间环境保护与营建原则

对比包围模式	大遗址周边空间环境保护与营建原则总结	章节出处
周边城市功能	1. 外部发展视角：居住用地（R1、R2、、R3），公共设施用地（C1，C2，C3，C6），绿地（G）； 2. 内部需求视角：文化产业（旅游商品生产加工、考古书籍出版、影视产品制作、文化研发机构、旅游集团、会议展览等功能），遗址区外迁居民安置住宅，旅游餐饮及度假酒店、会所等	5.3 5.4.2
生态环境保护与建设	将绿地延伸至城市发展区腹地，实现内外生物多样性保护，动植物种与能量流、物质流的沟通	6.4.3
空间建设控制	在无廊道隔离的情况下，在遗址周边可设立线性缓冲空间（水平距离大于遗址边界要素高度 3 倍以上），注重对边界遗址要素的保护、展示与阐释，满足对其连同背景环境的观赏，拉开与城市界面的距离。在该范围以外，城市开发过程中注重历史轴线的延伸和保护性控制，并将 500 m 以内的土地作为中高层建筑及高层建筑的禁建区（低层和多层建筑可建设）；将 1000 m 以内的地段作为高层建筑的禁建区（低层、多层和中高层建筑可建设）；1000 m 以外的区域原则上将不受控制。若大遗址仅局部保存，可不需要线性缓冲空间而与城市交通直接毗邻，外围建筑高度要求同上	7.2.2 7.2.3

表 8–8 廊道隔离模式下大遗址周边空间环境保护与营建原则

廊道隔离模式		大遗址周边空间环境保护与营建原则总结	章节出处
廊道以内	功能安排	廊道的功能分为城市交通型生态防护主导、游憩与景观文化主导、滨河绿道及生物走廊型绿道 4 种类型，也可将生态、游憩与文化功能复合叠加。在以游憩与景观文化为主的类型中，可适当引入旅游服务（文娱设施、旅游商业、游客中心、餐饮服务、停车场、园务管理），科研教育机构及文化展示园等相关功能节点。严格控制廊道内部建筑物的数量和规模	5.4.2
	生态环境营建	以林地（包括密林及疏林草地）为主要景观，包括不窄于 30 m 宽的连续林带；群落结构的建立和植被种类选择应力求发挥生态防护的职能，并满足游憩、审美及生物栖息与迁徙的需求	6.4.1
	空间建设控制	1. 对于规模较大保存完整的都城及宫殿类大遗址，构建宽度在 150~300 m 宽的绿色廊道与城市建设区隔离，内部建筑以低层建筑为主；色彩、风格、形式与遗址风貌相协调。 2. 对于水景类遗址，水际边界可以利用地形加乔木种植的方式拉大空间骨架，在视线较低的观景点处一定程度屏蔽周边建筑对园内的视觉影响；另外，尽量在外围构建一定宽度的多功能绿色廊道拉远园内与城市建设用地的距离，并注重建筑尺度、体量、风貌的协调。周边建筑高度本着靠近园内方向逐渐降低的退台式控制	7.2.2 7.4.3
廊道以外	功能安排	1. 外部发展视角：居住用地（R1、R2、R3），公共设施用地（C1，C2，C3，C6），绿地（G）。 2. 内部需求视角：文化产业（旅游商品生产加工、考古书籍出版、影视产品制作、文化研发机构、旅游集团、会议展览等功能），遗址区外迁居民安置住宅，旅游餐饮及度假酒店、会所等	5.3 5.4.2
	生态环境保护与建设	将绿地延伸至城市发展区腹地，实现内外生物多样性保护，动植物种与能量流、物质流的沟通	6.4.3
	空间建设控制	城市开发过程中注重历史轴线的延伸和保护性控制；注重保护周边典型景物及环境作为"空间延伸"的对象；并将遗址边界 500 m 以内的土地作为中高层建筑及高层建筑的禁建区（低层和多层建筑可建设）；将 1000 m 以内的地段作为高层建筑的禁建区（低层、多层和中高层建筑可建设）；1000 m 以外的区域原则上将不受控制	7.2.3

表 8–9 咬合过渡模式下大遗址周边空间环境保护与营建原则

咬合过渡模式		大遗址周边空间环境保护与营建原则总结		章节出处
职能定位		以亚遗址区为单位建设考古遗址公园（遗址公园范围包括保护范围及一部分建设控制地带）		
亚遗址区内（大遗址周边）	功能安排	考古遗址公园外建设控制地带以内	功能可包括：结合保留及整合归并后的村镇安排住宿与餐饮服务职能，遗址区外迁居民安置住宅，科研与教育中心，以及少量文化企业。应尽量以自然景观为主，严格控制建筑物的数量和规模	5.4.2

续表

咬合过渡模式			大遗址周边空间环境保护与营建原则总结	章节出处
亚遗址区内（大遗址周边）	功能安排	建设控制地带以外	外部发展视角：居住用地（R1、R2），公共设施用地（C1、C6），绿地（G）； 内部需求视角：文化产业园（旅游商品生产加工、考古书籍出版、影视产品制作、文化研发机构、旅游集团、会议展览等功能），遗址区外迁居民安置住宅，旅游度假酒店会所等	5.3 5.4.2
	生态环境保护与建设	靠近城市建设区的地段应加强过渡性生态林带的种植，起到内外环境污染隔离与视线遮挡的作用，并将绿地延伸至城市发展区腹地，实现内外生物多样性保护，动植物种与能量流、物质流的沟通		6.4.3
	空间建设控制	考古遗址公园外建设控制地带以内	建筑以多层、低层建筑为主；色彩、风格、形式与遗址风貌相协调	7.1 7.2.3
		建设控制地带以外	都城、宫殿及水景类遗址：距离大遗址边界300 m以内的土地作为隔离绿带和农林用地的控制范围；将500 m以内的土地作为中高层建筑及高层建筑的禁建区（低层和多层建筑可建设）；将1000 m以内的地段作为高层建筑的禁建区（低层、多层和中高层建筑可建设）；1000 m以外的区域原则上将不受控制。陵寝类：背景控制区（保护范围以外不小于2.5 km）内建筑高度小于封土高度。色彩、风格、形式与遗址风貌相协调	

表 8–10　开敞过渡模式下大遗址周边空间环境保护与营建原则

开敞过渡模式		大遗址周边空间环境保护与营建原则总结	章节出处
泛遗址区管理模式		以该区域为对象成立相应的“历史遗址特区”，可命名为“××遗址区保护、管理与发展建设委员会”，统筹管理遗址及周边地区的文物保护、遗址利用、产业结构调整及城乡统筹、城市扩展及重大基础设施建设、生态修复和文化建设等方面的建设问题。内部以亚遗址区为单位建设考古遗址公园	5.5.1
泛遗址区职能定位		城市发展的限建区，以农林生态及旅游产业为主的新城市职能区	4.1.2
泛遗址区内部（大遗周边）	村民搬迁与聚落调控	1. 针对泛遗址区内村落密度与农林产业集约化趋势不符的特点，建议对遗址区及周边村镇聚落进行整合与归并。鼓励多余人口迁入周边城市新区。 2. 对于遗址保护范围内对文物遗址本体构成破坏与威胁的村落尽量以“近地安置”为主，搬迁至周边归并后的村镇或建设控制地带内。保留村落的居民应通过技能培训掌握必要的技能，参与到大遗址的保护与管理中	5.2.1 5.2.3

续表

开敞过渡模式		大遗址周边空间环境保护与营建原则总结	章节出处
泛遗址区内部（大遗周边）	产业结构调整	1. 对区内造成各种污染的工业企业应坚决关停；区内高耗能、低效率、产能过剩及技术含量低的其他企业应提升改造、异地搬迁或转产撤并。 2. 大力发展都市农业与观光农业。 3. 结合考古遗址公园的建设，在遗址区内部及附近村镇建立旅游管理和服务基地，并有选择地发展旅游服务业、休闲与文化产业、现代服务业、民俗文化产业及农副产品加工产业	5.2.2
	生态环境保护与建设	1. 在亚遗址区之间结合大遗址外部城市交通、水系、地形建设不同主题与目标的绿道（生态防护型、游憩与景观文化主导型、生物走廊型），保证各绿道彼此相接。 2. 加强黄土台原坡面生态林的固土种植，模拟自然生境的原生群落结构，逐步解决水土流失的问题。 3. 大遗址保护范围以外，在对大规模农林用地保护的基础上，引导延续和完善保护范围以内景观的结构性格局	6.4.1 6.4.2 6.4.3
	空间建设控制	建筑以多层、低层建筑为主；色彩、风格、形式与遗址风貌相协调	7.2
泛遗址区外部城市开发	功能安排	在与大遗址保持足够的距离及风向要求后适宜于各类城市职能。除了居住用地、公共设施用地及城市绿地外，包括工业用地、对外交通用地等不适宜与遗址紧邻的用地性质，距离的控制需额外加强：工业用地与大遗址距离 1000 m 以上；对外交通用地距离 1200 m 以上；而其他功能区在最窄处保留 600~800 m 的距离以创造自然化、物种丰富的景观结构	5.3 6.5.2
	生态环境保护与建设	靠近城市建设区的地段应加强过渡性生态林带的种植以起到内外环境污染隔离与视线遮挡的作用，并将绿地延伸至城市发展区腹地，实现内外生物多样性保护，动植物种与能量流、物质流的沟通	6.4.3
	空间建设控制	都城、宫殿及水景类遗址：距离大遗址边界 300 m 以内的土地作为隔离绿带和农林用地的控制范围；将 500 m 以内的土地作为中高层建筑及高层建筑的禁建区（低层和多层建筑可建设）；将 1000 m 以内的地段作为高层建筑的禁建区（低层、多层和中高层建筑可建设）；1000 m 以外的区域原则上将不受控制。陵寝类：背景控制区（保护范围以外不小于 2.5 km）内建筑高度小于封土高度	7.1 7.2.3

以上保护与营建原则的总结具备较强的可操作性，无论是对目前被新区扩张威胁的城市边缘大遗址，还是主城区内的大遗址都具备切实的指导意义，是适宜于目前西安城市发展现状的。

从西安的个案反观全国，可以发现大遗址与城市环境的关系在很多方面都具备相似性。例如，我国的重要遗产城市的选址布局均与所在地区的山川形势及地形地貌有着紧密的依存和相生关系。从宏观角度而论，北京：左环沧海，右拥太行，北枕居庸，南襟河济[110]2；洛阳：北依邙山，南望洛水；杭州：十余万家，环以湖山，左右映带，而闽海商贾，风帆浪泊，

出入于烟涛杳霭之间，可谓盛矣！①大同：山环采凉、水抱桑干，长城界其北，堰塞峙其南，西眺朔漠，东瞻白登，屏全晋而拱神京，巍然重镇[110]151。金陵在大约南朝时的都城规模已经形成“背靠玄武湖，南望聚宝山，东依钟山、西临长江”的大格局内，布局的重点是将宫殿区放在玄武湖、九华山的南面，这是平原上最好的位置[111]。除了宏观环境以外，重要的遗址区还与所在城市的中观环境和微观环境有着相生相依的关系。同时，许多远距离的扩展环境反映了大遗址本体产生及选址的社会与文化背景，类似的案例在我国的许多其他历史城市也比比皆是。例如，李白登凤凰台时所赋：“三山半落青天外，二水中分白鹭洲”，说的是在金陵城西南城凤凰台上看到的山、水、城融为一体的郊野景色。又如韦庄《金陵图》：“江雨霏霏江草齐，六朝如梦鸟空啼。无情最是台城柳，依旧烟笼十里堤。”台城即是玄武湖边的一段城墙，可眺望钟山，是南京山水城一体的最佳结合处。据文献记载，宇文恺在规划设计洛阳城时，将洛阳城的中轴线对准了龙门的山口，成为历史上城市选址对准自然山水景观穴山之处的一个重要实例。历史上的杭州是在利用自然条件不断改善城市环境的基础上逐步规划建设的。南宋皇帝将皇宫建在吴山上，居高临下，气候凉爽，可以一览无遗眺望西湖景色[111]。

因此，在如此多共性的基础上，期待本书所提出的针对西安大遗址周边空间环境的保护与营建方针、适应性空间模式，以及各模式下的具体应用原则及保护与营建策略，可为我国其他历史文化名城提供启发和借鉴意义。期待本书通过对西安的相关研究，使遗址的保护利用能够与古城风貌保护、城市开发建设协调发展，互利多赢，促进提高我国文化遗产保护的整体水平。

8.7 本章小结

从理论框架体系的建立，到不同维度的综合研究，本章在前述研究的基础上对大遗址周边空间环境保护与营建方针进行总结，阐述了大遗址周边空间环境保护的核心内容（包括山水空间环境的保护、与扩展环境空间关系的保护、相邻历史要素与非物质文化的保护）；与大遗址周边空间环境营建的指导思想（即分层次进行梯度控制，营建以“整体性保护”为前提，多维度环境内涵并重，以及对文化遗产真实信息的阐释）。继而，在对大西安主城区范围的研究对象进行整理分析的基础上，总结出了 4 种西安大遗址周边适宜性空间模式，分别针

① 欧阳修《有美堂记》中的描述。

对主城区以内和主城区以外，从理想状况和底线控制两个角度进行归纳和探讨。即主城区内部的对比包围模式与廊道隔离模式；主城区外部“历史遗址区域”内的咬合过渡模式及开敞过渡模式。由于前述的每个研究维度都有一些条件因子会影响模式的选取，本章尝试构建综合评定方式，依据 3 个维度的主要影响因素构建选取综合评价表。每一种模式的研究均结合典型案例展开，分别包括：唐长安城明德门遗址、汉长安城遗址、少陵原杜陵和白鹿原汉陵遗址区，并对各个模式的适宜条件，以及周边环境保护与营建策略进行深入剖析。以上 4 种模式及相关策略具有较为完善的实践操作性，对西安今后协调大遗址与城市发展的关系具备一定的指导意义。本章最后对各类模式从功能、生态与空间几方面的应用原则进行了系统的总结，作为研究的落脚点。

9 结 语

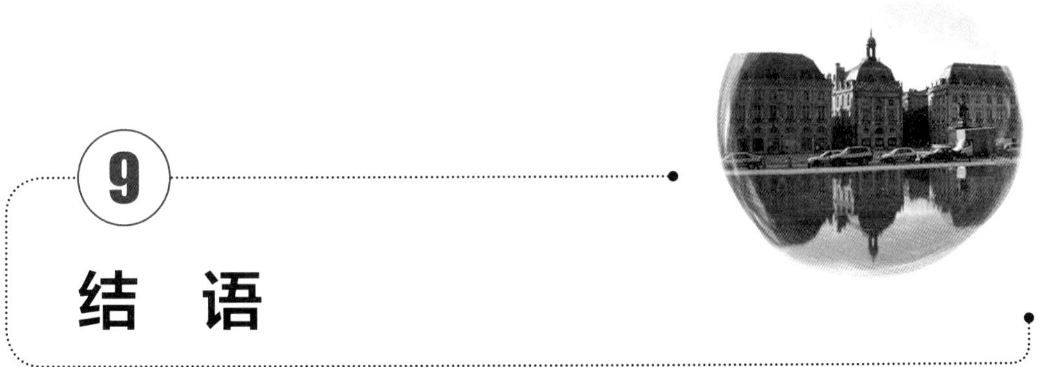

9.1 主要结论

城市的发展处于动态变化之中，需要不断协调与遗址的关系，可持续的大遗址保护与利用不是一代人可以完成的，需要世世代代人的努力，规划发展也不会是一步到位。大遗址的土地资源价值和旅游经济价值是随着社会经济的发展及人们认知水平的提高不断调整和变化的，而遗产的文化价值则只会随着社会的发展进步而不断提升。针对大遗址外围空间环境的保护对于维护大遗址的整体价值而言有着至关重要的意义。本研究通过系统的分析和研究，在西安大遗址周边空间环境的保护与规划设计方面，主要得到了以下的研究结论和成果。

1. 保护与利用现状的评析

西安是我国典型的遗产城市，留下了丰富的历史遗存与考古遗址。这些遗址数量多、规模大，彼此之间往往连接成片，构成了一个个特色鲜明、密集的遗址区。本书在分析西安历史文化遗址的资源特征与功能定位的基础上，通过对西安遗址类开敞空间建设历程的回顾，将目前西安的遗址保护与利用模式总结为遗址考古遗址公园、遗址性质的景区、遗址博物馆（含周边绿地）和遗址性质的城市公园（包括综合公园、主题公园、带状公园等子类）这4种类型。同时，结合典型建成案例的评述，总结了遗址类公共空间的演进特点与发展趋势；

并从城市规划角度对西安大遗址的现状进行类型归纳（分为已被城乡建设所覆压和破坏、已被城市建成区包围、已被城市发展区包围和位于城市外围地带 4 类）。

2. 周边环境特征与价值的认知

无论是学术研究、法规制定，还是规划编制与具体的工程实践，对历史遗址周边环境该如何与之协调的问题长期以来都只停留在对近距离周边范围的探讨，从 2005 年《西安宣言》提出将“环境”（setting）的地域范围扩展至除紧邻周边之外与遗产相联系的更广阔环境，并强调非物质文化环境的重要性之后，警醒我们必须从新的理念出发重新审视城市的遗产环境问题。

要做到对大遗址周边环境科学合理的保护与营建，必须对它的特征与价值有客观全面的认知。与自然山川环境的共生关系是西安大遗址的一大特征，若缺乏对其宏观环境的研究将无法实现这一目标。因此，本书跳出固有对大遗址周边环境范围的认识，将大遗址所依托空间环境的价值从两个层面来认识。第一个层面是西安大的地理空间环境自身的价值，包括河谷川道、黄土台原、平原、浅山地区 4 类地景空间。本书分别阐述了它们的自然属性和遗址分布状况，并分析了它们在诗词意境、美学形象等方面的差异，认为这些大的地理空间环境除了遗址遍布之外，还具有更深层的文化内涵，其自身就具备遗产的属性。这里的每一处地形、植被、水体、村落和远山背景都可能对构成诗词歌赋中的场景发生作用，城市发展过程对历史文化环境要素的充分解读与尊重，有益于彰显历史文化名城的独特个性与魅力，也是保护依托于其上大遗址的周边环境的基础。第二个层面是环境与大遗址的关联价值。大遗址最初选址受到传统哲学与风水文化的长期熏陶，通过分析各类大遗址与地景空间的依存关系，本书认为：西安大遗址与其依托的宏观环境形成了“你中有我，我中有你”的一体关系。正因这种彼此间的共生关系，保护与营建大遗址外空间环境的问题首先要上升到对地景空间这一宏观环境保护的议题上，在主城区周边的历史台原、川道两侧等目前正被规划新区覆盖到的地区，不应将紫线外的土地等同于普通的城市用地来开发建设，而应视为遗产对象谨慎分析和审视。从用地布局、开发强度、风貌形象，到社会经济发展模式，都要更多地考虑历史文化因素的影响。

3. 存在问题与保护困境的原因揭示

研究的展开建立在对目前遗址保护与利用存在问题认知的基础之上，对其评价的原则和立场包括：“真实性”与“完整性”原则，文化遗产地“阐释与展示”原则，以及《西安宣言》中环境的含义。通过实地考察与文献研究，本书将目前西安遗址保护与利用中的主要问题总结为：完整性不足、对历史信息真实性的漠视和外围环境的无序建设三个方面。在周边空间环境表象问题的背后，本书力求追本溯源对问题的背景与原因作出解析：第一，目前法律法规对环境保护的不足（主要包括建设控制地带以外的建设在文物保护法规层面不受控制）；

第二，文物保护规划对环境保护的不足（包括保护区划的同心圆式一刀切现象，以及较少牵涉到宏观环境等问题），第三，部分遗址紫线范围套叠与交错，使紧靠单一的文物保护规划实现关联性强的环境保护显得力不从心；第四，“名为保护、实为开发”，片面追求经济利益的误区；第五，规划发展区对主城周边大遗址的威胁。

4. 整体性区域化保护方法的建构

针对西安大遗址外环境的价值、特征和目前的现实困境，亟待从理论层面建立新的框架体系，统筹研究历史文化环境保护和城市发展协调的问题。本书借鉴“整体性保护”的思想核心，建议扩大以往认知范围，将遗址与大尺度地理环境及关联性强的遗址群视为一个有机整体。针对西安主城区以外的历史遗址，从遗址群整体价值和地景空间整体价值的保护出发，构建“历史遗址区域”体系以实施整体性保护。本书提出“遗产环境先导”的城市用地布局策略，旨在贯彻“远离遗址区域建新城”的宗旨，将大遗址外空间环境看作对城市个性化空间特色塑造和长远发展产生前瞻性影响的核心因素。在城市总体规划中，将历史遗址区域的整体环境作为影响城市用地布局的因子之一，从而将“历史遗址区域”作为城市建设的限建区，避免其成为新区发展的腹地。通过规划、管理等手段引导它的动态发展过程，对其功能演变与当代建设给予指引，协调文物保护与城建的关系，并从政策法规方面给予足够的支持，力求补充目前西安遗产保护体系下对遗址外环境的割裂式保护，以及对主城外围的川原环境保护的不足。

本书参考建筑场，将大遗址场的强弱及范围划分为强场、均衡场、弱场和虚场 4 个层级。同时，为保护西安的历史文化环境及古都风貌，将“历史遗址区域”体系的空间层次划分为：宏观层面，包含主城区外多个大遗址及周边辐射区域，或者受保护的地景空间整体，称之为“泛遗址区”；中观层面，在“泛遗址区”内距离相近或毗邻的重要遗址区，称之为“亚遗址区”；微观层面，即大遗址及紧邻周边空间环境。对于体系内部的单一大遗址而言，这 3 个层级可分别对应于场效应中的弱场、均衡场和强场，随后阐述了每一层级具体空间划分的原则。

对该体系与环境保护相关的研究不需要单独编制保护规划，而应与现有的城市规划体系紧密结合。建议从规划大纲阶段即开始，在总体规划、分区规划、详细规划中，分几个层面对应前述层次分别进行研究贯彻。本书提出了每个层级建议研究或补充的内容，并对西安的历史遗址区域进行了空间的划分：包括：①五陵原泛遗址区，含秦宫、长陵、周陵、平陵、茂陵 5 个亚遗址区；②沣渭冲积平原泛遗址区，含阿房宫、丰镐、汉长安城、昆明池 4 个亚遗址区；③五陵原泛遗址区，含杜陵、少陵、樊川 3 个亚遗址区；④白鹿原及浐灞川道泛遗址区，含白鹿原汉陵及浐灞川道 2 个亚遗址区；⑤骊山—铜人原泛遗址区，含秦始皇陵、华清宫、姜寨、秦东陵 4 个亚遗址区。

5. 多维度与城市过渡关系的探究

基于历史遗址区域体系框架的建立，本书通过“社会功能”“生态”“空间”3 个维度系统研究了大遗址与城市发展的过渡关系。针对历史遗址区域内部产业结构与社会功能现状，研究提出了泛遗址区聚落归并、产业调整工作和大遗址内部村民搬迁及人口转移的原则；并分别从外部发展视角与内部发展视角，提出了不同类型大遗址周边适宜的用地性质和功能设施，以及周边地区的规划与管理模式。

根据西安的生态层次与保护重心，本书剖析了泛遗址区的生态目标与功能，以及与城市绿地结构的关系。建议以构建历史文化生态廊道和绿道网络建设的方式加强各个亚遗址区之间的生态联系。在此基础上，探讨了大遗址外围 3 种主要的绿色空间类型——绿道、生态原坡、农业基质的保护与营建手段；并对大遗址与城市各功能区的生态过渡空间提出了距离控制与环境保护的具体要求。

不同类型的大遗址，由于自身的文化属性及分布特征不同，对周边城市建设的物质空间要求也存在差异。对于陵寝类大遗址，有必要在保护范围之外划定更大范围的包括建设控制地带的“背景控制区”，注重将望陵与望原、望山相结合，控制视廊内与背景范围的建设高度；对于都城及宫殿类遗址，要注重线性缓冲过渡空间的隔离和外围建筑高度的梯度控制，并对边界的视觉形象和历史轴线作出回应；对于先期文化遗址，要突出与原始性和自然性的环境相协调；而对于水景类遗址，对周边景物资源的因借、水际边界的处理和外围的城市建设控制应是其空间协调的重心。

6. 适宜性空间模式的提出

结合上述综合研究，本书对大遗址周边空间环境保护与营建方针进行了总结：阐述了大遗址周边空间环境保护的核心内容（包括山水空间环境的保护，与扩展环境空间关系的保护，相邻历史要素与非物质文化的保护）；大遗址周边空间环境营建的指导思想（即分层次进行梯度控制，营建以整体性保护为前提，多维度环境内涵并重，以及对文化遗产真实信息的阐释）。

在多种复杂因素的影响和作用下，不同大遗址因自身遗址特征、文化属性、自然条件、区位条件和发展要求等方面的差异，其保护范围以外与周边城市环境之间应适合不同的过渡衔接方式。在对大西安主城区范围大遗址整理分析的基础上，总结出 4 种大遗址周边适宜性空间模式，分别针对主城区以内和主城区以外，从理想状况和底线控制两个角度进行归纳和探讨。即主城区内部的对比包围模式与廊道隔离模式；主城区外部“历史遗址区域”内的咬合过渡模式及开敞过渡模式。由于前述的每个研究维度都有一些条件因子会影响模式的选取，本书尝试构建综合评定方式，依据 3 个维度的主要影响因素构建选取综合评价表。

此外，结合典型案例的研究，对每一种模式的适宜条件（遗址特征、文化属性、自然条

件、区位条件、发展要求），以及周边环境保护与营建策略进行了深入剖析。其中，对比包围模式下的周边空间应从现状肌理编织、空间体量过渡、心理尺度对比等方面入手；廊道隔离模式下的环境保护需突出人工历史渠系的再现、自然廊道的保护及复合型廊道的建设；咬合过渡模式应遵循与城市生态系统的衔接、内部格局的延续和遗产廊道的建立等原则；而开敞过渡模式的重心则是从地景空间的整体保护入手，在完善景观结构性格局的基础上，保护与塑造遗址区的整体环境。以上 4 种模式及相关策略具有较为完善的实践操作性，对西安今后协调大遗址与城市发展的关系具备一定的指导意义。最后，本书对各类模式从功能、生态与空间几方面的应用原则进行了系统的总结，以期从理论方法框架落实到具体的操作原则，为我国其他历史文化名城提供启发与借鉴意义。

9.2 结束语

大遗址不仅属于我们，属于我们的子孙后代，也应当属于全人类，它们所蕴含和传递的信息，是人类文化宝藏的一部分，是无价和永恒的。周边历史环境作为大遗址真实性与完整性的重要组成，是中华文明的历史见证和人民情感的归属与纽带。在保护与发展矛盾日益突出的今天，在城市文化特色缺失的时代，让大遗址周边的空间环境起到维护其整体价值，彰显城市个性与特色，以及陶冶与教化世人的作用，是我们肩上的责无旁贷的使命。科研工作者们必须在前人实践与探索的基础上勇敢前行、积极开拓。希冀本研究能够起到抛砖引玉的作用，启发更多学者共同关注文化遗产资源周边的环境问题，本人也会在今后的科研与实践中继续探索，为大遗址与历史文化环境系统全面的保护贡献力量。

参考文献

[1] 郑育林．遗址公园：大遗址保护和城市建设的有效结合 [J]. 中国文化遗产，2009(4): 35–37.

[2] 张松．历史城市保护学导论——文化遗产和历史环境保护的一种整体性方法 [M]. 2版．上海：同济大学出版社，2008:231–232.

[3] 莫妮卡·卢思戈（撰），韩锋，李辰（译注）．文化景观之热点议题 [J]. 中国园林，2012（5）：10–15.

[4] STOVEL H. Notes on aspects of authenticity reflections from the Bergen Meeting[C]. Conference on authenticity in relation to the World heritage convention, Larsen and Marstein, Directorate of cultural heritage, Norway, Tapir forlag, 1994, 121–125.

[5] 单霁翔．走进文化景观遗产的世界 [M]. 天津：天津大学出版社，2009: 212–221.

[6] 郑育林．我国大遗址保护与利用相关问题的研究 [J]. 西北大学学报（哲学社会科学版），2010（3）：40–46.

[7] 孟宪民，等．大遗址保护理论与实践 [M]. 北京：科学出版社，2012: 53.

[8] 单霁翔．大型考古遗址公园的探索与实践 [J]. 中国文物科学研究，2010（1）：2–12.

[9] GHOSH S. Architectural and Urban Conservation[M]. Calcutta: Centre For Built Environment, 1996:30.

[10] BRAY P M. The Heritage Area Phenomenon: Where It is Coming From? [J]. Cultural Resources Management Information, 1994, 17（8）：3–4.

[11] EUGSTER J G. Evolution of the Heritage Areas Movement [J]. The George Wright Forum, 2003, 20（2）: 50–59.

[12] 刘颂，高健 . 西欧历史城市景观的保护 [J]. 城市问题，2008（11）:88–92.

[13] 张乃戈，朱韬，于立 . 英国城市复兴策略的演变及“开发性保护”的产生和借鉴意义 [J]. 国际城市规划，2007, 22（4）:11–16.

[14] CLEERE H F. Archaeological Heritage Management in the Modern World [M]. London:Unwin Hyman Ltd., 1989: 261.

[15] 喻学才 . 遗址论 [J]. 东南大学学报（哲学社会科学版），2001（2）: 45–49.

[16] 刘卫红 . 大遗址保护规划中价值定性评价体系的构建 [J]. 西北大学学报（自然科学版），2011（5）: 907–912.

[17] 李海燕 . 大遗址价值评价体系与保护利用模式研究 [D]. 西安：西北大学，2005.

[18] 郭璇 . 文化遗产展示的理念与方法初探 [J]. 建筑学报，2009（9）: 69–73.

[19] LV L. Walking into history—experiencing Tang city wall [D]. Hong Kong: University of Hong Kong, 2005.

[20] 蔡晴 . 基于地域的文化景观保护 [D]. 南京：东南大学，2006.

[21] 樊海强，袁寒 . 大遗址保护与利用互动发展新模式——汉长安城保护与利用总体规划 [J]. 规划师，2008（2）: 19–22.

[22] 杜金鹏 . 大遗址保护与考古遗址公园建设 [J]. 东南文化，2010（1）: 9–12.

[23] 张忠培 . 关于建设国家考古遗址公园的一些意见——在“2009 大遗址保护·良渚论坛”上的发言 [J]. 东南文化，2010（1）: 6–8.

[24] 胡小凯 . 西安城市遗址公园规划设计研究 [D]. 北京：北京林业大学，2011.

[25] 彭历 . 北京城市遗址公园研究 [D]. 北京：北京林业大学，2011.

[26] 陈稳亮 . 大遗址保护与区域发展的协同 [D]. 西安：西北大学，2010.

[27] 田林 . 大遗址遗迹保护问题研究 [D]. 天津：天津大学，2004.

[28] 所萌 . 城市边缘区大遗址保护规划研究 [D]. 北京：中国城市规划设计研究院，2008.

[29] 张剑葳，陈薇，胡明星 . GIS 技术在大遗址保护规划中的应用探索——以扬州城遗址保护规划为例 [J]. 建筑学报，2010（6）: 23–27.

[30] 柳泽，毛锋，周文生，等 . 基于空间数据库的大遗址文化遗产保护 [J]. 清华大学学报（自然科学版），2010（3）: 338–341.

[31] 张平 . 大遗址周边区域开发强度控制研究 [D]. 西安：西北大学，2014.

[32] 孙伊辰 . 城市大遗址周边环境保护规划策略研究 [D]. 西安：长安大学，2013.

[33] 王琼 . 与大遗址相协调的西安铁路客运综合体及其周边环境研究 [D]. 西安：西安建筑科技大学，2013.

[34] 涂冬梅 . 基于遗址保护的大明宫周边地区土地开发策略研究 [D]. 西安：西安建筑科技大学，2012.

[35] 陈琳 . 关于大明宫遗址公园周边环境保护的探究 [D]. 西安：西安建筑科技大学，2012.

[36] 高微微 . 大遗址周边区域空间形态的表征分析与研究 [D]. 西安：西北大学，2013.

[37] 张晓明，刘雷，林楚燕 . 大遗址周边地区城市开发建设思考——以西安曲江新区为例 [J]. 西安文理学院学报（社会科学版），2012（1）:15–20 .

[38] 崔云兰，薛峰 . 国内外城市视觉景观规划研究综述 [J]. 安徽建筑，2011（5）：7–8，24.

[39] 陈煊，魏小春 . 解读英国景观控制规划——以伦敦圣保罗大教堂战略性眺望景观为例 [J]. 国际城市规划，2008（2）：118–123.

[40] NICOLSON K N. Conserving Hong Kong's Heritage Cultural Landscapes [D]. Hong Kong: University of Hong Kong, 2005.

[41] 罗佳明 .《西安宣言》的解析与操作 [J]. 考古与文物，2007（5）:43–52.

[42] 张松 . 文化生态的区域性保护策略探讨——以徽州文化生态保护实验区为例 [J]. 同济大学学报（社会科学版），2009（6）：27–35.

[43] 伊恩·伦诺克斯·麦克哈格 . 设计结合自然 [M]. 黄经纬，译 . 天津：天津大学出版社，2006: 10.

[44] 俞孔坚，李迪华，刘海龙 . 反规划途径 [M]. 北京：中国建筑工业出版社，2005.

[45] 德拉姆施塔德，詹姆斯·D. 奥尔森，理查德·T.T. 福尔曼 . 景观设计学和土地利用规划中的景观生态原理 [M]. 朱强，等译 . 北京：中国建筑工业出版社，2010.

[46] 熊明 . 建筑场与城市广场尺度 [J]. 建筑创作，2000（3）：20–27.

[47] 丁宁 . 论建筑场 [M]. 北京：中国建筑工业出版社，2012.

[48] 谢识予 . 经济博弈论 [M]. 2 版 . 上海：复旦大学出版社，2002: 4–6.

[49] 芦原义信 . 外部空间设计 [M]. 尹培桐，译 . 北京：中国建筑工业出版社，1985.

[50] 芦原义信 . 街道的美学 [M]. 尹培桐，译 . 天津：百花文艺出版社，2006.

[51] 向德 . 西安大遗址保护的实践与思考 [M]// 西安市文物局，西安历史文化名城研究会 . 论西安大遗址保护与利用 . 西安：陕西人民出版社，2009: 123–132.

[52] 李春林 . 唐大明宫遗址保护与利用的思考 [M]// 西安市文物局，西安历史文化名城研究会 . 论西安大遗址保护与利用 . 西安：陕西人民出版社，2009: 154–166.

[53] 刘克成 . 解说大明宫国家大遗址保护展示示范园区暨遗址公园总体规划 [J]. 中国文化遗产，2009（8）:112–119.

[54] 郑育林 . 走进杜陵 [M]. 西安：西北大学出版社，2007.

[55] 唐磊 . 大明宫遗址公园：不让遗址成为累赘 [J]. 中国新闻周刊，2010（5）：54–55.

[56] 刘克成，肖莉 . 汉阳陵帝陵外藏坑保护展示厅 [J]. 建筑学报，2006（7）:68–70.

[57] 刘克成，尤涛，王代赟 . 在历史的空间中行走 [J]. 建筑与文化，2007（6）:22–27.

[58] 刘宗刚 . 唐大明宫遗址公园边界初探 [D]. 西安：西安建筑科技大学，2008.

[59] 常海青 . 唐城绿带建设与隋唐长安城遗址保护 [J]. 风景园林，2012（2）：43–48.

[60] 李令福 . 古都西安城市布局及其地理基础 [M]. 北京：人民出版社，2009.

[61] 史红帅，朱士光 . 隋唐长安城市水系的景观生态建设及其启示 [M]// 西安市城乡建设委员会，西安历史文化名城研究会 . 论唐代城市建设 . 西安：陕西人民出版社，2005: 167–187.

[62] 陈稳亮 . 环境营造——大遗址保护的重要抓手 [J]. 现代城市研究，2010（12）：43–49.

[63] 单霁翔 . 文化遗产保护与城市文化建设 [M]. 北京：中国建筑工业出版社，2009.

[64] 镇雪锋 . 文化遗产的完整性与整体性保护方法——遗产保护国际宪章的经验和启示 [D]. 上海：同济大学，2007: 51–52.

[65] 牛慧恩 . 国土规划、区域规划、城市规划——论三者关系及其协调发展 [J]. 城市规划，2004（11）: 42–46.

[66] 胡序威 . 中国区域规划的演变与展望 [J]. 地理学报，2006，61（6）: 585–592.

[67] 刘庆柱，李毓芳 . 陕西历史文物丛书: 西汉十一陵 [M]. 西安：陕西人民出版社，1987.

[68] TIMOTHY D J. Cultural Heritage and Tourism: An Introduction [M]. Bristol: Channel View Publications, 2011: 215–216.

[69] 刘军民 . 大遗址保护与区域经济发展 [M]. 北京：科学出版社，2013.

[70] 锁言涛 . 西安曲江模式：一座城市的文化穿越 [M]. 北京：中共中央党校出版社 ,2011.

[71] 朱海霞，权东计 . 大遗址保护与区域经济和谐发展的途径：建立大遗址文化产业集群 [J]. 经济地理，2007（5）：747–752.

[72] 刘益 . 大型风景旅游区旅游环境容量测算方法的再探讨 [J]. 旅游学刊，2004（6）:42–46 .

[73] 郑育林，张立 . 西安大遗址保护特区的构想与建设路径 [J]. 西安交通大学学报（社会科学版），2010（4）：51–57.

[74] 张祖群 . 大遗址的文化地理空间分析——以咸阳原为例 [M]. 北京：科学出版社，2013.

[75] 赵和生 . 城市规划与城市发展 [M]. 南京：东南大学出版社，1999: 82–83.

[76] 刘晖，杨建辉，岳邦瑞，等 . 景观设计 [M]. 北京：中国建筑工业出版社，2013.

[77] GREEN B. Countryside Conservation [M]. 3rd ed. London: E&FN SPON, 1996: 82–87.

[78] RORMAN R T.T. Urban regions: ecology and planning beyond the city [M]. New York:Cambridge University Press, 2008.

[79] 张浪 . 特大型城市绿地系统布局 [M]. 北京：中国建筑工业出版社，2009.

[80] 李琪，曹恺宁，刘永祥 . 西安生态城市建设目标与构建策略 [J]. 规划师，2014（1）：101–105.

[81] 徐文辉 . 绿道规划设计理论与实践 [M]. 北京：中国建筑工业出版社，2010.

[82] 封建民，李晓华 . 五陵原景观空间格局动态分析 [J]. 水土保持研究，2011（3）：68–72.

[83] YU K J. Positioning Contemporary Landscape Architecture in China[J]. Topos, 2006（56）: 91–98.

[84] 庄荣，陈冬娜 . 他山之石——国外先进绿道规划研究对珠江三角洲区域绿道网规划的启示 [J]. 中国园林，2012（6）：25–28.

[85] 张俊辉 . 论五陵原的水土流失与保护利用 [J]. 咸阳城市科学，2004（2）：1–3.

[86] 宋永昌，由文辉，王祥荣 . 城市生态学 [M]. 上海：华东师范大学出版社，2000, 276.

[87] 威廉·M. 马什 . 景观规划的环境学途径 [M]. 4 版 . 朱强，黄丽玲，俞孔坚，等译 . 北京：中国建筑工业出版社，2006.

[88] LYNCH K. The Image of the City [M]. Cambridge: MIT Press, 1960:48.

[89] 杨俊宴，王建国，阳建强，等 . 无锡总体城市设计层面的景观控制研究 [J]. 城市规划，2009（2）:78–83 .

[90] 杨箐丛 . 历史性城市景观保护规划与控制引导——《维也纳备忘录》对我国历史城市的启示 [D]. 上海：同济大学，2008: 35.

[91] 王树声 . 结合大尺度自然环境的城市设计方法初探——以西安历代城市设计与终南山的关系为例 [J]. 西安科技大学学报，2009（5）：574–578.

[92] 刘克成，肖莉，等 . 唐大明宫遗址公园边界研究 [R]//2009—2010 年度大明宫研究院科研课题成果（摘要版）,2010: 25–38.

[93] 何岁利 . 唐长安城池苑建设的成就——谈皇家宫廷池苑大明宫太液池 [M]// 西安市城乡建设委员会，西安历史文化名城研究会 . 论唐代城市建设 . 西安：陕西人民出版社，2005: 208–221.

[94] 刘庆柱 . 三秦记辑注 关中记辑注 [M]// 魏全瑞 . 长安史迹丛刊 . 西安： 三秦出版社，2006: 8–9.

[95] 赵岐，等 . 三辅决录 三辅故事 三辅旧事 [M]// 魏全瑞 . 长安史迹丛刊 . 西安： 三秦出版社，2006: 23.

[96] 葛洪 . 西京杂记 [M] // 魏全瑞 . 长安史迹丛刊 . 西安：三秦出版社，2006: 52.

[97] 周维权 . 中国古典园林史 [M]. 3 版 . 北京 : 清华大学出版社 , 2008: 68–87.

[98] 张家骥 . 中国造园史 [M]. 哈尔滨 : 黑龙江人民出版社 , 1986: 38.

[99] SIMONDS J O. Landscape Architecture A manual of Site Planning and Design [M]. 2nd ed. NewYork: McGraw–Hill, 1983.

[100] 吴家骅 . 景观形态学 [M]. 叶南 , 译 . 北京 : 中国建筑工业出版社 , 1999: 153.

[101] 中国科学院考古研究所西安工作队 . 唐代长安城明德门遗址发掘简报 [J]. 考古 , 1974（1）:33.

[102] 傅熹年 . 唐长安明德门原状的探讨 [J]. 考古 , 1977（6）: 409–412.

[103] 普林茨 . 城市设计（下）——设计建构 [M]. 吴志强译制组 , 译 . 北京 : 中国建筑工业出版社 , 2010: 29.

[104] 张倩 . 历史文化遗产资源周边建筑环境的保护与规划设计研究 [D]. 西安 : 西安建筑科技大学 , 2011: 267.

[105] TYLER N, LIGIBEL T J, TYLER I R. Historic Preservation: an Introduction to its History, Principles and Practice (second edition) [M]. New York: W.W.Norton & Company, Inc., 2009: 330.

[106] 俞孔坚 , 等 . 新农村建设规划与城市扩张的景观安全格局途径——以马岗村为例 [J]. 城市规划学刊 , 2006（5）: 38–45.

[107] 成玉宁 . 现代景观设计理论与方法 [M]. 南京 : 东南大学出版社 , 2010.

[108] 俞孔坚 , 等 . 基于景观安全格局分析的生态用地研究——以北京市东三乡为例 [J]. 应用生态学报 , 2009（8）: 1932–1939.

[109] 刘滨谊 . 现代景观规划设计 [M]. 2 版 . 南京: 东南大学出版社 , 2005:18.

[110] 中国历史文化名城词典编委会 . 中国历史文化名城词典 [K]. 上海: 上海辞书出版社, 1985:12.

[111] 汪德华 . 中国山水文化与城市规划 [M]. 南京: 东南大学出版社 , 2002: 98–145.

后记

本书无意为西安所有的大遗址周边的空间环境逐一给出保护与营建的答案，而是将其作为城市子系统，从不同的维度研究其与城市的过渡关系，以期提出不同遗址资源条件下周边环境适宜的发展模式与方法，为西安的历史文化环境保护提供理论支撑，也为其他历史文化名城提供借鉴。但是，鉴于资料收集、调研和笔者个人能力与见解的局限性，作为阶段性的研究成果尚存在一些不足之处，未来还需从以下几个方面继续完善：

（1）时至今日，大遗址问题研究已经从单纯的文物保护，走向涉及“文化复兴”“生态建设”“经济发展”“新农村建设”“人居环境”等一系列问题的研究范畴。因此，跨学科的、系统的、综合的融贯研究是大遗址研究长足发展的根本。西安各大遗址周边的城市发展状况差别较大，其内部的社会现状、产业发展与居民生活也存在差别，本书针对大部分研究对象的普遍状况所提出的研究结论难免存在片面性；同时，在具体研究内容中，对于空间环境中的非物质层面以及物质环境中的城市交通、基础设施等方面的涉及不够全面和深入。因此，本研究在深度与广度上还存在一定的局限性而有待进一步完善。

（2）在自然条件变迁与人工建设不断叠压的综合作用下，大遗址周边空间环境在历史朝代的更迭中发生着连续的改变。如今，对于其保护与发展的决策往往是建立在定性分析的基础上，而决策之前对于环境价值评估进行量化研究是十分必要的。建构起大遗址周边环境的评估要素系统，研究有关数学模型并建立综合评价体系，可以为今后历史遗址周边保护与发展制定更为合理的方针，规划设计达到更为合理的目标提供基础，需要在后续研究中有所突破。

（3）本书所提出的 4 种大遗址周边适宜性空间模式是在总结了西安大部分遗址各方面条件的基础上提出的，未必全面，依然存在其他模式的可能。并且研究尝试建立的大遗址周边空间格局选取的评价因子，有进一步补充、改进和完善的余地。各种模式下周边城市建设的量化研究（包括容积率、建筑密度等）也有待加强。此外，期待本书以西安为研究对象所提出的有关结论能够为我国其他历史文化名城提供借鉴意义，因而几类模式对于我国其他城市大遗址周边环境保护与营建的适用性应在后续研究中积极展开。

致 谢

历史环境对于古老而现代的西安而言是一个永恒的课题，其所涉及历史体系之庞大，学术问题之复杂令作者在近 5 年漫长的求学道路中既感受到了充实、愉悦，又伴随着艰辛和迷茫。在这里，首先感谢我的导师周庆华教授，先生深厚的学术造诣和丰富的实践经验，深刻敏锐的洞察力和谦和大度的品行，深深感染和影响着我求学期间的每一段时光。在我最初对博士学位论文的选题矛盾、纠结之时，导师指引我从关注城市文化遗产到侧重历史文化环境；从关注大遗址内部到聚焦其周边空间环境的问题，并在一次次循循善诱的指导和沟通中令我对研究的思路与方向更加明晰。此外，就读期间在导师的带领下参与了一些与论文选题紧密相关的项目，提高了理论素养并积累了实践经验，拓宽了学术视野并完善了自身的知识结构，这些都将成为我科研生涯中的宝贵财富并鞭策我继续踏实努力地工作。

此外，特别感谢黄明华教授、陈晓键教授、任云英教授、吕仁义教授、李志民教授对我在论文选题、框架制定、写作及修改的全过程中不吝赐教，对论文提出了宝贵意见与建议。感谢岳邦瑞教授、张沛教授、常海青教授、黄嘉颖教授、尤涛副教授、陈静副教授等对我所提出问题的耐心解答与启发。感谢雷会霞老师、杨建辉老师、曹向明老师、谢晖、冯涛、田达睿、张晓荣、王静、邹亦凡等的鼓励。感谢风景园林系刘晖教授、董芦笛教授长期在教学、科研、实践领域给予我关怀与悉心教导。感谢樊亚妮、刘恺希、李莉华、武毅、段婷、菅文娜、沈葆菊、孙婷等同事的支持和帮助，我们在相互激励、交流与分享中共同成长。感谢研究生王欣、张雯芯、夏颖、符锦、付星川、刘运泽等对文中部分插图制作给予的协助。感谢我的家人，在我攻读博士学位期间和工作以来给予我长期的支持、陪伴、包容与无私的爱。最后，特别感谢西安建筑科技大学风景园林学重点学科“中国地景文化”团队对本书出版的资助。

吕琳

2020 年 1 月 12 日 于西安

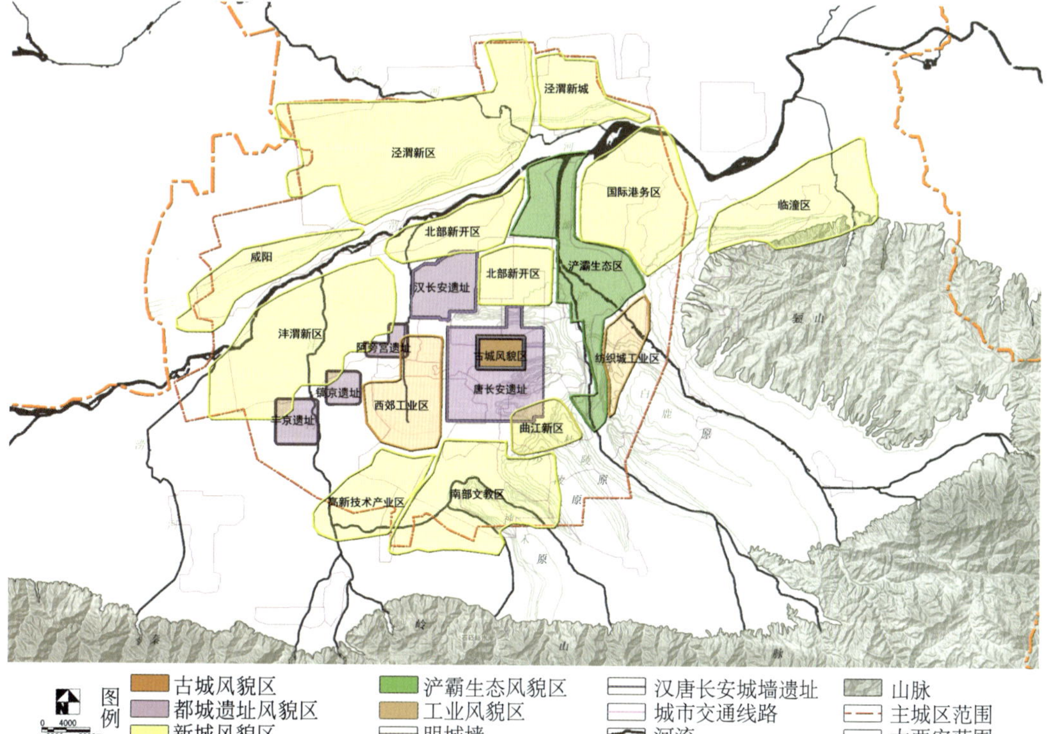

图 1-2　大西安主城区人文景观风貌区划

（资料来源：西安建筑科技大学——西安市轨道交通线网规划修编基础研究项目组）

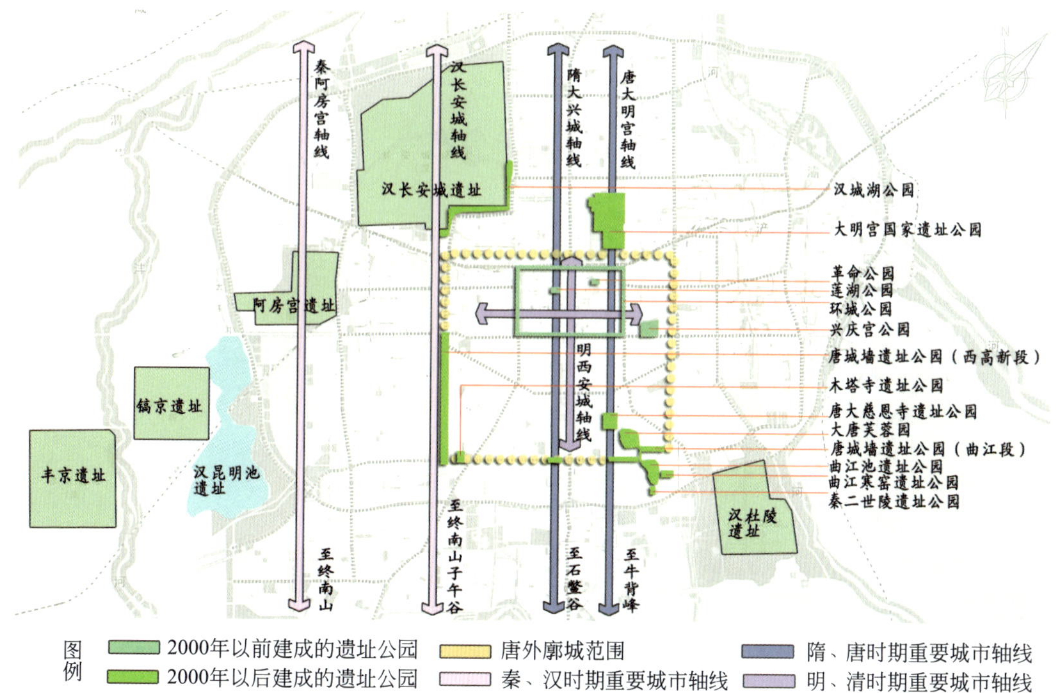

图 2-1　西安主城区重要遗址公园分布

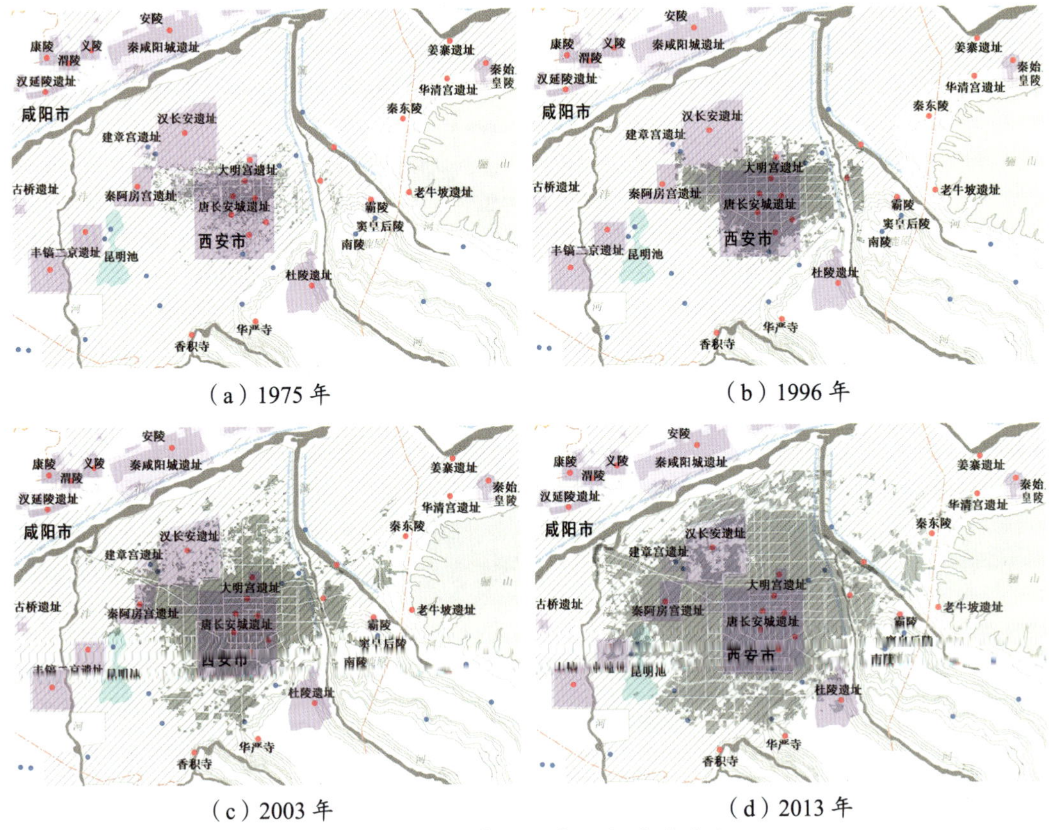

（a）1975 年

（b）1996 年

（c）2003 年

（d）2013 年

图 2-9　西安大遗址与城区发展关系变迁

（资料来源：作者结合以下资料绘制，西安城区变迁地图集编撰委员会 . 西安城区变迁地图集 [M]. 西安：西安地图出版社，2014.）

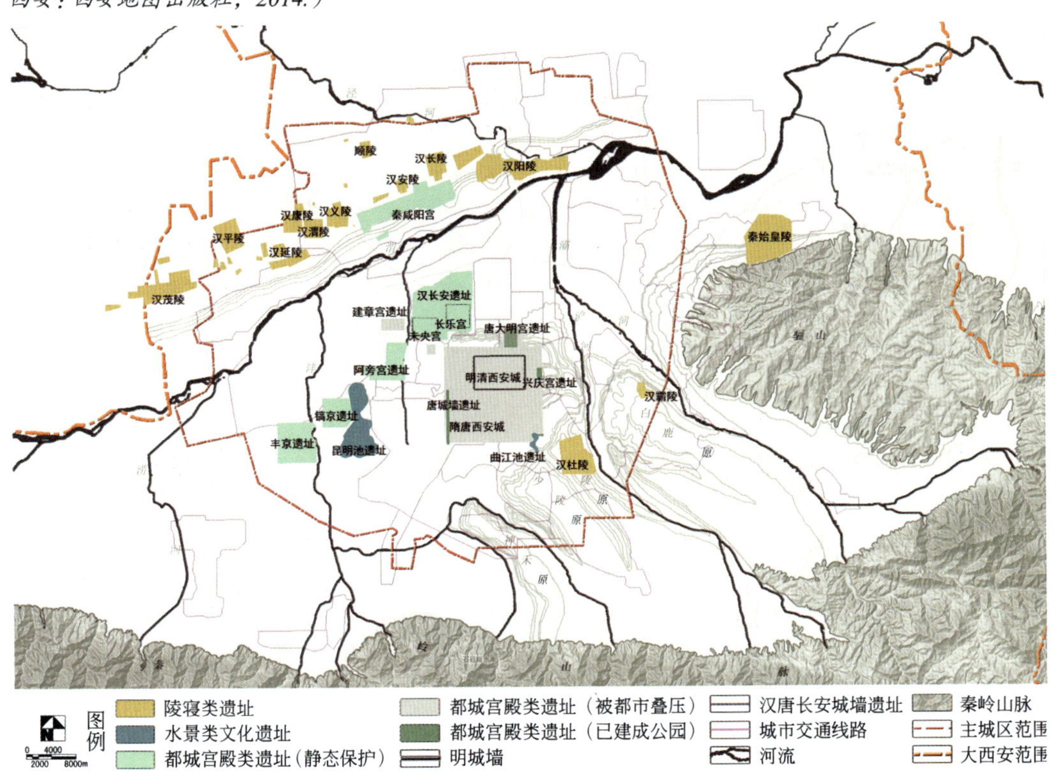

图 3-4　西安重要都城、宫殿及陵寝遗址分布

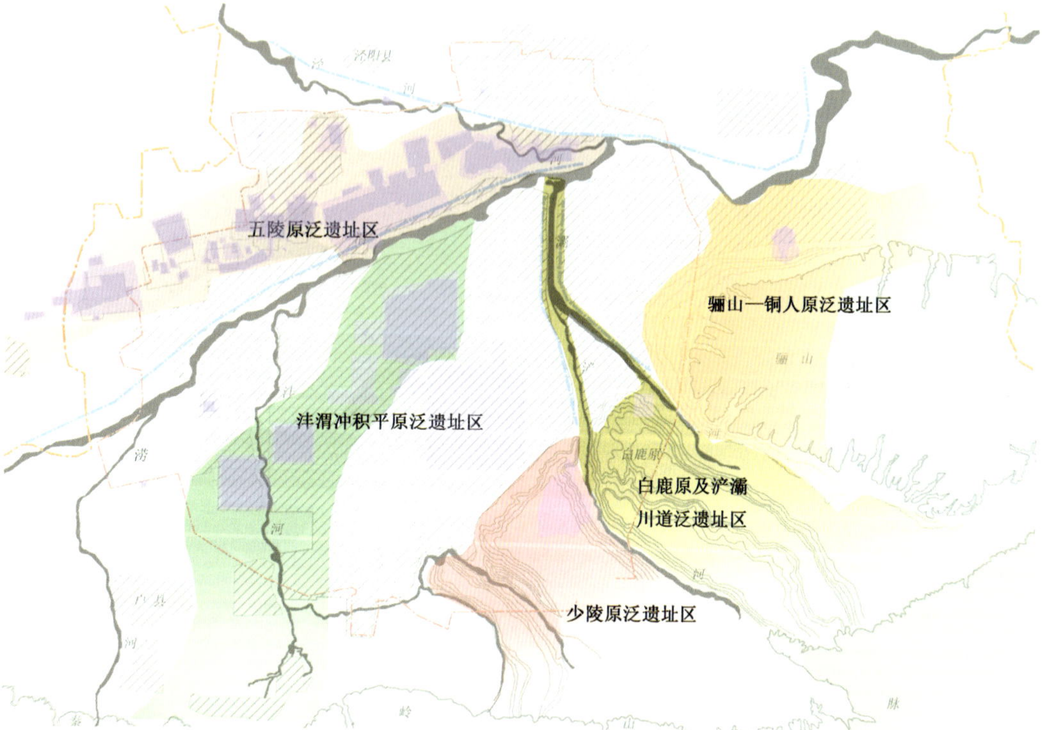

图 4-8　西安泛遗址区空间划分

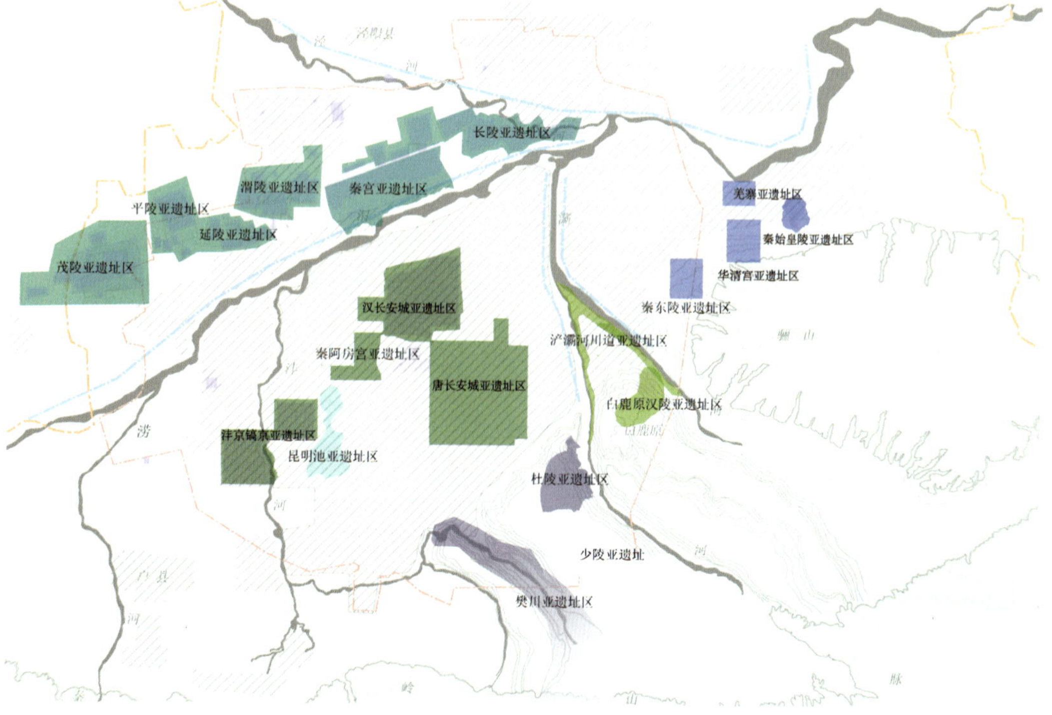

图 4-9　西安亚遗址区空间划分

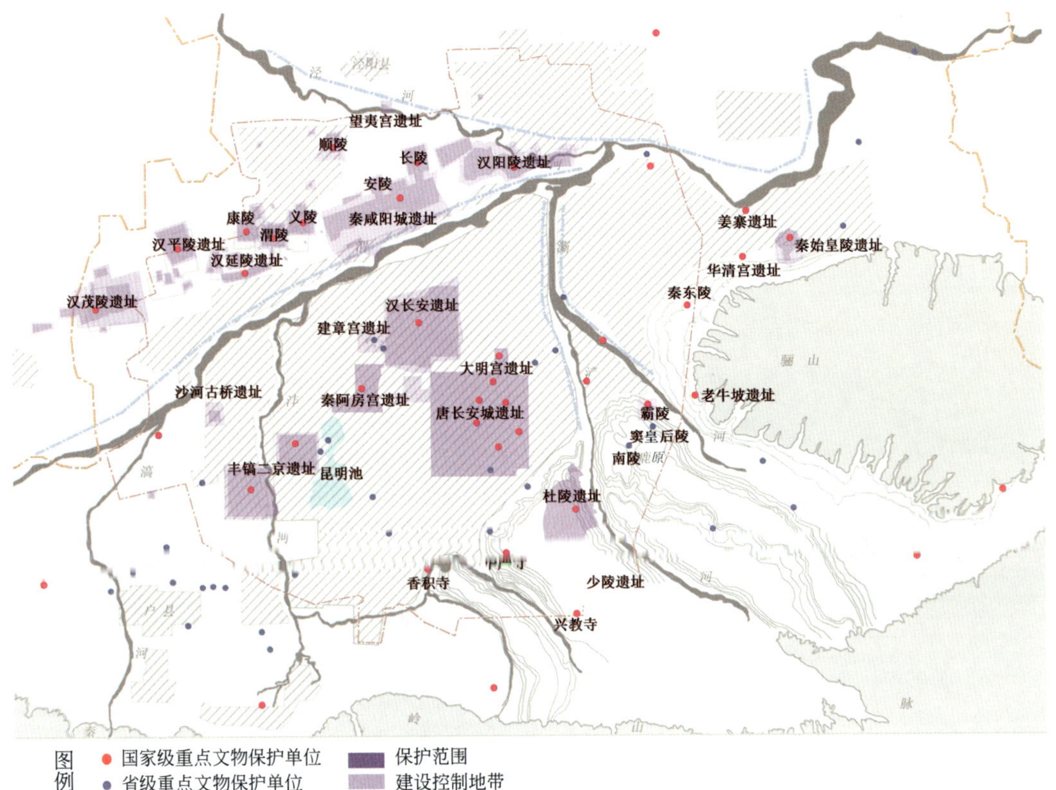

图 4-10　西安大遗址及重要文物保护单位分布

（资料来源：作者结合以下资料绘制，陕西省文化遗产研究院．编．西咸新区文物保护单位紫线图集 [R].2011.12.）

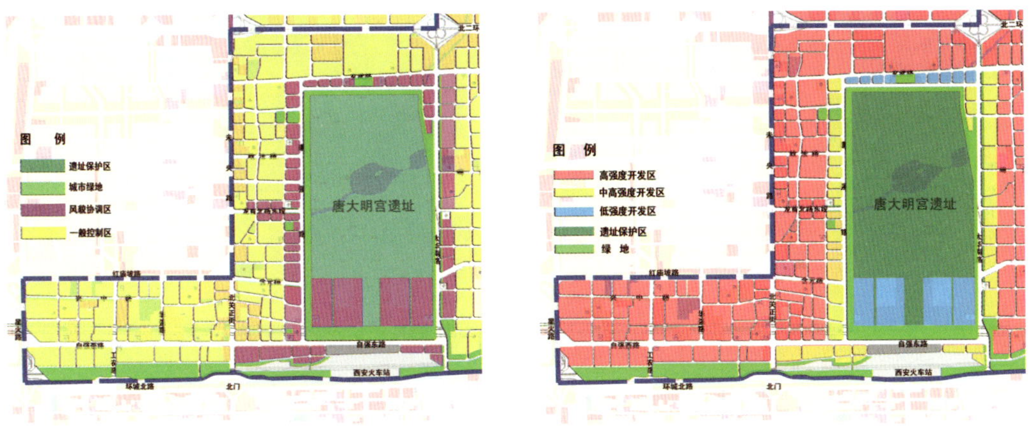

图 5-2　大明宫地区建筑风貌与开发强度规划

（资料来源：《大明宫地区保护改造总体规划》）

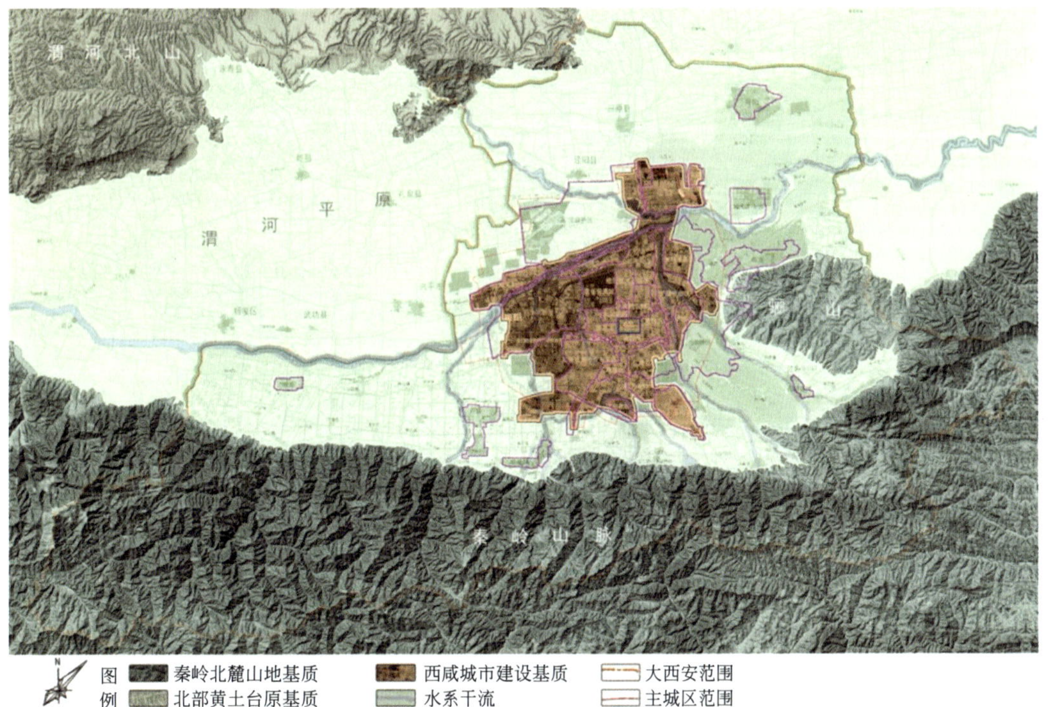

图 6-1 大西安景观生态格局——基质

（资料来源：西安建筑科技大学——西安市轨道交通线网规划修编基础研究项目组）

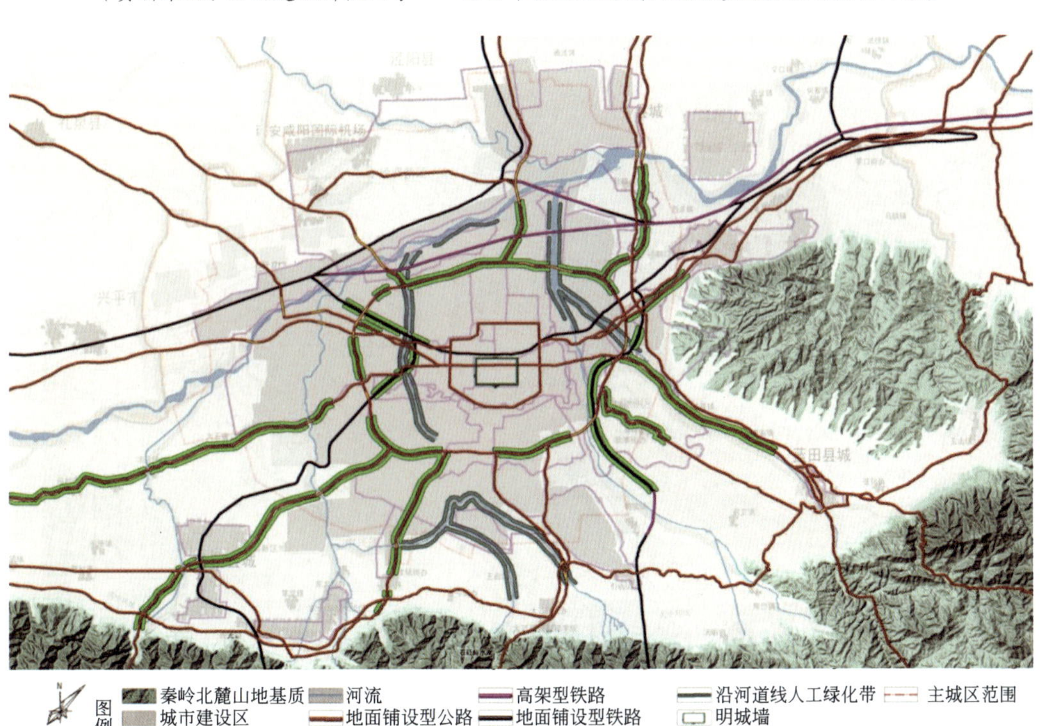

图 6-2 西安主城区范围景观格局——人工廊道

（资料来源：西安建筑科技大学——西安市轨道交通线网规划修编基础研究项目组）

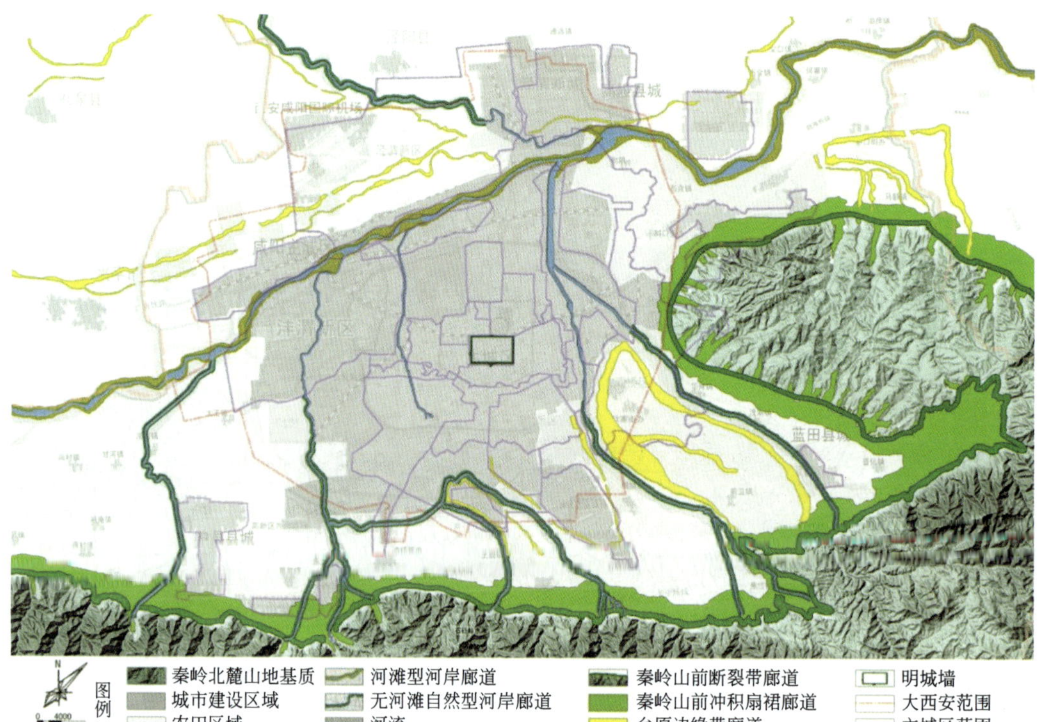

图 6-3　西安主城区范围景观格局——自然廊道

（资料来源：西安建筑科技大学——西安市轨道交通线网规划修编基础研究项目组）

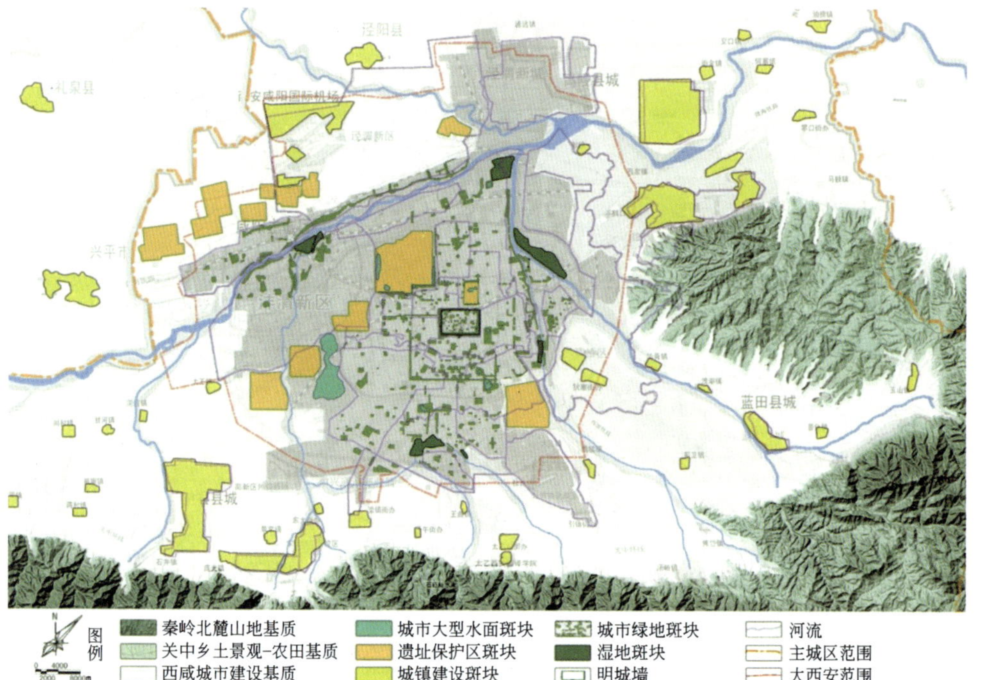

图 6-4　西安主城区范围景观格局——斑块

（资料来源：西安建筑科技大学——西安市轨道交通线网规划修编基础研究项目组）

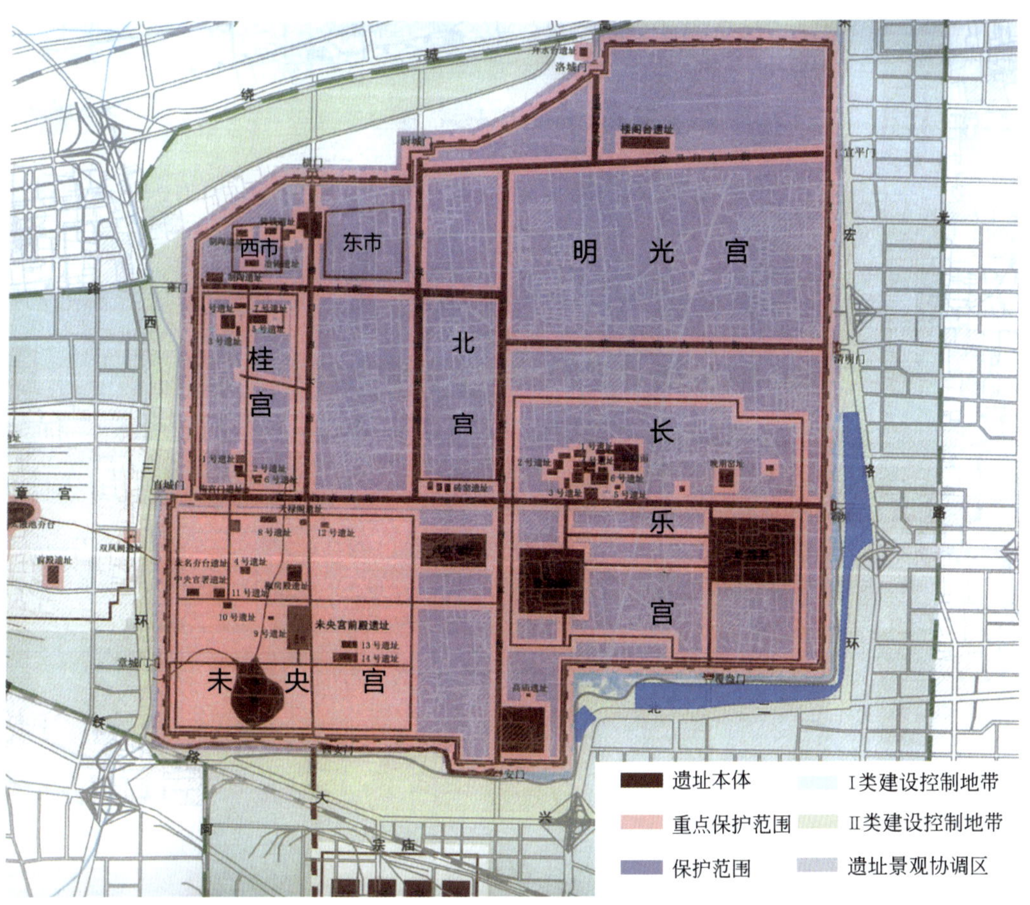

图 8-10　汉长安城遗址保护区划

（资料来源：西安市城市规划设计研究院，《汉城湖周边储备土地规划设计》）

图 8-12 汉城湖周边储备土地用地现状

（资料来源：西安市城市规划设计研究院，《汉城湖周边储备土地规划设计》）

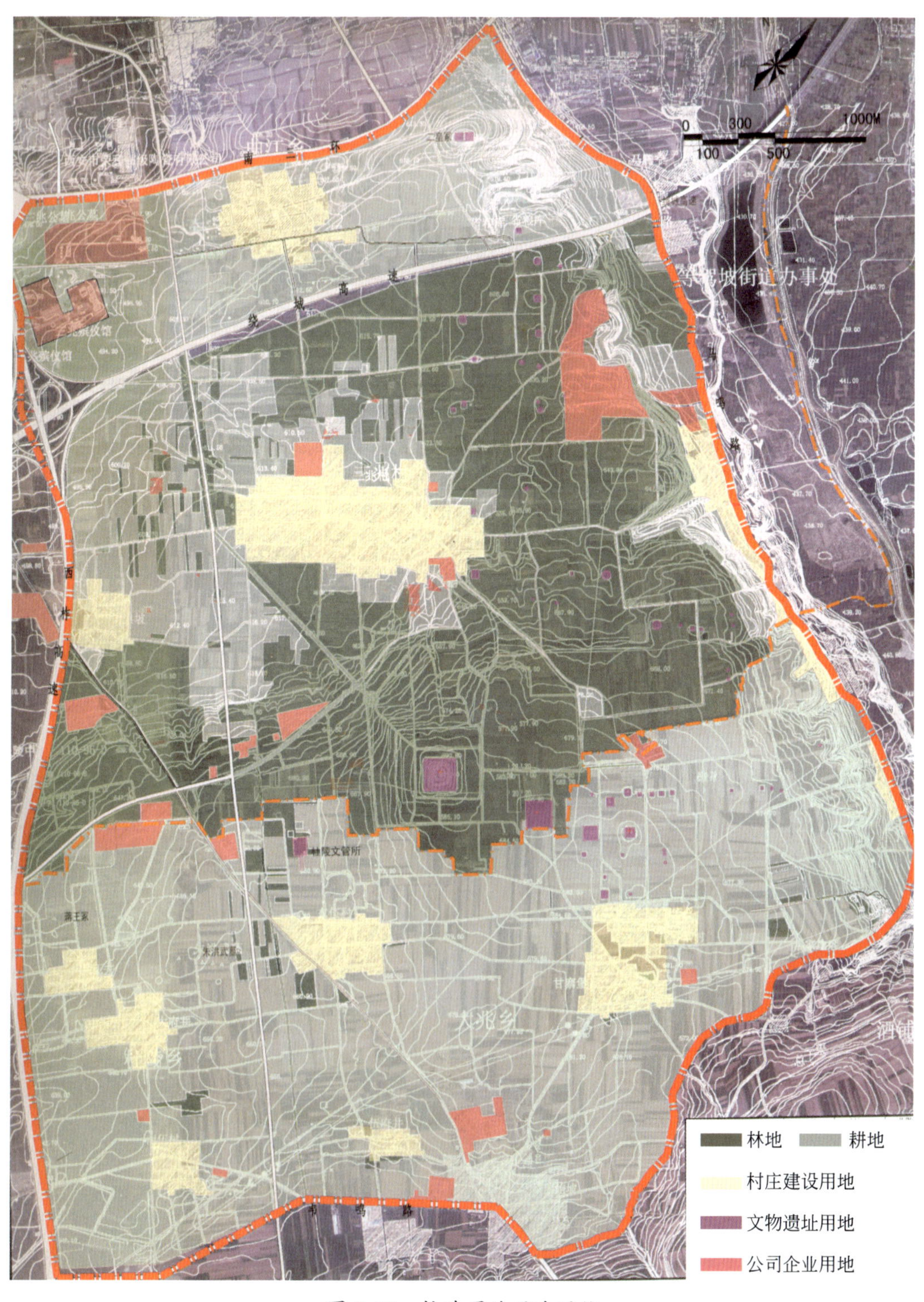

图 8-13　杜陵周边用地现状

（资料来源：西北大学文化遗产保护规划中心编制，《杜陵文物保护规划文本（2007—2025）》）

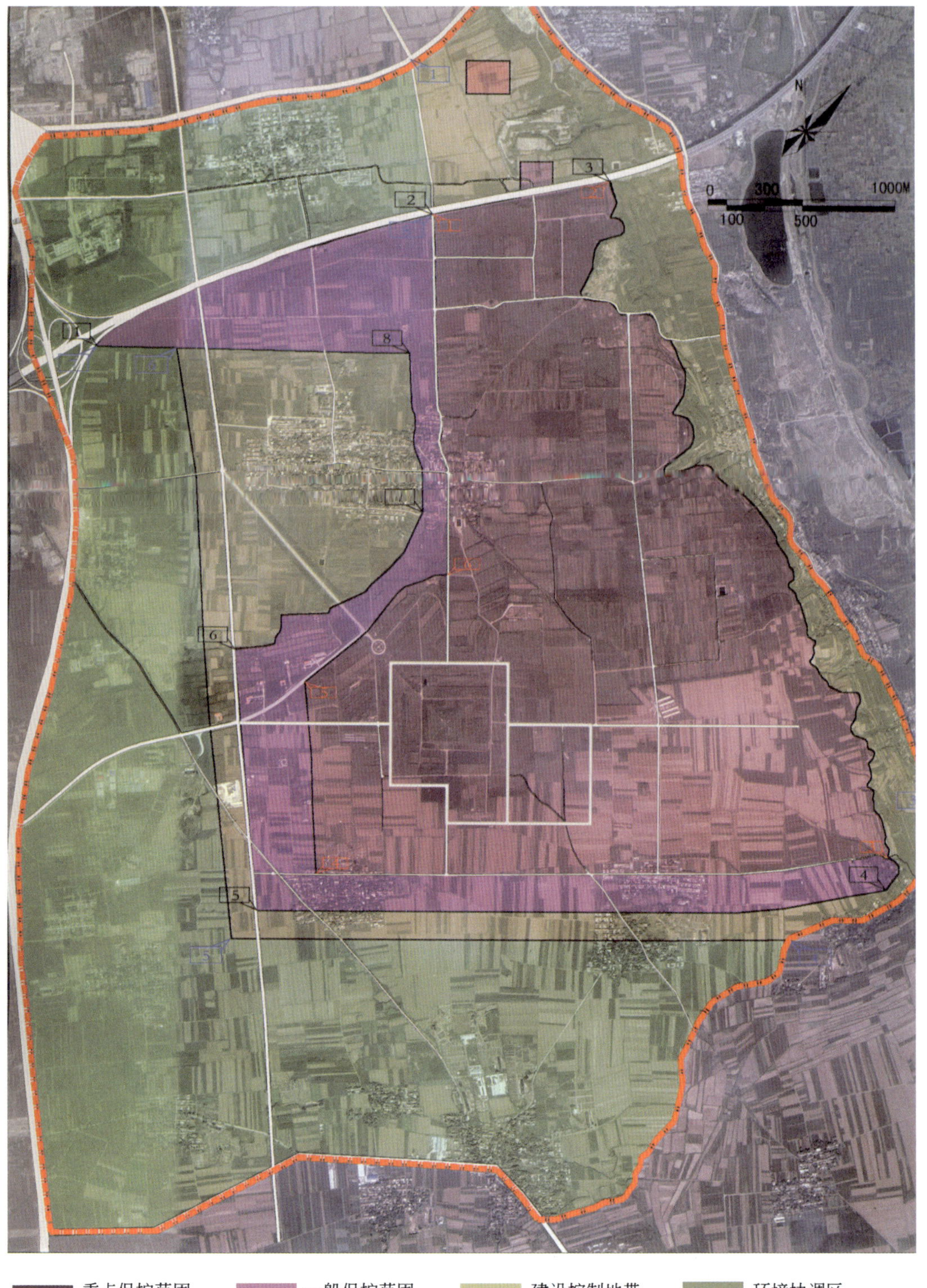

图 8-14　杜陵保护区划

（资料来源：西北大学文化遗产保护规划中心编制，《杜陵文物保护规划文本（2007—2025）》）

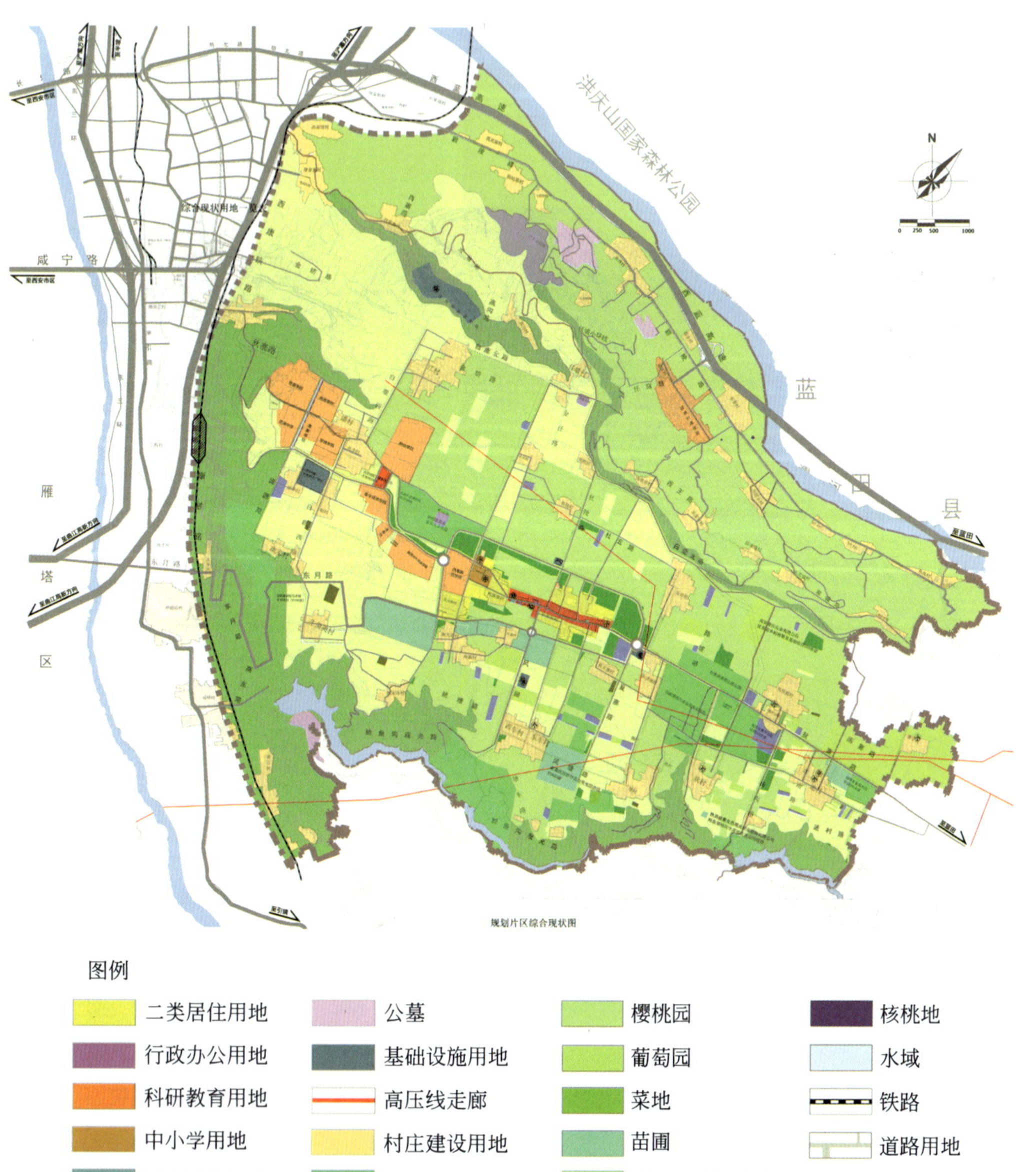

图 8-18 狄寨原土地利用现状

（资料来源：西安建大城市规划设计研究院，作者参与绘制）

（a）南陵现状照片

（b）窦皇后陵可见区域分析

图 8-19　南陵空间分析

（资料来源：西安建大城市规划设计研究院，作者参与绘制）

图 8-20　窦皇后陵序列视景

（资料来源：西安建大城市规划设计研究院，作者参与绘制）

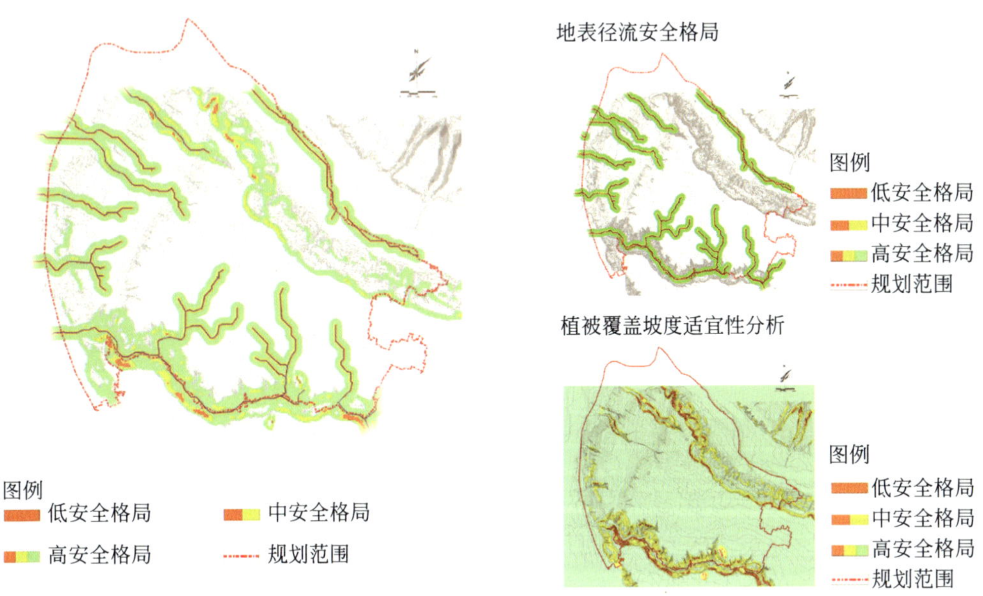

图 8-22　水土保持地质安全格局

（资料来源：西安建大城市规划设计研究院，作者参与绘制）

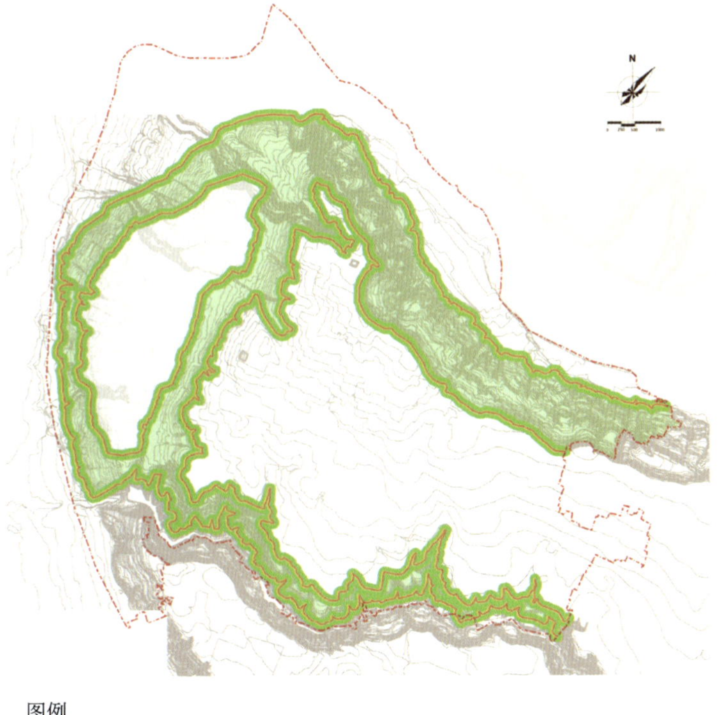

图 8-23　原边生态保护安全格局

（资料来源：西安建大城市规划设计研究院，作者参与绘制）

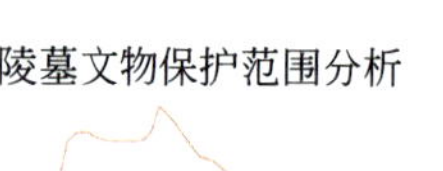

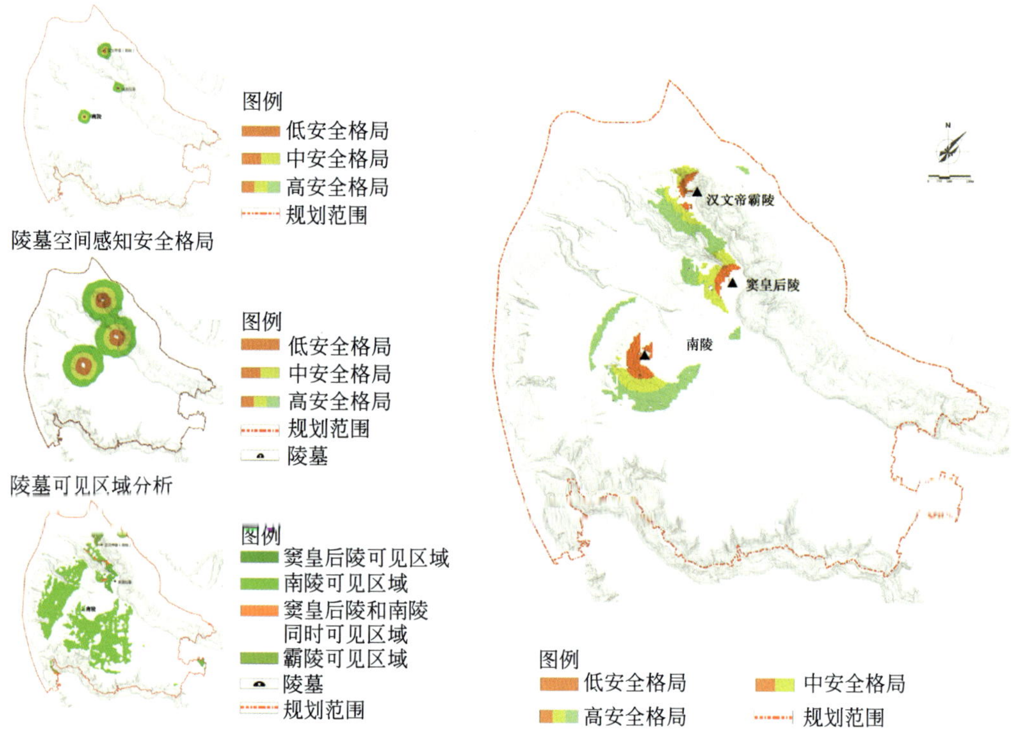

图 8-24 遗产环境保护安全格局

（资料来源：西安建大城市规划设计研究院，作者参与绘制）

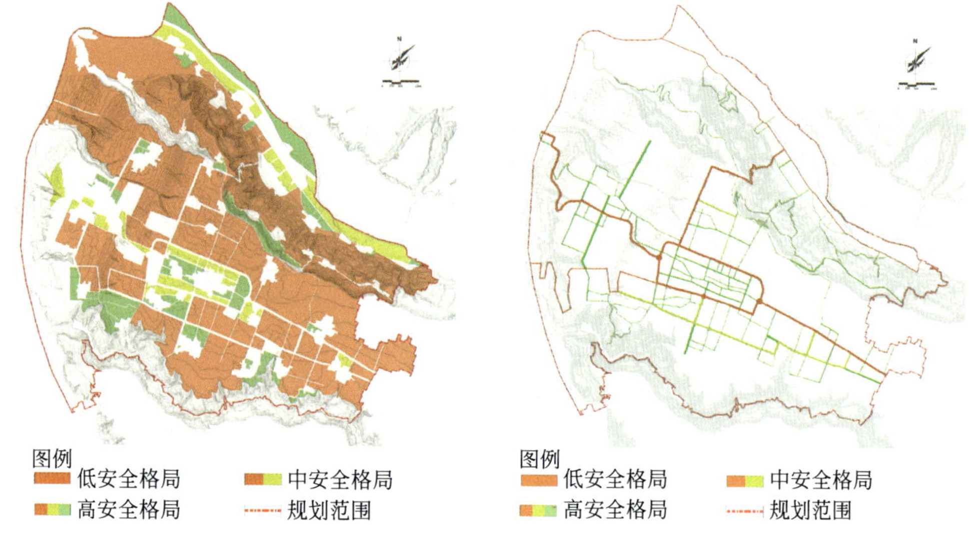

图 8-25 乡土农业景观保护安全格局

图 8-26 游憩安全格局

（资料来源：西安建大城市规划设计研究院，作者参与绘制）

图 8-27　基于综合景观安全格局的不可建设区

（资料来源：西安建大城市规划设计研究院，作者参与绘制）

图 8-28　与综合景观安全格局相冲突的现状建设区

（资料来源：西安建大城市规划设计研究院，作者参与绘制）

汉陵历史文化公园规划平面图

霸陵规划思路

霸陵的凤凰嘴及两翼通过柏树的种植在林相上形成与周边原坡生态林的差异，结合毛窑院村的改建打造感知霸陵地景空间特色的观景点。同时，保障乡土农业景观作为空间的前景，保护现存陵碑及祭祀碑，重建碑亭，建设西汉陵制博物馆

窦皇后陵规划思路

窦皇后陵北侧空间与冲沟和原北坡的生态林设计相融合，形成完整的林区背景。空间上注重与南陵的视线呼应，遗址景观风貌以白鹿原大的环境基调为主，之间保留恢复大面积开敞的麦田景观，控制人工建设。同时，其保护区内以灌木、草本等浅根系植物为主，确保遗址安全，外围通过植被标示适当展示西汉四向对称的陵区布局，强调东西向的墓葬秩序。附近以仿汉筒瓦、云纹瓦作为铺地和以陶俑、陶罐作为主题小品的休息区，诠释了历史文化景观的细节

游线组织

由于窦皇后陵在空间上的特殊性，将其作为总体游线的中枢，结合现状道路的改建将它与毛窑院村（西汉陵制博物馆）与南陵联系起来共同打造特色游线

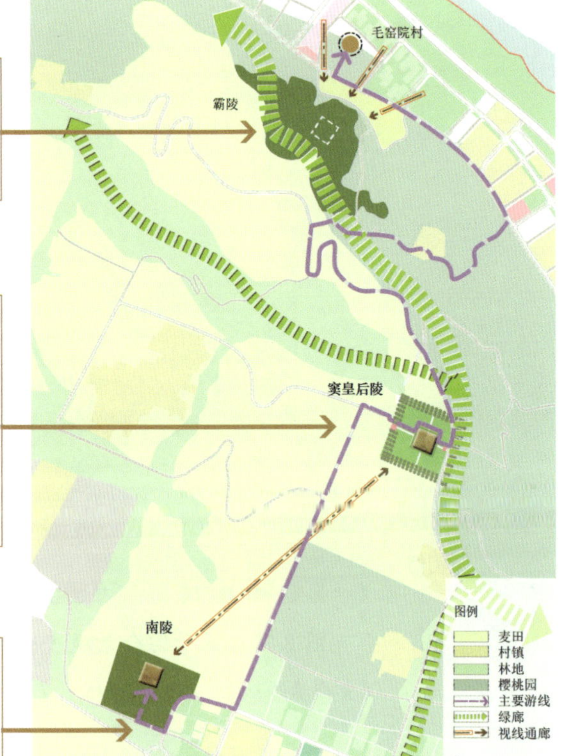

图 8-29　汉陵遗址区周边空间规划

（资料来源：西安建筑科技大学城市规划设计研究院，作者参与绘制）